不妨如此教语文

李 燕 著

中国文联出版社

图书在版编目（ＣＩＰ）数据

不妨如此教语文 / 李燕著. -- 北京：中国文联出版社, 2023.12
ISBN 978-7-5190-5410-6

Ⅰ. ①不… Ⅱ. ①李… Ⅲ. ①中学语文课－教学研究－初中 Ⅳ. ①G633.302

中国国家版本馆 CIP 数据核字(2024)第 028101 号

著　　者	李　燕
责任编辑	刘　旭
责任校对	秀点校对
装帧设计	张　凯

出版发行	中国文联出版社有限公司
社　　址	北京市朝阳区农展馆南里 10 号　　邮编　100125
电　　话	010-85923025（发行部）　010-85923091（总编室）
经　　销	全国新华书店等
印　　刷	三河市龙大印装有限公司
开　　本	710 毫米×1000 毫米　　1/16
印　　张	23
字　　数	200 千字
版　　次	2023 年 12 月第 1 版第 1 次印刷
定　　价	78.00 元

版权所有·侵权必究
如有印装质量问题，请与本社发行部联系调换

序 一

在行动研究中享受创造的快乐和职业的幸福

李卫东[*]

马克思曾说:"能给人以尊严的只有这样的职业,在从事这种职业时,我们不是作为奴隶般的工具,而是在自己的领域内独立地进行创造。"由马克思这句经典名言,我们会很自然地联想到自己:教师这门职业给我们尊严了吗?我们享受到创造的快乐了吗?常见有青年教师工作不久就陷入困惑:"我适合做教师吗?究竟应该怎样做教师?"对此问题,没有简单现成的答案。唯有行动,在研究状态下,行动才是突破教师职业发展瓶颈的有效路径。

其实,"行动研究"就在我们身边,只是看你有没有自觉的意识。语文课堂是我们语文教师"歌哭于斯"的生命场所,我们对发生在这里的每一丝呼吸、每一次律动,都有着浸入骨髓般的感受。但遗憾的是我们缺乏自觉的关注。常见语文教师为某某科研机构某某大学填写一张张设计好的教学科研调查问卷,而我们自己却很少去想到关注并设计属于我们自己的调查和研究。缺少这种关注,就意味着缺少"行动"的力量。比如关于学生举手发言的问题,一直是困扰不少语文教师的难题。对此意气用事必是

---

[*] 北京教科院基教所所长,中国教育学会中学语文教学专业委员会副理事长。

无济于事，听之任之亦不可取。科学的态度是做出细致的调查和冷静的追问。如：①教师的提问表述是否明确清晰？②问题是否有讨论的价值，吊起了他们的胃口？③问题提出的时机是否符合学生的理解发展规律？④教师是否总以"标准答案"简单判定学生的回答，从而挫伤了他们后继发言的积极性？⑤学生是否总处于一种被"问"、被"逼"的境地，而从未有或很少有提出自己的"问题"、发表自己观点的机会？⑥班内是否弥漫着一种取悦权威、欣赏别人出丑的不良氛围？⑦学生性格内外向的区别，学习心理与学习习惯的差异，必然导致一部分同学好疑善问，另一部分则好静沉思，教师如何看待这些差异并合理引导？⑧教师反馈评价学生发言的机敏程度有无不足？等等。不断地追问与反思，研究自己的行动，在行动中自己研究，语文课堂就会演化成一片郁郁葱葱的语文的田野，那里生长着一个个鲜活的生命，埋藏着无数个动人的故事，等待着我们去开掘去培育去收获。

　　我们应该看到，从斯腾豪斯提出"教师成为研究者"，到埃利奥特提出"教师成为行动研究者"，再到凯米斯等人的"教师成为解放性行动研究者"，教师参与课程开发的程度正被逐步地加以强化，中小学"行动研究"的成果也逐渐多了起来。看看我们手头的当今西方的教育专著吧，不少就是出自中小学语文教师之手，它们不是艰涩深奥的理论著述，而多是"行动研究"的描述和阐释，是一部部"活的教育学"。再看看我们身边的不少优秀的语文教师，他们可能并没有太多学术性的论文发表，但他们却以点点滴滴的智慧"行动"和"案例""教学日志""教育叙事"等鲜活的"研究"书写着教师生命的丰盈和精彩，收获着教师职业的快乐与尊严！

　　特级教师李燕就是这样一位优秀的语文教师，她在行动中创造，在反思中前行，在且教且研且思中享受创造的快乐和职业的幸福。收入这本

《不妨如此教语文》著作的多是李燕老师的课堂实录、课堂观察、课例评议、教学反思等，其中还包括一篇评议我1995年执教的一堂课，这些实录、评议等，是她鲜活教学实践的记录，是持续性思考和行动的结晶。这本书中还有两章是她对写作教学和整本书阅读的实证研究和理性思考。尤其是整本书阅读，研究成果已经很多，但李燕老师的研究却独辟蹊径，聚焦数字阅读，通过系统登录、书目选择、阅读行为、摘抄批注、效果评测等取得的大数据，全方位把握学生阅读状况，精准分析学情，在此基础上，进行整本书的阅读教学设计，提高学习实效，并将数字阅读融入全学科，全面提升学生的学习能力。这就是创造性研究，而这种创造性研究又来源于她敏锐的问题意识、开阔的研究视野和扎实的教育行动！相信这本书会为青年教师的专业发展和职业进步提供很好的借鉴与启发，也相信李燕老师和她的工作室在未来的教育实践中会取得更为丰硕的成果！

序 二

李燕印象

蔡 明[*]

李燕老师个人专著《不妨如此教语文》，被列入 2022 年度《朝阳教育名师》系列丛书出版计划，她把推荐结果公示的链接发给我，并请我为她的这本书写几个字。将心比心，这事搁谁身上都会激动，更何况是一个独自北漂多年的女教师？

李燕原在山东工作，她是在其他省市很多优秀老师申报高级职称都不敢想时就捧得了特级教师证书，她和程祥、韩军、陈军、肖家芸等人一样，早慧、耀眼得让人嫉妒。20 世纪 90 年代后，中语界有一个现象，山东、安徽籍名师不但多而且知名度大。那是一片能够"不拘一格降人材"的名师成长的沃土，那里有德高望重、提掖后学的吴心田先生和蔡澄清大师，高山仰止，景行行止。

与李燕老师的相识是从一次关于阅读的对话聊天开始的。她的网名叫"柴扉"，会让你联想到王维、李商隐的诗，谦逊，友好，怀人。

印象中，进入 21 世纪后，为了推动对话教学，《中学语文教学》杂志开辟了《课堂观察》栏目。这个栏目很"吸睛"。约莫 2011 年春学期末，

---

[*] 生态团队领衔人，江苏省教授级中学高级教师。

刊物决定发表李燕老师的《香菱学诗》对话课堂实录，编辑韩老师约我作课堂观察。我的第一反应是，这可是一件很危险的事。一是，我没有现场感受课堂，这观察不就成了名副其实的"纸上谈兵"吗？二是，《香菱学诗》是人教社选编在高中语文教材中的，而李老师是用来教初中的。名著节选的长文到底如何在初中施教，这需要不一般的胆识和智慧。三是，执教者本身又是一位特级教师，无论是说好还是不好，我那点人设都有崩塌之虞。基于接二连三的身心反应，我决定先与李老师在QQ上聊一聊。

聊天虽然有礼节性内容的穿插，但更多、更本质的是一次关于"对话"的对话。开始是我因课有疑抛题，李燕接题答题，后来，就如何结合文本开展课堂对话，走进语文，李老师抛题，我俩共同探讨。最后，在当年12期上，"课堂回放+对话+观察者语"文章发表了，封面要目上醒目地列出《对话：让阅读从"原汁原味"走向"有滋有味"》。

事后得知，柴扉接到样刊后是"又惊又恨"，立马与编辑继续对话，栏目文章第二部分不是"研究选粹"吗？怎么换成"对话"了？编辑坦陈，由于种种原因，几年来的"对话"总达不到要求，不得已，把"研究选粹"替换为"对话"。并且说，"您二位的对话是一束强光，有划时代意义。我们这一栏目起始的对话和结尾的对话，都是令人满意的，也是耐读的"。

可她还是不依不饶，直接向我兴师问罪，说还没梳妆就来了个写真！是啊，原本把咱们的聊天如实复制，只是一个佐证，是想告诉编辑，我们的"研究选粹"是建立在真正对话基础上的。谁知"新郎官"牵手"嫁娘"入了洞房。我俩的私聊对话，就这样赤条条地走向了公众，且有了相当众多的围观者。

那次聊天，我们达成了共识：阅读对话，当从尊重孩子的"原汁原味"的阅读开始，然后，在老师的引领、点拨下走向"有滋有味"的阅读新天地。也正是这一次合作以及后来的故事，李燕老师对语文课堂教学和对话教学的执着与追求，留给我很深的印象。

再后来的故事，我只知道田大璜老师帮我料理的生态语文群，热闹了很久很久。老师们都想邀请李燕老师到他们学校上"原汁原味""有滋有味"的语文示范课。

一年后，一个飘雪的冬天，在很多语文人的盼望中，终于见到了真人，在张家港最西南端的一个小镇上。穿越到二十年前，这个小镇和紧挨着的妙桥、塘桥一起可是全国最有名的羊毛衫生产基地。据说，此地的羊毛衫可是畅销海内外。204国道边上停着长龙似的大卡车，常常等上数日都拿不到货。可惜，我比李老师早来十余年，也没有赶上这样的风景。但是，这一次，在港口学校，我和苏南苏北四位特级教师工作室的老师们一起，感受了别样的风景，那是李燕老师和孩子们共同演绎得精彩纷呈的课堂对话：基于学情，生本为先；多元对话，由浅入深；教学民主，亲切自然；显示了原生态、简约化的课堂风格。一如山东名酒古贝春那样，清亮透明，甜绵净爽，余味悠长。

这就是李燕留给我的第二个印象，这也是所有听课师生的印象。

和李燕老师的第三次见面，已是2019年的冬天，在京城，那年的北京奇冷。我有个北大在读的学生，叫陆家颐，当年高考语文是183分，作文满分。听说我到了北京，一定要约我去北大校园看看，虽然我对北大还是有印象的，但我们还是在家颐的导游下，冒着大雪再次畅游了北大校园。后又在李燕和她好友的陪同下，乘兴来到了水木清华。从苏州去北京，又遭遇了大雪，那种冷是可想而知的。可北京人火一样的热情好客，特别是李老师和她朋友的如火热情，让我和爱人真有宾至如归的感觉。

李燕就职于北京对外经济贸易大学附属中学。她一到北京后，就张罗着成立学生文学社，创办文学社刊物，给学生提供发表的平台，激发初中学生的写作潜能。接着又主动领衔成立特级教师工作室，后又成为朝阳区特级教师工作室领衔人。那一次我和附中的孩子们一起谈写作，也和她工作室、语文组老师聊生态语文项目。之后，从网络上、纸媒上获悉，她主持的区级课题"'言语化作文'校本课程研究"已顺利结题。两三年前又发现她和语文老师一起，开始从事"基于大数据下的初中语文整本书阅读"的研究，通过初步实验形成了"六层次阅读评价系统"，对学生的阅读能力进行阶梯式阅读评价，经验和做法在朝阳区"共研'数字阅读'新途径、合筑'文化育人'新生态"展示交流活动中，做了专题介绍。很快，这个项目也成了北京市教育科学"十三五"规划课题。

在教学研究的基础上开展课题研究，并不断取得新成果，带领区域教师团队整体素质的提高，实现了一个教学名师向科研名师的转型和升华。这就是今天的李燕给我的强烈感受。

今天在翻阅《不妨如此教语文》的书稿，上课、品课、言语化写作、整本书阅读、教育随笔，每一篇文章，都能令人眼前发亮。于是，我又发现了她的另一面，她是一个始终走在成长路上的名师。她对语文，从上好课、品好课到言语化写作研究、整本书阅读；她对工作，从在意遥遥领先的教学成绩发展到关注学生生命成长；她对教育，从别无选择到一往情深，咀嚼出了幸福，品尝到了幸福，并为幸福教育感动着。

我相信，之后的岁月里，李燕会如她"轻省·回望"中所说的那样，向基丁老师学习，在新课标引领下，鼓励学生站上讲台，寻找全新的视角去观察世界、体察生活；鼓励学生深入内心，去发掘那个独一无二、超越常人的素养与眼界；鼓励和引领更多青年老师，立志从教，为党育人，为国育才，携手培养更多"有理想、有本领、有担当"的时代新人。

2023 年 2 月 14 日　罗兰香谷

目　录

第一章　上课　　　　　　　　　　　　　　　　　　　　　　001

　　深究字词析茅屋

　　　　——《茅屋为秋风所破歌》课堂对话　　　　　　　　003

　　披"姓"溯源，析"字"入里

　　　　——说"名"道"姓"　　　　　　　　　　　　　　010

　　让写作指导课听得见回响

　　　　——"学写读后感"写作指导　　　　　　　　　　　029

　　读文·品趣·悟情

　　　　——《从百草园到三味书屋》教学实录　　　　　　　046

　　对话：让阅读从"原汁原味"走向"有滋有味"

　　　　——《香菱学诗》教学实录　　　　　　　　　　　　055

　　抓矛盾　析人物

　　　　——《智取生辰纲》教学案例　　　　　　　　　　　064

　　读出一片诗意盎然

　　　　——《谈生命》教学案例　　　　　　　　　　　　　070

第二章　品课　　　　　　　　　　　　　　　　　　　　　　079

　　删繁就简　润物无声

　　　　——简评王健龙老师的《生于忧患　死于安乐》　　　081

因师生角色的刷新而精彩

　　——研读李卫东《沁园春·雪》课例解读　　096

透过泪眼，解读绝望

　　——听朱昌元老师《相见欢》一课有感　　111

唤醒·激活·创造

　　——《创新思维与文章立意专题训练》教学解读　　117

自读悟情，由情及旨

　　——《雪》教学案例评析　　132

第三章　核心素养视域下的写作课程　　141

"言语化作文"实验室　　143

核心素养视域下的"言语化作文"教学实践研究　　144

借助多元评价　促进思维发展

　　——基于核心素养的"言语化作文"写作评价实践研究　　171

基于文化传承与理解的言语化作文教学实践探究

　　——以"天坛研学"的写作指导为例　　184

指向审美鉴赏与创造的言语化作文教学实践探索

　　——以"北京冬奥精彩瞬间"写作指导为例　　229

建构言语情景，提升思维能力

　　——以"学习缩写"为例　　261

论"言语化作文"指导下的初中议论文写作教学实践　　270

第四章　基于大数据的整本书阅读课程　　297

发展数字阅读　提升学习能力

　　——基于大数据下的初中语文整本书阅读教学实践研究　　299

借助阶梯式评价　提高阅读能力

——基于大数据的初中名著阅读评价实践研究　　312

整本书阅读的大数据评价　　320

精准画像　靶向发力　数字"悦"读让师生"阅"见未来　　327

第五章　教育随笔　　335

幸福　如影相随　　337

让每一位学生都有成长

——关于"读绘本学习抒情"单元写作实践课的一点思考　　341

【后记】寻本觅真　静思悟语　　345

第一章 上 课

深究字词析茅屋
——《茅屋为秋风所破歌》课堂对话

执教：李燕
点评：王建龙
授课对象：初二年级学生
情况说明：研究课

通过组织学生开展挖掘行动，挖掘《茅屋为秋风所破歌》中精彩词句的深刻内涵和丰富的情感，把课堂教学一步步引向深入。

师：老师抛砖引玉，先挖一个试试。如"卷我屋上三重茅"中的"卷"字，开始我感觉这个字用得不好，想换"吹"字的，但又想"吹"字不能写出风的力度，换"掀"吧，似乎又表现不出茅草的动态。要想写出风的迅猛，还表现了茅草的动态的字，我看还是非"卷"字莫属了。

生：老师我挖的是"归来倚杖自叹息"中的"叹"字，我感觉"叹"包含的内容应该很多。可理解为既哀叹天公无情毁屋，也叹息儿童幼稚，不明作者苦衷。

师：分析得不错，不过杜甫在经历了十年悲辛潦倒的长安生活后，又经历了五六年"安史之乱"的颠沛流离生活，我想他内心的"叹"还不止这两点吧。

生：还包括感叹黎民生活的困苦！

师：对，他自己此时虽然贫病交加，但却时时关怀着国家的命运和人民的疾苦。这样的诗人值得我们去尊重和学习。这也正是本诗的用词的第一个特点：动词传神。

生：我挖的是"卷我屋上三重茅"中的"三"字，"三"是虚数，"几"的意思，有时形容多，有时形容少，在这里我想应该是形容少，表示茅屋盖得很薄，经不起风吹。

师：这个字挖得很好，这个字在句中的含义的确应该是少，那我们是否可以透过这个字试着再深"挖"一下呢？

生：我想这个"三"字可以含蓄地说明，当时人民生活贫苦到了无可附加的程度了，连茅草都没有太多。

生：也含蓄地再现了战乱给百姓带来的无边的灾难。

师：这个数词用得真是"妙"！这是本诗用词的第二个特点：数词含蓄。

生：我挖的是"布衾多年冷似铁"中的"铁"字。从这一个字可以看出，棉被很凉、很硬。

生：也可以读出天气的寒冷。

生：我补充一点，从铁的色泽上分析，"铁"字也表示棉被很旧、很脏，因为只有一床棉被，无法进行拆洗。

师：分析得有道理，那从只有一床无法换洗的棉被，还能看出什么呢？

生：还可以看出诗人家境的贫寒，一贫如洗。

师：这恰是本诗词的第三个特点：名词鲜活。

生：我挖的是"长夜沾湿何由彻"中的"长夜"一词，在这个风雨交加的黑夜，又逢屋漏，诗人感到长夜漫漫，何时才能挨到天明啊？

生：我感觉"长夜"不仅指眼前难挨的雨夜，还应包含战乱造成的长时间的不安定、民不聊生的时局。

师：不错，透过"长夜"两个字，我们可以感悟到诗人忧国忧民的博大胸襟。这就是本诗用词的第四个特点：一语双关。

【说明】挖掘的过程其实既是学生积极思考的过程，也是学生发挥主动性的过程，更是走进诗人内心世界的过程。新课标提倡把课堂还给学生，注重培养学生的感悟力。所以"鱼"和"渔"的问题我们还是要注意。一节成功的课不仅要看老师的表现和课堂的含金量，更重要的是看学生到底学到了什么，所学到的东西对他们将来的发展将起多大的作用。这是我们所有一线教师该思考的问题。

【点评】

学诗，从诵读品味开始
——简评李燕老师的《茅屋为秋风所破歌》

王建龙

十五年前在《语文教学通讯》上读到李燕老师《深究字词析茅屋》的教学镜头，似武陵人误入桃花源，"仿佛若有光"至"豁然开朗"；近日品李燕老师《茅屋为秋风所破歌》教学设计，成为这个纷扰的冬日里去往"语文世界"的一次温暖的"旅行"，让我抛却感染新冠病毒带来的不快。无论是教学镜头，还是李老师最近重新整理的教学设计，都给人"无边光景一时新"的感觉。这个课例纵深开掘，立意高远。由《昭君怨》做背景音乐导入，到对杜甫其人其文的关注，再到对诗歌表层意思的探究、对人物形象的深层挖掘，不蔓不枝，层层递进，不仅引领学生走进诗歌深处，触摸到杜甫伟大的心魂，也在他们的心田里埋下一粒悲悯情怀的种子。很多地方值得我们学习借鉴，也给我们古诗教学很多启示。

一、学诗，就是要在诵读中感知

什么是好课？钱梦龙说："实实在在地教会学生读书，应该就是好课了。"肖培东说："在诵读中陶冶心灵，在诵读中学会思考，以读促思，以读助悟，我想来想去，还是读书最好。"有琅琅书声，有诵读指导，这才是真语文课，能范读是语文教师的基本功，这不只是教课文了，而是沉浸在文字里，尽情赏玩着中华古诗音韵的和谐、感情的真挚了。只要教会学生诵读，或者在教师的指导下，学生能在一节课内有点滴进步，这就是一堂课最大的价值了。基于这一点，本课立足于诵读，设计了一系列读的活动：播放课文配乐朗读录音，学生边听边为难辨字注音；让学生齐读，并提醒学生在齐读时注意字的读音，初步感知这首诗的思想感情（学生齐读完后，教师指正解读并纠正字音）；齐读之后，再让一个同学单独朗读（学生读完，教师应肯定其能根据诗歌感情的需要处理轻重缓急、抑扬顿挫的优点），朗读体味语言的美。通过听配乐朗读录音和学生反复朗读，帮助他们把握读音，感知内容。品读诗句的表层含义，品味语言文字运用的妙处。让学生置身于诗词的意境中，为体悟文章情感做了铺垫。这是诗歌教学的常态，也是最高境界。

整个课堂以诵读贯穿始终，让学生在诵读中理解、诵读中感悟、诵读中思考、诵读中探究，学得通透、学得扎实、学得主动。特别是学生以自己喜欢的方式再读课文，并对照注释理解词义，画出难懂的字词准备讨论。讨论不能解决的问题，或觉得有讨论价值的问题，再提交全班交流。这种四人一组合作交流，老师引导学生提出问题，观察学生学习效果，重视学生的情感参与状态，给他们足够的时间，进行充分的讨论，然后小组派代表发言，在学生充分发言的基础上，教师适当地补充点拨，充分体现了教师为主导、学生为主体的教学理念。

二、学诗，就是要在诵读品味中探究

"阅读教学最基本的课堂样态，就是老师领着学生在文本里来来回回地行走。"如果说诵读是走进文本的第一步，那么透过词语的表层含义去深入挖掘，尝试挖出字面以外的东西，挖出每个词句可能会有的深刻的内

涵或者包含着的丰富的情感，这是阅读的深入。这节课基于古诗语言具有凝练、含蓄的特点，一起再读课文，并到词句中去挖一挖深层含义，注重文字咀嚼，如金属锻造般，让课堂充满了质感和原汁原味的语文元素，让诗歌原有的思想和情怀深深地抵达学生的心灵深处。这次的挖掘行动，老师抛砖引玉，先挖一个试试，为学生深挖提供支架，然后让每个同学采用单打独斗的形式，看谁挖得更快更深。为防浅尝即止，每个同学只要挖出一处精彩即可。这种方式调动了学生参与的积极性、主动性，让他们挖出了课文的精妙处、存疑处、探究处，挖出了自己的审美趣味、创造潜能，以及对文本的独特体验。对"怒号""卷""三""铁""丧乱"等词语的咀嚼品味，既让学生理解词语本身的含义，也让学生知道了这些词语的作用和妙处。既是在学习对诗歌内容的理解感悟，也是在学习语言文字的运用。更重要的是，这不是孤立的咀嚼文字，而是在理解诗意的过程中随即进行的，也是随文学言。这样的品味语言，是基于反复诵读的基础上的感悟品味，是在学生有了大体感悟的基础上的进一步具体化，是真正实现"言文合一"的要求。

"挖"的活动，让学生穿行在语言文字之中确保课堂活动的语文味，于教师而言，就是要始终立足语言实践的核心；于学生而言，就是要穿行在语言文字之中，始终坚持与文字做亲密接触；于课程建设而言，就是要在母语学习活动中实现自我充实、自我完善、自我发展。块砖垒高楼，涓滴成大海，"阅读教学的根，要深深扎进文本语言文字的土壤之中"（黄厚江语）。在语文教学中，我们完全可以多一点时间，多一点耐心，在字里行间穿行徜徉，细嚼慢咽，反复摩挲，去咂摸文字所自有的音韵、色泽、温度、滋味和性灵，体验因纯粹阅读而生的微妙欢喜和深刻震撼。

三、学诗，就是要在诵读品味中体悟情感

"诗者，根情，苗言，华声，实义。"对于诗歌语言文字的品味，这是

学习诗歌最基本的层面。在对于词语、诗句理解的基础上，更进一步就是对诗歌的内容情感进行体味。对诗人情感的品味，还是要通过品读来实现的。如果只是一味讲解，即使再深刻，那也只是教师自己的感悟和体味，而学生并没有自己亲身的阅读体验，没有通过阅读获得自己的"顿悟"。反复地诵读，特别是对重点诗句的细细品读，加上教师引导式的追问、点睛式的点拨，构成了师生间的对话，从而在课堂教学对话中完成对于诗歌内容情感内容的感悟。

《茅屋为秋风所破歌》一诗，表现了诗人杜甫复杂的思想情感。面对秋风破屋的心情愁苦，无可奈何；面对群童抢茅草的现实，他内心非常痛苦，无助叹息；面对屋漏难眠的长夜，他心中无限悲苦，寒湿交迫……诗中表现出的这些思想情感，不是靠教师的讲解就能让学生理解的。具体情境中，诗人的情感是不同的，通过一词一句的细细咀嚼品味，自然而然地就会从诗歌的字里行间品出诗人的情感。对于诗人身处困境，仍然表现奋发的博大胸怀和崇高的愿望，李老师在咀嚼品味语言文字的同时，也引导学生琢磨、体会诗人这些情感。让他们好好来吟诵一番，看用怎样的方式才能更好地吟出刚才挖出的各种感情，每组选读一句，赛一赛哪一组读得最好。先由小组内进行朗读比赛，同学点评同学（注意语速，节奏，重音，感情），推选参赛选手。并且重点品读最后一节，准确读出情和意。在进行朗读基调指导后，提醒学生："千万""大庇"重读；"安得""何时"要读得既悲哀又充满希望；"呜呼"要读得无可奈何；"死亦足"要读得坚定有力，并且拖长音。找生读后，评析，再读，最后齐读。在赛读过程中，大家进一步理解了作者推己及人的感情，并逐渐把诗人忧国忧民之情演绎得淋漓尽致，让诵读、品味、感悟，结合得天衣无缝，水乳交融，收到了"一读胜万讲"的教学效果。

李燕老师《茅屋为秋风所破歌》的设计与实践，立足于学生的发展，立足学用语言，以语文素养的提高为出发点，以引领者、合作者的身份带领学生走进文本，吟诵经典，品读感悟，大胆创新，诗意浓浓，可谓亮点很多，恕不一一枚举。愿我们不仅能看到她课堂上的明艳，也能感受到她背后的智慧；愿我们的课堂，都能像李老师的课堂那样，灵性与厚重齐飞，激情与睿智共舞，成为师生共同成长的美妙的生命场。

披"姓"溯源，析"字"入里

——说"名"道"姓"

执教：李燕

授课时间：2022 年 6 月

授课对象：对外经济贸易大学附属中学初一年级学生

情况说明：公开课、语文报"云直播课"

【课堂直播】

一撇一捺都是故事

温馨提示：同学们，牵扯小组 PK，请同学们课前做好一问二忆三查的准备。

（一问：寻一合适的时间，选一适合的语气询问长辈。"谁给我取的名字啊？""我的'名'和'姓'蕴含哪些'密码'？""我的名字背后有哪些有趣的故事？"二忆：回想一下，还记得第一次写自己姓名时的情景吗？它陪你走过十几个春秋了，其间你和它之间的故事有哪些呢？你真心喜欢它吗？你有过换姓名的想法吗？三查：查字典，了解自己姓名中每个字的含义。）

一、言语思路——你言我语说"姓名"

李老师：同学们，我们常说人如其名，每个人的名字都有深刻的含义，今天我们就一起来说名道姓。

道道我的名和姓

芦文浩：我是班长，我先说吧。说起我的名字，来源却是十分的离谱。我妈跟我说，在我出生那年，月黑风高，飞沙走石，而我妈正愁我的名字呢，就在这时，遇到了一个老先生，那老先生低头沉思片刻，说我姓是草字头，所以五行缺水，要取一个带水的字。这样文浩这个名字就这么决定了。

图1

李老师：呵呵，芦班长这名字的来历说起来离谱，但像这样找算命先生取名字的也不少吧。

武家燚：大家好，我叫武家燚，但我有个外号叫"四火"，就因为我名字里的"燚"有四个"火"。（板书：燚）我的大名武家燚：武是我的姓氏，家燚呢，听妈妈讲是指家庭兴旺、和睦、日子越过越红火的意思。同时"燚"字又寓指坚韧不拔、待人以诚、宁静致远的意思，所以妈妈给我取这个名字一定是希望我能够有坚韧的毅力和远大的理想。

李老师：哈哈，你上来先介绍自己的外号，再介绍自己的名字的含义，看来这个名字给你的生活带来了不少欢乐吧。

武家燚：嗯嗯，有欢乐也有困扰。坐飞机遇到工作人员打不出"燚"字用拼音代替，同学老师读错我的名字，时间长了这就成了我们的苦恼。

李老师：别苦恼了，这个名字多有个性啊，寓意也好，没关系的，时间久了，老师和同学就不会叫错你的名字了。

张若初：我叫张若初。张，是我的姓。张姓，是中国第三大姓氏，在

《百家姓》中排第 24 位。张的本义是"使弓弦",意为将弦搭在弓上。

师：读过《百家姓》啊，很不错。那你的名字含义呢？

张若初：我的名字叫"若初"，这两个字取自清代词人纳兰容若的《木兰花》："人生若只如初见，何事秋风悲画扇。"原意是：愿那个天使永远如最初般美好，天真与无邪。或许妈妈希望我永远如最初般天真、快乐与幸福。

李老师：呵呵，你对妈妈为什么给你取这个名字有这么多的猜测啊？今天回家可以问问妈妈，给你取这个名字的真正含义。

张心迪：我也姓张，我叫张心迪，心是心灵的心，迪是启迪的迪。我的名字是妈妈帮我起的。不过，听奶奶说，当时为了给我起名字，家里掀起了一股不小的"起名风波"。本来，奶奶给我起的名字是"张如意"，寓意吉祥如意，希望我健康平安地长大。虽然寓意是好的，但现在想想，我还是庆幸我的名字不是张如意。妈妈当时一听到这名字就急了："不行不行，绝对不行！如意在古时候就是痒痒挠的意思，那'张如意'这个名字说白了不就是'张痒痒挠'吗？这怎么行！"这下奶奶也不高兴了："'张如意'这名字多好啊！怎么不行了？"于是，两人为这事争吵起来，互不相让，最后还是妈妈略胜一筹，于是我就叫张心迪了。

李老师：哈哈，你这名字来得"坎坷"啊，你这故事一讲出来，我们大家都记住你了！

郑可心：张如意！我叫郑可心，哈！

师：你这激动的，还没有轮到你介绍，你自己就上台了啊！

郑可心：哈哈，我是觉得我的"可心"，和张心迪开启的那个"如意"的含义有些相同，一激动就上来了。我查过字典了，"可"字本义是指许可、能够、适合等意思，用作人名意指孩子拥有善良、温柔的性格，在生活中可以顺心顺意。"心",指心意,心思。用作人名意指忠心,爱心。爸爸妈妈希望我长大后有爱心,要做一个充满爱心的人。

李老师:看来可心不仅仅是查了字典,也问过了父母取名字的寓意了。其实可心真的是一位有爱心的人,对同学帮助很多。

陈熙霖:Hello!我叫陈熙霖。我名为熙霖,"熙"原意是光明,欢喜,和乐,兴旺,还有通"禧",福的意思,我的母亲希望我成为一个前途光明,性格乐观、开朗,使家庭和乐兴旺的人;而"霖"的原意是对农作物有利的雨,也比喻恩泽,我的母亲也希望我成为一个愿意帮助他人,对他人有利和懂得感恩的人。

闫炯诚:我叫闫炯诚,身为一个山东人血脉的我有名有姓也有字,姓闫,名炯诚,字诚斌。接下来我就为大家说道说道:闫,取父之姓,门道有三,而门是为了人通行用的,意味人生中多三道,一道为学识,一道为自信,一道为爱国。闫姓为百家姓第五十二位,源于芈姓。名,炯诚,炯字是取火为旁,五行补火,加以"同"字去掉一横,意为不要忘记心中的底线,诚,意为人生中不要忘以为人。现在大家都应该很少有字号了,而我"诚斌"接名之末起字之流,斌则意味着文武双全,与名一样都寄托着家人对我们的情感与希望。无疑在老一辈人眼里看来,名字都是神圣而又庄严的存在,这也是老祖宗传下来的文化,见证着中国历史的文化,切不可随意改其姓换其名。

李老师:看来同学们对自己的名字了解得还真是很全面啊。其实,名字只是一个代号,一个称呼,不是两个文字就能赋予它多少意义,真正能阐释名字含义的是拥有这个称呼的人赋予了它多少含义。同学们我们应该努力用自己的一言一行去丰富我们的名字,使它变得更有意义。

李老师:在我们下笔创作之前,我们可以简单地绘制"说名道姓"小故事文的思路图。

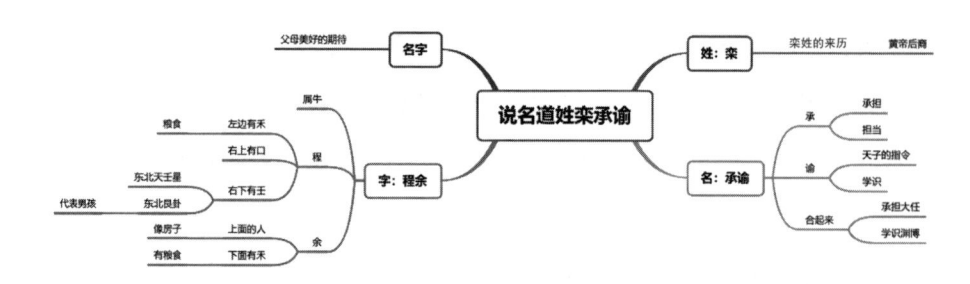

图 2

这个思维导图是栾承谕做讲解前做的一个言语思路图：他想先讲"姓"，再讲"名"，再补充自己的字，讲述思路清晰，讲解准确清楚。

【课上，有的同学从字形字源角度介绍自己的姓名，有的同学从姓名的寓意角度介绍，有的同学从姓名背后故事的角度来讲述。言语思路清晰了，写起来就轻松多了。】

二、言语成文——你读我品共赏佳作

【言语成文之后，接下来，组员在互相阅读之后，共同商定这次作文的评价标准。】

李老师：下面这篇文章是"对对对"小组推荐的优秀文——王馨宁的《说名道姓》。

我们来看几个片段："斯是陋室，惟吾德馨。"尽管处在"陋室"，但因为我品德高尚因此变得不简陋了。宁字原本寓意着安静，宁静。后来慢慢才明白，宁，并不是只代表了宁静，而是一种处事淡然、品德纯净。诸葛亮曾说："静以修身，俭以养德。"何尝不是另一种宁静？面对事情不再焦虑，而是保持内心世界的安宁，勇敢去闯，注重修养青春的内在美，提高自己的品德，以及文化修养。这是宁字带给我的启示。

【这一段是馨宁从寓意角度，并结合古诗文谈自己对自己的名字的一些深度的理解。】

"说名道姓"言语评价：以下是本组组员的评价和推荐意见。

吴梁浩：文章开头使用诗句来引出名字这个含义，富有诗意。文中多处使用诗句，使文章十分文雅。详略得当，有层次，结尾呼应了开头也升华了主题。

齐佳怡：由自己名字引发自己的感悟，看起来不空洞。角度独特，文章有自己的灵魂，不受普遍文章思路约束，写出了自己的风格。

吕昊轩：三个看似不关联的道理，其实可以将它们连接到一起，正是馨宁想表达的三种境界，刚强坚韧（内心）—德艺双馨（作为）—宁静淡泊（有强大的内心，有所作为，最终才能达到宁的境界，内心世界的宁静）。看文章的同时，读这篇组员的文章也给了我很多启发。

下面是"对对对"小组王馨宁的"写作复盘"：

这篇文章的"出炉"可谓是一波三折啊，前前后后修改四次，一开始文章可生硬了，感觉像几个糖葫芦散在地上，让人抓不到重点，摸不到头绪。读起来的感觉就像是父母给予的一堆含义，没有自己的理解。更没有有趣的故事去串联名字的含义，缺少诗文去丰富文章，因此文章有些单调。

图3

后来根据老师指导，重新修改了文章的过渡，就好比用一根竹签把糖葫芦串在一起了，承上启下，让文章读起来流利，通畅。又想出了好多以前学过的诗文和自己的小故事丰富文章，增加实际生活和自我感受，让文章内容丰富多彩。冰糖葫芦串好了，文章也就这么出炉了！

感觉这次创作的过程收获最大的就是：对自己的名字，有了更深层次的认识，同时也学会了，从这般不起眼的事物中，去发现闪亮的道理。除此之外，还学会了过渡串联、诗文故事结合等写作技巧。

"对对对"组，抓住"说""道"以及"名""姓"各自的含义，从选材、内容角度定评价标准；抓住姓名的用意、启发，从文章的主旨立意角度定评价标准，还从过渡的角度设计了有关文章结构评价标准。

下面这个评价量表，是各个小组共同商量的标准。

表1 "说名道姓"写作自我推荐评价量表

序号	评价项目	评级标准	分数
1	姓名的含义	准确性	
2	姓名的故事	生动性	
3	姓名的寓意	深刻性	
4	我对姓名的理解	启发性	
总分			

注：此评价量表按照"评价项目""评级标准"两个维度评价——"姓名含义的准确性""姓名故事的生动性""姓名寓意的深刻性""我对姓名的理解的启发性"。（注：评价标准都按照五个层级赋分：无、不符合、基本符合、符合、非常符合，分别对应1分、2分、3分、4分、5分进行量化。其中一项低于3分的请重新选材；每项都达3分以上且总分为15分以上请修改；每项都在4分以上且总分为17分以上请展示）

【附】

说名道姓

对外经济贸易大学附属中学初一(3)班　王馨宁

如果说世界是一个能容纳天地万物的大花园的话，那么在这之中我们就是那一朵朵含苞待放的花朵，每一朵花都有自己独一无二的名字。《诗经》有云："有椒其馨，胡考之宁。"没错，我叫王馨宁。说起我的名字，我认为别有一番韵味，带给我很多启示……

我的姓氏同父亲一样，百家姓中排位第八，为王。一听到王，总能使人联想到老虎头上的醒目标识。王字顶天立地，上面一横为天，下面一横为地，中间一个"十"字表示人。当我遇到难以逾越的坎坷时，想到自己以王字开头，如猛虎一般，所以我总会告诉自己一切都会过去的，再多的困难也只是暂时的云雾罢了，等我以王之势拨开云雾，定能重现明媚的阳光。这是姓带给我的启示，告诉了我要成为一个坚韧不拔、刚毅坚强的人。

我的名字，也就是馨宁，许多人说，我的名字"窈窕淑女"，哈哈，但这两个字，也有两个有趣的小故事。其中的"馨"字，令我哭笑不得的故事便是，因为"馨"字笔画很多，所以常常把许许多多的人给难住。因此，我的名字也总被写成，王×宁。其实说实话，有时候我也不太喜欢"馨"字，觉得考试的时候我还在写名字，别人却已经抓起笔答题了。也是借着这次的"说名道姓"，我去搜了搜字典，说馨字常用于形容鲜花香气之馨香，散布之远。那么为什么父母要赋予我"馨香"之气呢？我想德艺双馨，就可以诠释馨的含义。希望我像鲜花似的盛开，成为一个全面发展的孩子。"斯是陋室，惟吾德馨。"尽管处在"陋室"，但因为我品德高尚因此变得不简陋了。想到象征自己的那朵花，不是那温室中娇嫩可人、吹弹可破的小雏菊，而是像"千磨万击还坚劲"的向日葵那样，向阳开放，顽强，又不失"馨香"。在照亮自己前进的方向同时，也温暖身边的人。想到这里，我对笔画繁多的馨字的一点点不满也就磨平了。我不能辜负父母的期望，努力磨炼成一朵德艺双馨、文雅温馨、却不怕"千磨万击"的向日葵，照亮自己，温暖他人。

哈哈，关于我的宁字，可有着一个好玩的故事了。宁字原本寓意着安静，宁静。都说："静如处子，动如脱兔。"认识我熟悉我的人都开玩笑地说我完美地做到了"动如脱兔"与名字中的宁完全不符。记得夏天的某一天，由于我活泼好动，始终静不下心来，所以总是喊着"热，热"。姥姥总告诉我："心静自然凉。"可我一直躁动不安，始终没有做到"宁"。后来慢慢才明白，宁，并不是只代表了宁静，而是一种处事淡然、品德纯净。诸葛亮曾说："静以修身，俭以养德。"何尝不是另一种宁静？——让自己的心灵安宁下来，让自己的品德高尚起来。以前我总被无尽的烦闷打扰，听了自己名字的故事，我也懂得了许多道理。面对事情不再焦虑，而是保持内心世界的安宁，勇敢去闯，注重修养青春的内在美，提高自己的品德，以及文化修养。这是宁字带给我的启示。啧啧，当我深入去研究自己的名字时，才发现原来有这么多有趣的含义啊。

其实我们每个人都是花圃中那独一无二的鲜花，名字中蕴含的启示，能够帮助我们绽放那属于自己的光彩夺目的人生。我的名字，简简单单，但饱含深意。这就是王馨宁——独一无二的王馨宁。

三、言语修改——互评共改再提高

【一篇文章写完，一是要依据自评、互评、师评的建议，二是依据评价量表，进行再创作。根据"修改建议"修改后的文章有了很大的变化，同组同学还对修改前后的文章又进行了对比评价。】

李老师：我们可以听听栾承谕自己和好友闫炯诚对修改前后的文章的评价。

栾承谕：修改后的文章更生动有趣。修改的过程，也是我不断提升的过程。在阅读了老师的修改意见后，我再次参照评价量表进行对标，我发现自己文章中的介绍的确缺少了故事性，不够生动。一些表达、用词呢，平时也积累得少，以后我要注意准确规范地使用标点符号，和多积累词语。

我们再来听听闫炯诚的评价。

闫炯诚评得非常好。但我还是对栾承谕讲自己的姓名故事时候的画面印象比较深刻，总体感觉栾承谕讲的比写的要生动一些，看来说和写还是有出入的，一定要注意说和写之间的巧妙转化。

也希望在电脑前的同学们，对照着我们的评价量表和同学们的修改稿子，能找到让自己的作文有效提升的方法和路径。

【附】

说名道姓

对外经济贸易大学附属中学初一(6)班　栾承谕

"我叫栾承谕，字程余"，这个名字是不是听起来很大气？而你是不是也很好奇：怎么像古人一样还有字呢？现在，我就来介绍一下我的名字吧。

（修改为："大家好，我叫栾承谕，字程余"，这个名字是不是听起来很雅气？同时又让您和大家一样很好奇：一个现代人怎么和古人一样还有"字"呢？下面，我就来介绍一下我的名字吧。）

图 4

栾姓出自姬姓，传说是皇帝的后裔，是源于用封地作为姓氏。根据我们栾家的家谱记载,西周时,晋国有一名诸侯叫晋靖侯,他的孙子名宾,被封于栾邑(今河北省栾城一带),世称栾宾。他的后代就以栾为姓,世代为晋国卿士,逐渐发展为栾姓一族。这么说,我要是在古代,也是属于贵族中的一员啊!

(修改为:先说说我的姓。栾姓出自姬姓,传说是黄帝的后裔,是源于用封地作为姓氏。根据我们栾氏的家谱记载,西周时,晋国有一名诸侯叫晋靖侯,他的孙子名宾,被封于栾邑"今河北省栾城一带",世称栾宾。他的后代就以"栾"为姓,世代为晋国卿士,逐渐发展为栾姓一族。这么说,我要是生在古代,也是属于王公贵族中的一员啊!)

我的名字代表了父母对我的期望,听爸爸说当年给我上户口的时候,他想这个名字花了快一个月的时间,我也很喜欢我的名字!承谕二字,承是承担、担当的意思,谕在古代指天子下达的指令,还有学富五车、才华横溢的意思,承谕两个字合在一起,就是担当大任、学识渊博的意思。

(修改为:再说说我的名。承谕二字,承是承担、担当的意思,谕在古代指天子下达的指令,还有学富五车、才华横溢的意思,承谕两个字合在一起,就是担当大任、学识渊博的意思。我的名字承载了父母对我的殷切期望,爸爸说当年给我上户口的时候,他想这个名字花了近一个月的时间。我也很喜欢我的名字!)

说到我有字,很多人都会很疑惑:为什么你还会有字呢?与前面的姓名相比,我的字更有来头。

(修改为:还要说说我的字。每次提到我有"字",很多人都会很疑惑:为什么你还会有字呢?其实,有"名"有"字",也是我的家庭文化的传承,和前面的"姓""名"一样,我的"字"也含义颇丰呢。)

我的字"程余",为什么是这两个字呢?因为我属牛,因为程在繁体字里写成这样"程",程字左边有禾,右上边有口代表能吃饱,而右下角的壬代表天壬星，在八卦里对应艮卦，而艮卦代表男孩，所以用程；"余"字上面的人像房顶，下面有禾代表粮食，有房子住有粮吃的牛是多么舒服、多有福气呀！

怎么样，我的字也很有意思吧？

（修改为：我的字是"程余"，鹏程万里的"程"、富富有余的"余"，为什么是这两个字呢？因为我属牛，又因为繁体的"程"字是——左边有"禾"代表庄稼旺，右上边有"口"代表能吃饱，而右下角的"壬"代表天壬星，在八卦里对应艮卦，而艮卦代表男孩，因此用"程"；"余"字上面的"人"像房顶，下面有"禾"代表粮食，试想有房子住有粮吃的牛该是多么舒服、多有福气呀！怎么样，我的字也很有意思吧？）

我发现，父母给我们起名字的初衷都是充满着美好的期待，充满着爱的，他们期望我们成为有用的、对社会有贡献的人！不管名字叫什么，我们都要理解父母对我们的期望并为之努力！所以请大家爱自己的名字，爱自己的父母吧！

▲ 师生感想小披露 ▲

师：大家阅读了文章改前和改后的稿子对比，有什么收获和感悟吗？

生1：我感觉修改后添加了"段首语"。"先说说我的姓""再说说我的名""还要说说我的字"，使得文章主体条理更为清晰，层次感明显增强。

生2：对部分语句的先后顺序进行了调整。在说"名"部分，首先对"承谕"两个字进行解读，使行文更加符合语言逻辑，更加自然，也更加生动有趣。

生3：对部分语句进行了润色。在说"字"部分，首先增加了"有'名'有'字'，也是我的家庭文化的传承"，解答上文的设问；其次对"程""余"两个字分别进行强调，既是与"承谕"两个字的区别，又表达了美好的愿望，使内容上下相辅相成。

生4：对标点进行了修改，使标点符号应用更加规范，文章格式更加丰富。

师：大家说得非常好。记得第一节课上栾承谕讲自己故事的时候，讲的比写的要生动很多，看来说和写还是不同的。希望对照着我们的评价量表和同学们的修改稿子，能找到让自己的作文更加精彩的路径。

我们再来欣赏一下李昀朗的这篇文章。尤其是针对"姓名故事的生动性"这个评价标准的修改部分：

但我认为，最值得一提的还是我的小名"立春"。在2009年2月4日，我与春天一起来到了这个世界，这天正值立春，而按辈分算，我名字的第二个字应该是"立"，所以我奶奶便给我起名为"李立春"，但我妈妈说："这名字太土了，以后会被人笑话的。"奶奶却说："孩子这辈就应是'立'，而且'立春'的寓意多好。"

两人争执不下，最后双方各退一步，奶奶听了妈妈的话，有了我现在的名字——李昀朗。而"立春"成了我的小名。每次奶奶呼唤我，脸上堆满了笑容，拉长着音，大声又欢快地说："大——立——春！"上小学六年，每天放学都是奶奶来接我。她每次都站在所有家长的最前面，看见我就踮起脚，高高举起手，大声呼喊："大——立——春！"小学六年，我就在奶奶的呼喊中逐渐长大了。

上了初中以后，奶奶就不怎么喊我的小名了，只是在我过生日的当天会提起这个名字。但自打"立春"这个小名在我们班曝光后，这个名字迅速传遍全班，班中关系好的同学都以此称呼我，有的管我叫"大立春"，有的管我叫"立春兄"，别说，听着还真是亲切。这样一个有趣又富有深意的名字，就算是成了"绰号"，也不会让我感到厌烦。真是一个有趣而又生机勃勃，充满了故事的名字。

名字不单单是一个称呼，名字中有着父母家人赋予的美好寓意以及他们对我的期望。我很爱我的名字。

亮点点评：昀朗这篇小文亮点颇多，一是详细地介绍了"李"姓的由来，二是把"昀朗"的字典释义和妈妈的小心思一并写了出来。最值得称赞的就是，在二次创作的过程中，依照评价量表，昀朗增添了和"立春"这个小名有关的"婆媳"争执的小故事，生动有趣，给人印象深刻。小文章语言幽默风趣，娓娓道来，没有一点突兀的感觉，而且妈妈和奶奶的形象塑造得很立体很形象，整个家庭氛围也是那样的和谐和幸福。真是一篇不错的小文。

【附】

说名道姓

对外经济贸易大学附属中学初一(6)班　李昀朗

每个人都有一个好名字，名字代表了家人的期望，我的名字叫——李昀朗。

"李"可是中国的大姓，而在传说中，李姓源于嬴姓，在古代时候皋陶被任命为舜的大理，于是他以官为姓，因此有了"理"姓。在商纣王时，世袭为大理的理微因直谏得罪商纣王被杀，其妻契合氏与其子利贞逃难，在路上吃尽苦头，但因吃了李子得以获救，为感谢李子的救命之恩，把"理"姓改为"李"姓，从此有了"李"姓。

而我的名"昀朗"，昀代表日光，《玉篇》中说："昀，日光也。"它也指目光，从长远意义出发，用于人名便指瞻高望远，洞察秋毫；而朗则代表月光明亮，之人聪慧，卓尔不群。除此之外，还有我妈妈的一点小心思。她喜欢弹钢琴，也崇拜钢琴家郎朗，小时候她称呼我"朗朗"，还说跟大钢琴家同名，期盼我未来也能在钢琴方面有所造诣。

但我认为，最值得一提的还是我的小名"立春"。在 2009 的 2 月 4

日,我与春天一起来到了这个世界,这天正值立春,而按辈分算,我名字的第二个字应该是"立",所以我奶奶便给我起名为"李立春",但我妈妈说:"这名字太土了,以后会被人笑话的。"奶奶却说:"孩子这辈就应是'立',而且'立春'的寓意多好。"

图 5

  两人争执不下,最后双方各退一步,奶奶听了妈妈的话,有了我现在的名字——李昀朗。而"立春"成了我的小名。每次奶奶呼唤我,脸上堆满了笑容,拉长着音,大声又欢快地说:"大——立——春!"上小学六年,每天放学都是奶奶来接我。她每次都站在所有家长的最前面,看见我就踮起脚,高高举起手,大声呼喊:"大——立——春!"小学六年,我就在奶奶的呼喊中逐渐长大了。

  上了初中以后,奶奶就不怎么喊我的小名了,只是在我过生日的当天会提起这个名字。但自打"立春"这个小名在我们班曝光后,这个名字迅速传遍全班,班中关系好的同学都以此称呼我,有的管我叫"大立春",有的管我叫"立春兄",别说,听着还真是亲切。这样一个有趣又富有深意的名字,就算是成了"绰号",也不会让我感到厌烦,真是一个有趣而又生机勃勃,充满了故事的名字。

  名字不单单是一个称呼,名字中有着父母家人赋予的美好寓意以及他们对我的期望。我很爱我的名字。

四、言语共赏——佳作示范说姓名

李老师：读完同学们的修改文，我们再来欣赏一篇名家作品。

说名道姓

余秋雨

我出生那天正下雨。雨不大，也不小，接生婆是外村请来的，撑一把油纸伞。雨滴打在伞上的啪啪声，很响。

按照我家乡的风俗，婆婆是不能进入儿媳妇产房的，因此祖母就站在产房门外。邻居妇女在厨房烧热水，进进出出都会问接生婆"小毛头是男是女""小毛头重不重"。祖母说："不要叫小毛头，得让他一出生就有一个小名。""叫什么小名？"邻居妇女问。祖母想了一会儿，又看了看窗外，说："小名随口叫。秋天，下着雨，现成的，就叫秋雨。过两天雨停，我到庙里去，请醒禅和尚取一个。"

第二天雨就停了，祖母就滑滑扭扭地去了庙里。醒禅和尚在纸上画了一会儿就抬起头来说，叫"长庚"吧。他又关照道，不是树根的根，是年庚的庚。

回家的路上祖母想，管它什么庚，听起来一样的，村里已经有了两个，以后怎么分？

她还是没有进产房，站在门口对妈妈说："和尚取的名字不能用，和别人重了。还得再找人……咦，我怎么这样糊涂，你就是个读书人啊，为什么不让你自己取？"妈妈躺在床上腼腆地说："还是您昨天取的小名好。""我取的小名？秋雨？""对。我写信给他爸爸，让他定。"

妈妈也想借此试一试爸爸的文化修养。爸爸回信说："好。两个常用字，有诗意，又不会与别人重复。"于是，留住了那天的湿润。

从此，我就成了我。那么，这本书里的一切称呼也就要根据我的身份来改变了。除了祖母、爸爸、妈妈外，爸爸的妹妹余志杏我应该叫姑妈了，爸爸的弟弟余志士我应该叫叔叔。妈妈的姐姐，那位朱家大小姐，我应该叫姨妈，而朱承海先生夫妇，我则应该恭恭敬敬地叫外公、外婆。

外公是我出生后第七天上午才来的。他一进门就是高嗓子："听说取了个名字叫秋雨，好，这名字是专门送给我写诗的。"他清了清嗓子，拿腔拿调地吟出一句："竹篱——茅舍——听秋雨，哦不对，平仄错了。秋是平声，这里应该放仄声……"

妈妈知道，这是外公在向自己卖弄，便轻轻一笑，对着产房门口说："爹，竹篱茅舍也落俗套了！"

外公、爸爸、妈妈都知道那句有名的诗："秋风秋雨愁煞人。"为了诗意，他们选了这个名字。

【推荐阅读理由】

余秋雨是当代很有成就的散文家，他不仅散文写得极美，而且名字也起得美，余秋雨也确实是一场秋雨，雨声圆润悦耳，雨色深沉素洁，他就是在秋雨后出生的，故祖母为其起了这个名字，既不容易重名，也很有意境。同时，"余"这个姓氏和"秋雨"这个名，仿佛天造地设一般完美。

作者以时间为线索将这个故事娓娓道来，杂而不乱，同时在讲述名字的时候，进行了大量的语言描写，使每个情节画面感极强，值得我们仔细品味学习。

李老师：下面我们一起听一听馨宁同学读完余秋雨这篇文章后的一些想法吧。

馨宁小语：在阅读过所有的"说名道姓"的文章以后，我发现每个人写作都有着自己独特的风格。印象最深的，那无疑是余秋雨先生的那篇文章了。相对起同学们的文章，余先生的文章是略显成熟、稳重的，但是却丝毫不缺乏生动性和活泼性。

看了他的文章，我进行了深度的思考和对自我文章的反思。首先，余先生全文贯穿自己的名字来阐述，以自己出生时，家人为自己起名字的事情，按事件发生的时间来"说名道姓"。文章看起来行云流水、一气呵成，但我的文章虽然有着过渡句连接，但没有线索的串联，所以看起来仍然有些生硬。其次，余先生不仅在描写自己的姓名，更多的是去还原在名字背后的故事，运用了丰富的语言描写，以及许多生动词语的加工，让画面呈现在我们眼前，栩栩如生。让人读起来生动有趣，反而更容易去记住他的名字。而我的文章虽然添加了几个小小的片段，但更多的还是平铺直叙，描写我的名字的内涵，等等，没有展现出生动形象的情景。最后，余先生的文章并没有明显的升华，但能从他的处处描写中，感受到他对这个名字的喜爱、对家人的感谢。而我却运用了大量的"大道理"，努力地升华文章，会显得文章有一些杂乱，没有突出最主要的中心，反而适得其反。

记得热爱自己、热爱生活、热爱写作哦。

李老师：其实，名字只是一个代号，一个称呼，不是几个文字就能赋予它多少意义，真正能阐释名字含义的是拥有这个称呼的人，同学们我们应该努力用自己的一言一行去丰富我们的名字，使它变得更有意义。

好，今天的课到此结束！

【写在课后】

"说名道姓"写作微课程设计的起点，就是七上语文教材的第一单元"热爱生活热爱写作"，结合单元写作提示中的"你哪个朋友的名字比较有特点？"设计"说名道姓"写作课程。

这个课程设计就希望同学们从字形字源中感受到汉字的魅力、从姓氏的历史中了解姓氏文化、从叙述"名字"背后的故事中感受到家人无限的期许，从而更加爱自己、爱家人、爱生活。让学生感受到写作就像我们平时说话一样，用笔在说话，不是什么"高难的动作"，写作就是写自己的生活、写自己的体验、写自己的思考。并学会从"写自己的名字故事"开始爱上写作。

恰逢朝阳区举办"创新成果"评选活动，"说名道姓"写作微课程设计的同时也为完成课题申报做准备。两个班的学生也由此开始"基于姓氏文化探究下的姓名故事创作研究"申报书的写作准备。孩子们把班级的同学的"姓名"都汇集在一起，通过查汉典和阅读百家姓等各种方式，有了不少的收获。

通过查阅资料，他们一是觉得"说名道姓"不只可以从父母起名的故事来研究，还可以深究名字包含的意象、谐音，查找同姓历史人物以及姓氏的由来。二是觉得名字是我们最重要的一张名片，研究自己的名字具有多重意义。通过研究自己的名字可以更加了解自己：虽然如此平凡却也如此重要、如此普通却也如此独特，从而更加爱自己、爱生活、爱写作。

让写作指导课听得见回响

——"学写读后感"写作指导

执教： 李燕

点评： 李革

授课时间： 2022年10月

授课对象： 对外经济贸易大学附属中学初二年级学生

情况说明： 公开课、教育部"基础教育精品课"

"学写读后感"教学设计

【指导思想】

《义务教育语文课程标准（2022年版）》第三部分　课程目标：注重写作过程中搜集素材、构思立意、列纲起草、修改加工等环节，提高独自写作能力。根据表达的需要，借助语感和语文常识修改自己的作文，做到文从字顺。能与他人交流写作心得，互相评改作文，以分享感受，沟通见解。

《义务教育语文课程标准（2022年版）》第四部分　课程内容："文学阅读与创意表达"任务群强调"阅读反映中国革命各个时期的优秀文学作品，感悟革命领袖、革命英雄、模范人物的理想信念和奋斗精神，运用多种方式交流自己的阅读感受"。"整本书阅读"任务群强调"阅读革命文学作品《革命烈士诗抄》《红岩》《红星照耀中国》等，评析革命领袖、革命英雄的爱国精神和人格魅力""结合自己的阅读体会，尝试撰写文学鉴赏文章"。

《义务教育语文课程标准（2022年版）》第六部分　评价建议："课堂评价建议"中强调"在小组合作、汇报展示过程中，教师应提前设计评价量表、告知评价标准，引导学生合理使用评价工具，形成评价结果"。"组织学生互相评价时，教师要对同伴评价进行再评价，引导学生内化评价标准、把握评价尺度，在评价中学会评价。"

【教材分析】

教材里的读后感：小学五年级下册第二单元有"写"读后感；八年级下册第三单元有"学写"读后感；高一上册教材里有"学写"文学短评。读后感写作训练贯穿在了小学、初中、高中的教材里。"读后感"有时还隐藏在课后题里，也会出现在日记随笔里，甚至可以说这一实用文体还会伴随人生各个阶段。

【学情分析】

初二的学生对写读后感并不陌生，平时的语文课上就课文整体内容的感知，对文章语段的批注理解，以及对文章主旨的探讨分析的过程也都是阅读感受的一部分。针对名著中的人物、情节以及小说主题的理解，老师们也多布置学生写读后感。尤其是最近学生手里有了《语文报》其中第一版的名家美文、第二版第八版的同龄人小文的阅读，孩子们有了很多的共鸣共情的感受，日记随笔也渐渐写得丰富起来了。最近批阅学生的随笔日记作业发现，他们的感受多数不够深入，也很少能联系自己的阅读积累和自己的生活体验，基于此设计了"学写读后感"的写作指导课。

【教学目标】

1. 通过欣赏两篇小随感，了解什么是读后感。
2. 通过围绕感触点充分交流内容和方法，明确写读后感的方法。
3. 依据评价量表评价例文，学会评价修改读后感。
4. 通过列提纲写作读后感，初步实践写读后感。

【教学重难点】

重点：通过围绕感触点充分交流内容和方法，明确写读后感的方法。

难点：依据评改建议，自己修改、再观作文。

【课前准备】

学生：就这学期已经学过的课文写一篇小"随感"。

教师：搜集读后感优秀例文。

【教学过程】

一、什么是读后感？

我们阅读时，常常会有所触动，或得到一些启发，把这些写下来，就是读后感。

周末同学们就已经学过的课文或读过的报纸中的文章写了一则"随感"，请围绕以下三个角度，做个复盘吧：

1. 我为什么选择这篇课文（文章）？
2. 我是围绕哪个感触点展开写随感的？
3. 我写出了自己内心的真实感触了吗？

二、读后感的分类

读后感是一个统称，可以按照所"阅读"材料的性质不同分为读后感和观后感。

阅读书籍或文章后写的感想为读后感，观看影视、戏剧、展览等之后写的感想为观后感。

【设计意图：通过"随感"日记写作复盘，引导学生发现写作小随感的困惑点。进而了解读后感的概念和分类】

三、如何学写读后感？

学写读后感的核心任务有三个。

任务一：明晰我的"感点"。

写读后感首先要明确我的"感点"。阅读完作品之后，往往会产生丰富的感想和体会，但读后感不能面面俱到、泛泛而谈，要聚焦最能触动"自己"的一点感受来写。阅读作品后的各种感受，如果不进行思维加工一股脑儿都写出来，就会杂乱无章，让读者不知所云。所以写读后感，还需要反复思考、提炼，把自己的感受明晰化、条理化地表述出来。

任务二：让我的"感点"有着落。

阅读例文1、例文2，思考如何让我的感点有着落。

例文1：围绕感触点适当引述原文，文章有直接引述，也有间接引述。多角度思考表述，感受力深入，把自己的感受明晰有条理地表达出来。有明确的中心，结尾点题。

例文2：感点是从主人公的身上提炼出来的。围绕"感点"联系初一教材所学内容和人物对这两个人的人生经历通过求同，思维深度联系生活实际进行印证。

进阶一：用我的阅读积累做参照。你阅读的书籍、报刊、看过的影视作品，决定了你选材的视角。

进阶二：用我的生活经历去关联。你的旅行的见闻、生活的插曲……你是什么样的人，就能看到什么样的故事。

任务三：让我的"感点"有深度。

阅读例文3、例文4，思考如何让我的感点更深入？

例文3：感点聚焦，由保尔到革命者到各行各业的卓越的人，再联想到普通人，围绕"感点"多层面联系印证。由保尔到自己，升华感点，深化主旨。

进阶一：挖掘素材背后能带给人的精神价值。

进阶二：思考素材跟生活哲理、人生哲学的关联，思考素材与帮助我们成长、指导我们实践的关联。

下面我们一起来看看例文4的行文思路：作者以"几许微光献给生活的沧澜"为题巧妙地引出自己的感点，然后围绕感点设计了三个小标题，分别从人物、情节、作者三个视角书写自己的感触。

纵观全文，可以说王亚文同学，不仅读懂了这本书，读懂了书中平凡的人物，平淡的结局，也读懂了作者。这是一篇多视角立体感很强的读后感。

进阶三：尝试从多视角去书写自己的感触，让思考走向更深处。

四、结合例文，总结写读后感的方法

【设计意图：通过阅读优秀范文，明确写读后感的方法。】

五、根据刚才阅读优秀例文的收获，再批注点评例文 5

主要问题：

1. 引述内容过多。

2. 感触点表述不明。

3. 不能联系阅读积累和生活实际。

4. 结尾总结不到位。

（注：可参照教师的习作评价量表，也可以由小组结合前面所学内容，商定设置本组的有关"学写读后感"的评价量表。）

六、根据上面的评改经验，修改例文，并总结优点、缺点

1. 小组推荐修改后的文章或修改片段。

2. 全班交流问题及再给出的修改建议。

【设计意图：通过批注点评例文，发现例文的问题，激发学生利用已有知识进行深入思考的能力。引导学生自主设计组内的评价量表。引导学生依据量表帮助同伴修改文章，进而学会修改自己的作文，以评促改。】

七、作业设计

校学生会组织"喜迎二十大，永远跟党走"为主题的"阅读红色经典"活动，学习部长建议征集《红星照耀中国》《长征》《钢铁是怎样炼成的》这三本名著的读后感。

请你结合"红色经典"的阅读体验，填写表格，列出写作提纲，并为你的读后感拟写一个凝练而有韵味的题目，最后形成一篇完整的读后感。

"学写读后感"课堂实录

【课堂实录】

师：同学们好！很高兴能和大家一起学习八年级下册第三单元的写作课——学写读后感。我们先来了解一下教材里的读后感。小学五年级下册第二单元有"写"读后感；八年级下册第三单元有"学写"读后感；高一上册教材里有"学写"文学短评。看来读后感写作训练贯穿在了小学、初中、高中的教材里。

【PPT展示小学五年级教材、初中八下教材、高一上册教材有关"读后感"的教材图片。】

"读后感"有时还隐藏在课后题里；也会出现在老师布置的随笔里；甚至可以说这一实用文体还会伴随你人生各个阶段。

七嘴八舌　话"随感"

师：周末我们就学过的课文写了一则小"随感"，下面在小组内互相传阅一下，用投票的形式选出各组的优秀"随感"，想听听同学写随感时的一些真实的想法。

师：下面各小组围绕以下三个角度，在组内做写作复盘：1. 我为什么选择这篇课文？2. 我是围绕哪个感触点展开写随感的？3. 我写出了自己内心的真实感触了吗？

陈杨子慧：老师我选的《藤野先生》这篇课文写的随感。（国外列强的歧视，中国人民的麻木不仁，无一不让您所气愤。您知道如果想要救国，必须先救国家的心。一边以笔为枪，写进现实；一边以画为矛，唤醒力量。正因有了像您这样的人，如今才没人敢轻蔑"中国"这二字。是啊，青年的我们正沐浴在骄阳下，生长在清风中，回应着时代的召唤，领略着独属于我们的风光,而又怎样才能对得起站在前方的那些背影。您便是我在黑夜里的那盏炬火。前日的傍晚,为提交一份合格的入团申请书而奋斗了许久,心中十分向往入团,想要追随前人的脚步,奈何身边的纸团已摆成一座小丘,心急如焚之际,忽然想起,先生所作的文章,您又是如何坚持的呢?我想那一夜一夜的灯光,和成堆成堆的烟头,都将是最好的证明。可能我的这一点零星,就像天空中的一抹尘埃吧。窗外车水马龙,川流不息,您不必害怕,我们都将成为夜空中获得那一颗星,连成属于中国的这条银河。这盛世如您所愿。这盛世如您所愿——读《藤野先生》有感。)

师:那说说为什么选这篇课文呢?

陈杨子慧:一是学这篇课文的时候就有了很多感触;二是读过一些鲁迅写的其他文章,很喜欢先生。

师:那《藤野先生》这篇文章最触动你的内容是?

陈杨子慧:文章结尾处"每当夜间疲倦,正想偷懒时,仰面在灯光中瞥见他黑瘦的面貌,似乎正要说出抑扬顿挫的话来,便使我忽又良心发现,而且增加勇气了,于是点上一支烟,再继续写些为'正人君子'之流所深恶痛疾的文字",这段文字最打动我。

师:哦,懂了,可惜老师在你的"随感"中没有发现这段文字。

陈杨子慧:这个感点在我的心里。

师:呵呵,写文章要有读者意识哦,一会儿修改的时候可以添加"感点"的来处。

陈杨子慧:好的,老师。

师:那你觉得写出了自己内心的真实感触了吗?

陈杨子慧:好像出来了,又好像没有完全写出来。

师:老师从你这段"您便是我在黑夜里的那盏炬火。前日的傍晚,为提交一份合格的入团申请书而奋斗了许久，心中十分向往入团，想要追随前人的脚步，奈何身边的纸团已摞成一座小丘，心急如焚之际，忽然想起，先生所作的文章，您又是如何坚持的呢？我想那一夜一夜的灯光，和成堆成堆的烟头，都将是最好的证明。可能我的这一点零星，就像天空中的一抹尘埃吧"文字里能读出你真的是被《藤野先生》这篇文章的结尾处的场景感动了，也让你有了继续前行和坚持的动力。

陈杨子慧：是这样的老师，很受触动，可就是感觉想表达的还有很多没表达到位。

师：嗯嗯，的确。

师：刚刚我进了几个小组，听各组员做的写作复盘，一个共性的问题就是：小"随感"写得都很真实，但多随心所欲地抒写感受，存在感点不明确、感触不深的问题。

这节课我们就一起学习如何规范地写一篇"读后感"，也许学完之后大家就知道如何修改自己的文章了。

你言我语　谈"读后感"

师：这节课呢，我们将从什么是读后感、如何学写读后感、如何评改读后感三个方面开始进行深度交流学习。

下面同学们都来谈谈自己对"读后感"的认识吧。

王馨宁：我阅读时，常常会有所触动，把这些写下来，这应该就是读后感吧。

张心迪：阅读时得到的一些启发，把这些写下来，也算读后感吧。

师：对，这些都是读后感。《说文》讲：感，动人心也。从心咸生，是发自内心的呼喊。刚刚陈杨子慧同学就是感动于鲁迅先生的"爱国情怀"，结合自己的生活体验，写出自己最真切的感触，读来让人动容。

吴梁浩：老师这与我们上学期看完《长津湖》电影写的观后感和读后感有啥区别呢？

师：读后感是一个统称，可以按照所"阅读"材料的性质不同分为读后感和观后感。阅读书籍或文章后写的感想为读后感，观看影视、戏剧、展览等之后写的感想为观后感。

吕昊轩：老师，我理解什么是读后感，但就是不知道如何把读后感写好，这次我们小组写的小随感多数都是B，还有C。

师：的确，这次的小随感大家写得都不太成功。要想把读后感写好首先要明确自己的"感点"。阅读完作品之后，往往会产生丰富的感想和体会，但读后感不能面面俱到、泛泛而谈，要聚焦最能触动"自己"的一点感受来写。阅读作品后的各种感受，如果不进行思维加工一股脑儿都写出来，就会杂乱无章，让读者不知所云。所以写读后感，还需要反复思考、提炼，把自己的感受明晰化、条理化地表述出来。

吕昊轩：哦，好像明白一些了，我的读后感，感点就不明确，有好多感触点一股脑儿写出来了。

师：好，现在大家阅读例文1、例文2，思考作者是如何让感触点有着落的？

陈熙霖：张恕一同学的这篇《柳宗元笔下的山水最有情》，围绕"感点"采用概括引用和直接引用相结合的方式巧妙引用原文。

高程悦：《小石潭记》这篇文章大部分读者都比较熟悉，所以她用"潭中鱼"做概括，而展开分析写具体感受时，又直接引述了原文内容。

方慧曦：小作者的"所感"不仅深刻、独到，而且能够通过联系自己的阅读积累——《三峡》和《与朱元思书》中的相关内容，印证突出柳宗元笔下的山水最具独特之美，最富有情感。

王嘉航：这篇读后感聚焦"感点"，分别用标题和后面文段中的分析句，反复思考、提炼，把自己的感受清晰地表达了出来。

师：所以说要想让我的"感点"有着落：可以用"我"的阅读积累做参照。

吴梁浩：周然同学的这篇读后感的"感点"是保尔的"坚韧"，后文用自己的阅读积累和生活经历来印证"感点"。

师：看来吴梁浩真的读懂了周然这篇文章，那你能把你读出来的周然的创作思路给大家说说吗？

吴梁浩：好的老师，我按周然的这篇文章的五个自然段的内容来说吧。

第一段，直接引用原文，引出感点"坚韧"。

第二段，结合保尔的人生经历，从三个层面分析评价他为了"大事业"所做出的奉献。

第三段，联系自己的阅读经验，将保尔的特点和有同样承受过身心折磨的史铁生相联系，引出共同点"坚韧"。

第四段，提炼"坚韧"的内涵：钢之坚，品格之韧，不向命运屈服。

第五段，从书走向我们，将主角由保尔转向祖国的未来——我们身上，警示我们要敬佩和学习他们的精神品格。

师：从刚刚吴梁浩分享的他理解的周然的这篇文章思路，我们清楚地感觉到，要想让我的"感点"有着落，一是可以用我的阅读积累做参照；二是还可以用我的经历去关联。

其实呢，仅仅是让"我的感点有着落"，还不够，还需要让"我的感点有深度"。下面我们再一起欣赏一下例文3，思考如何让我的感点有深度？

费格林：梁峻华这篇小文的"感点"是保尔的人生誓言。小作者在明确了感点之后，围绕"感点"联系到千千万万的革命者、各个领域做出卓越贡献的人还有我们这些普通人……

尤其是结尾处由保尔到自己，"这本书的不朽，激励着一代又一代人。那么，让我们从现在开始，种下一颗种子，为我们的人生立下一个誓言。它可以微不足道，但必须为你心之所向。用你的勤劳与汗水来浇灌它，用你的坚持与坚定来呵护它。待到它长成参天大树后，你会在终点处与自己撞个满怀——一个更好的自己"。结尾升华"感点"——一个更好的自己。

师：费格林说得真好，我来总结一下哈，要想让我的"感点"有深度：一是要挖掘素材背后能带给人的精神价值；二是要思考素材跟生活哲理、人生哲学的关联，思考素材与帮助我们成长的关联。

师：其实呢，阅读所得的感受还可以是多维度立体的：人物、情节、主题、作者……下面我们一起来看看例文4，思考这篇文章打动你的点在哪里？

王馨宁：我喜欢小作者的行文思路，作者以"几许微光献给生活的沧澜"为题巧妙地引出自己的感点，然后围绕感点设计了三个小标题，分别从人物、情节、作者三个视角书写自己的感触。

张心迪：最打动我的是文章第一个小标题——脚踏阴沟与仰望星空下的内容："孙少平在物质上是窘迫的，在经历上是坎坷的——但我从来没有见到任何人，像他这样认真地对待自己的精神世界。"在这一部分里，作者深入挖掘了小说人物的精神世界。

"他们顾不得高谈阔论或愤世嫉俗地忧患人类的命运。他们首先得改变自己的生存条件，不鄙视普通人的世俗生活，但又竭力使自己对生活的认识达到更深的层次……"

"其实在青年的道路中，我们的大多数人我想都属于这样，为了自己的生活，为了自己的人生意义在世界各个角落忙碌着、奔波着。"

"这本书适合青少年，尤其适合浑身充满热血的年龄。在这个年龄，读这样的书才能深刻地理解生活究竟是怎么回事，生活的本身意味着怎回事。在最好的岁月里让青春的热血沸腾，满腔赤诚地去闯荡，才不会在垂垂老矣的时候，发现我们那么可笑，呆板了一生。"

在这一部分，作者由孙少平联系到青少年，寻找素材与我们成长的关联。

王嘉航：我喜欢第二个小标题——聚成一团火，散作满天星下的内容。作者从整本书结局的角度巧妙切入："做一个平凡的人，而非平庸的人，在于看到了可能的渺小与无力后，依然有勇气去追寻这种渺小的意义，并且依然有能力去发觉这种渺小意义的可贵。这时我可能才开始接受这个当初认为过于平淡的结局。"平凡的世界里，大多数平凡的人们，可能无法仅凭一己之力逆转未来、改变世界，但他们坚持理想、不懈生活的力量，使他们在生活的泥淖里，戴着脚镣也依旧舞蹈，以这"几许微光，献给生活的沧澜"。

师：我也喜欢这一部分，作者在这一部分里，开始思考平凡人生，感受平凡人的忙碌、奔波、坚持理想的意义所在。

吴梁浩：我喜欢第三个小标题——十年踪迹十年心下面是关于作者路遥的创作历程的回顾："路遥是幸运的，直到今天，他仍有数以百千万计的读者。读这本书，分分钟都能落下泪来，一字一字很厚实，又暖心，又酸楚，还被安慰。可能是资源和人口造就了逼仄的生存环境，使得悲怆成为全书的基调。这些浸透在文明里的感受，是种朴实的灵魂。可是你理解，父辈的影子，身边的人，佝偻的背脊，皱纹，穷困，动荡，自尊还有爱，这些都组成了平凡的世界。"

师：的确，这一部分写得也很打动人。纵观全文，可以说王亚文同学，不仅读懂了这本书，读懂了书中平凡的人物，平淡的结局，也读懂了作者。这是一篇多视角立体感很强的读后感。所以说要想让我的"感点"有深度，还可以尝试从书的"内容""人物""作者"等多个视角去书写自己的感触，让思考走向更深处。

师：结合以上例文，思考怎样围绕感触点形成一篇读后感？试着把你的想法以思维导图的形式呈现出来。

师：刚刚看了各组同学们的思维图，发现同学们对如何写读后感都有比较清晰的理解和认识了。我们一起来看PPT上展示的这张图：首先确定我的感触点，然后适当地引述原文，议论力求感受力的深入，要注意联系自己的阅读积累和生活经历引起读者的共鸣，最后总结全文，升华主题。这张图清晰地呈现了如何围绕"感点"形成一篇读后感。

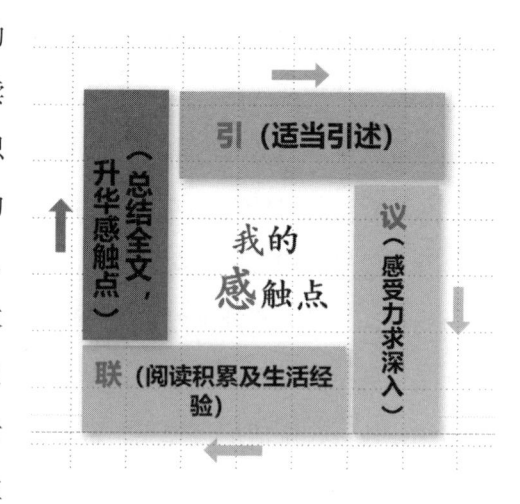

图1

师：同学们再来看看PPT上的这张图上的关键词：奋斗、信念、坚韧、磨炼、理想、钢铁、乐观、苦难……这张图上的关键词，都可以是同学们阅读《钢铁是怎样炼成的》的感触点，明确感触点之后，围绕感触点再联系阅读积累和生活经历，就不怕我们的读后感没有着落，没有深度了。

图2

师：读后感也有写作误区，我们在平时写作时一定注意。

1. 空发感慨。粗略阅读，了解内容梗概的读后感只能是进入"空发感慨"的误区，会让人产生一种无知和肤浅的感受。

2. 以读代感。机械转抄原文，或大量地、不厌其烦地复述或直接引用作品中的内容，而自己的感受却是轻描淡写地一笔带过。

3. 漫无中心。"感"而不得："所感"的内容，是一些人云亦云的体会，缺少发自作者内心最独特的感受。"感"得不深：感受只是浮于表面的理解或片面的认知，所以写作时对"感"点往往会泛泛而谈，浅尝辄止。"感"得有误：不能交代清楚"感"从何而来，所写感受与所阅读的作品内容毫无关系，或者是误解了原作品的意思，出现错误性解读。

你批我注　共提升

师：好，请同学们根据刚才阅读优秀例文的收获，在任务单上批注点评例文5。好文不厌百回改，读后感也是一样，我们要养成根据评价量表评改文章的习惯和能力。大家可以参照这张读后感评价量表，进行评价和写修改建议。王馨宁同学，你先简单介绍一下这篇读后感的写作缘起吧。

王馨宁：我个人很喜欢杜甫，读了杜甫的很多诗歌，也读了《杜甫传》，前一段有机会观看了《杜甫》话剧，看完之后非常受触动，然后就一气呵成地写了一份读后感初稿，希望大家多提建议。

吕昊轩：我读完王馨宁的这篇读后感，也喜欢上了杜甫，王馨宁同学把自己对杜甫的敬意融入杜甫的一生里，把对杜甫的感慨和叹息也浸入字里行间，情感是特别充沛的。

师：嗯，文章的确是感人的，吕昊轩是从感性的角度进行评价的。老师做了一个评价量表，大家根据PPT上的这个评价量表，给王馨宁打分和提建议吧。

齐佳怡：我觉得馨宁这篇读后感引述部分太多过于细致了，可以提炼出杜甫最关键的几个人生阶段进行概述，比如：青年的落地、壮年的战乱、中年的失意、暮年的落魄……然后结合杜甫的人生的某一关键点的某件事确定感点，然后结合自己的阅读体验把这个感触落地，估计是馨宁太喜欢杜甫了，把他的这一生的事迹都记在心里了。

张心迪：我觉得王馨宁这篇读后感，确切地说是一篇观后感。写得的确感人，但是文章的感触点只停留在自己的喜欢和感动之中，少了深度，若能从多个角度、多个层次进行展开谈感触可能会更好。

师：同学们，你们批注修改王馨宁作文的过程我也全程参与了，你们都很认真地去阅读了自己身边同学的文章，也根据本节课所学，和老师提供的评价量表进行了评价和提建议，做得非常好。其实帮同学修改文章，也是利用已有写作经验进行实践的过程，同时也是提高自己写作能力的过程。

同学们，我们学校学生会组织"喜迎二十大，永远跟党走"为主题的"阅读红色经典"活动，学习部长建议征集《红星照耀中国》《长征》《钢铁是怎样炼成的》这三本名著的读后感。大家可以结合"红色经典"的阅读体验，填写表格，列出写作提纲，并为你的读后感拟写一个凝练而有韵味的题目，最后形成一篇完整的读后感。

本节课，我们了解了读后感的概念和分类；学习了如何明晰感点，如何让感点有着落，如何让感点有深度；尝试了运用评价量表评改作文。经常有学生感慨：不谙世事的我们，如何去切身体会大人物身上的伟大品质啊？脚到达不了的地方，书本可以带我们到达。如果我们能多思考、多联想，就更容易写出有深度的好文章。你的文章里藏着你读过的书，走过的路，经历过的生活。这节课就上到这里，同学们再见。

【点评】

以言化文　话中有感

——听李燕老师讲"学写读后感"有感

李　革

李燕老师多年以来一直致力于写作教学的实践研究，提出了"言语化作文"的写作教学理念，立足于以言化文，在有效的言语活动中激活写作思路，完成写作复盘和评价修改。本节"学写读后感"正是李燕老师"言语化作文"理念的课堂教学实践。不仅如此，李老师的这节写作课可以说是低起点、高站位、真评价、深发展。

"低起点"，在导入环节采用师生对话的方式激活学生的写作思路。针对学生写读后感无从下手的问题，李老师通过师生间的言语对话引导学生从学过的课文入手写小"随感"，并用"为什么选此文""感点是什么""怎么写出真实感受"三个问题把读和写联系起来。这就降低了学写读后感的起点，让每一个学生都能有话可说，有文可作。

"高站位"，李老师的教学设计不仅关注初中教材，还从小学和高中教材中找到学写读后感的教学依据，站在高位深入系统地指导学生学写读后感。李老师针对初中生的读后感写作指导不仅衔接小学和高中的内容，更重要的是高站位于学生的长远发展。不仅让学生的"感点"有了着落，还指导学生"深挖素材背后的精神价值""多视角书写感触"，让"感点"有深度。

"真评价"，在写作复盘中进行真评价。这种评价形式可多样、评价主体多元，评价量表也可多种，但是必须做查找问题的真评价。依据评价中查找出的共性问题"引述内容过多""感触点表述不明""不能联系阅读积累和生活实际""结尾总结不到位"等开展有针对性的指导，课堂上学生就能依据评价和复盘所得完成修改提升。

"深发展"，"学写读后感"的教学设计立足于语文学科素养的提升，将学生阅读文学作品与写作相结合，创设言语化活动让学生"结合自己的阅读体会，尝试撰写文学鉴赏文章"，从而落实了《义务教育语文课程标准（2022年版）》中"语言运用"和"审美创造"方面的素养，为学生的深发展积淀。

李老师"以言化文话中有感"的学写读后感，以"低起点"打消学生学写读后感的畏难情绪，"高站位"谋划学生写作的长远发展，"真评价"中找到修改提升的方法策略，完成学生写作素养的"深发展"。

读文·品趣·悟情
——《从百草园到三味书屋》教学实录

执教：李燕

评课：史艳云

授课时间：2018 年 10 月 26 日

授课对象：对外经济贸易大学附属中学初一年级学生

情况说明：北京市中小学开放型教学实践展示课

一、小引

【PPT 播放一组童年时的游戏图片，并配文：冰心老人有诗说得好啊，童年啊！你是梦中的真，是真中的梦，是回忆时含泪的微笑。】

师：看着这一幅幅洋溢着童真童趣的图片，有没有把你们带回到童年？

生：（齐声）有。

师：老师小时候也特别爱玩捉迷藏的游戏……童年是美好的，不管如今年龄有多大，只要回忆起儿时的那些有趣的事，就会让人暂时忘记眼前的苦恼。那些美好的童年回忆就像是这一幅幅五彩的画卷飘过我们的双眼。童年又像一曲优美的曲子时常缠绵在我们多情的耳畔。

【此环节，引导孩子们走进文本，为品析文中的"童趣"做铺垫。】

二、读文

师：我们已经开始读《朝花夕拾》，也已经预习了《从百草园到三味书屋》。现在大家再次默读课文，标注疑惑或欣喜之处。今天老师最想听的是大家"细读"《从百草园到三味书屋》的个人感受。

1. 你最想问的问题。
2. 你最想和大家分享的感受。

【此环节，引导学生默读课文，标注疑惑处，组内共同解决，分享感受。立足学生认知水平"原汁原味读文"，是"裸读"和"素读"的践行。】

生1：我特别想知道小鲁迅为什么被送到书塾里去了？

师：呵呵，看样子你已经把小鲁迅的经历感同身受了。哪位同学可以回答这个问题？

生2：我虽然在书上没有找到明确原因，但是根据小鲁迅本人感觉也许是因为拔何首乌弄坏了泥墙。

生3：也许是因为将砖头抛到邻家去了，也或许是因为站在石井栏上跳下来了……其实我和小鲁迅都不知道真正的原因，本书里并没有详细地说。

师：哦，你看你边读边标注了很多，但就是没从书里找到答案。

生4：是因为他到了上学的年龄了吧？

生5：但是我觉得那会儿的人应该不是到上学的年龄必须得上学，他上学可能是因为他的家人想让他有所成就。因为他小时候家里还算是有钱人，然后请一些老师就给他上课，父母希望他成为一个博学的人。

师：你想得蛮全面的啊，说明你对鲁迅的童年家境作了了解啊。这样看这个疑惑点被大家一起解决了啊。但从刚才同学们的发言中，似乎听出了你们对小鲁迅被送去书塾有些同情的意思呢。

生5：是啊，鲁迅小时候的百草园多好玩多有趣啊。

师：这个"趣"字说得好，那今天，就让我们跟随鲁迅先生的生花妙笔，一起畅游百草园和三味书屋，一起赏美文经典，品童真童趣。

三、品趣

师：下面用我们练习过的批注式阅读方法，批注文本。看看哪一段或哪一个故事是你们最感兴趣的，重点批注你认为最有趣的内容，然后组内交流，各组最后推荐一名同学，投屏展示。

1. 用简洁的语言概括文中的趣事。

2. 每组选一处做细致品读。

【此环节，在问题驱动下，引导学生细读文本，概括趣事，抓住关键字句去品"趣"。】

生6：我特别喜欢第二段，小鲁迅的百草园，尤其是泥墙根一带的那些动植物太有趣了。"油蛉"在"低唱"，"蟋蟀们""弹琴"，"斑蝥"会"喷烟雾"，"何首乌有臃肿的根"……

师：好，从你的发言语气里就感受到了你对这个鲁迅小时候乐园的喜欢，那你是如何概括这一部分的趣事的呢？又是如何批注的呢？可否拿着课本到前面来投屏展示一下呢，让我们看看你的批注。

生6：我概括的是：泥墙根一带。我重点圈画的是"高大""紫红""肥胖""按""喷""拔"等形容词和动词，我感觉到这个泥墙根一带的植物是多彩的，动物是有趣的、有意思的，尤其里面的小鲁迅是调皮的。

师：经你这样一批注一展示，连李老师也觉得这泥墙根一带真的是太有趣了，太惹人喜欢了。

生7：老师我也批注的这一段，不过我重点批注的是"按"和"啪"，倘若用手指按住它的脊梁，便会啪的一声从后窍喷出一阵烟雾。从动词

"按"还有拟声词"啪",还有动词"喷",可以看出小鲁迅的淘气和天真。

师:批得真细致有趣,不仅仅是抓住了关键字词,还批注出了调皮淘气的小鲁迅的那种情态。鲁迅写得有意思,你批得也蛮有趣,重读这段文字,我们脑海里仿佛出现了一个小皮孩在草丛里头去专门寻找斑蝥,然后去按它的脊梁,捏着鼻子看它喷气。小鲁迅真的好淘气,而且也惹得我们大家都想专门去寻找这一种虫子去玩玩呢……

师:还有谁对这一段有其他不同的批注?

生:我批注的是小鲁迅拔何首乌的内容,我觉得这一部分很有趣。有人说何首乌是有像人形的,吃了便可以成仙,他于是常常拔它起来,牵连不断地拔起来,也写出了他的天真。因为有人说何首乌根是有像人形的,也许只是一句戏言,他却对此信以为真,并且把泥墙弄坏了,他也不罢休。

师:小孩就是容易相信,所以小孩也就容易幸福开心。

生:我喜欢雪地捕鸟这个趣事。我重点批注的是"明明"见它们进去了,拉了绳,跑过去一看,却什么也没有。从这个点,应该算是我发现小鲁迅在小时候确实是属于那种比较天真和淘气的,而且我从他抓鸟的这一个事件来看,我发现他应该是挺喜欢小动物的。

师:"明明"是如何体现鲁迅的天真和淘气的呢?

生:从这"明明"来看,鲁迅小时候真的是非常天真,就是干什么事都很性急,他又想捕鸟,确实感觉这鸟好像很听话进去了,但其实又跑了……

师:闰土的父亲明明阐述了他的方法,闰土的父亲很厉害的是不是?他捕到了,小鲁迅却不行,用"明明"和"却"两个词表现了小鲁迅的什么心理呢?

生:但是"我""却"不大能,用这个副词,表达的就是鲁迅他做不到，他心里应该挺失落的。方法是好的，为什么我现在不能用？

师：你今天的这个批注真的很有新意哦，尤其是你抓的"明明"这个词，"明明"这次一般都没抓过。雪地捕鸟这一段我往年都是按照："扫开一块雪，露出地面，用一枝短棒支起一面大的竹筛来，下面撒些秕谷，棒上系一条长绳，人远远地牵着，看鸟雀下来啄食，走到竹筛底下的时候，将绳子一拉，便罩住了。"九个表述动作的词，准确而生动地表现了雪地捕鸟的过程，写出了雪后捕鸟的乐趣。

生：我就是觉得他那个线他写的是明明看它们进去了，拉了绳跑去，一看却什么都没有。首先他明明看见它们进去了，可以先那种心理你们进去了，对，他们就以为说肯定能把两个都给抓住了，但是它们还是飞了，写出他这个技术没有稳定。

师：看你激动得都有点语无伦次了。老师大概能懂你，也是为小鲁迅在着急：然后他明明见它们进去了，我们仿佛也看到了小鲁迅当时以为抓到鸟的那种兴奋。

生：对，以为抓住鸟的那种兴奋。

生：然后他却什么都没有捕到，又体现了鲁迅从兴奋到突然失落的一个过程。

师：你们看看咱们班长像不像小时候的鲁迅那种心理。

生：然后我批注一下闰土父亲"静静的笑"。

师：你们今天批注的点都挺有意思。一个"静静的笑"，可以说明什么？

生：我对"静静的笑"批注了一下，闰土的父亲就没有鲁迅的这种大起大落的心情，而且没有觉得这些是好玩，反而更加地感觉像他的老师一样去教他说"没关系，你以后也是可以的"。

……

师：百草园里的乐趣是无穷无尽的，你们批注了这么多：泥墙根一带、长妈妈讲美女蛇的故事、雪地捕鸟。我想问有没有哪些同学批注了三味书屋里的内容呢？

生：我觉得吧，虽然三味书屋里的生活有些单调，但文章中关于问"怪哉"那虫、寻蝉蜕、先生读书、开小差等故事也是蛮有趣的。

生：鲁迅先生小时候在百草园玩的时候，应该是非常高兴，然后等他上学之后，其实我感觉他的学习生活也不都是枯燥的，也有比较有趣的。

生：对，三味书屋后面也有一个园，在园里面就可以找回百草园的那种感觉。

……

四、悟情

师：我们再读文章的开头和结尾：

第一段：……但那时却是我的乐园。

最后一段：……这东西早已没有了吧。

【PPT补充助读材料：前两篇写于北京寓所的东壁下；中三篇是流离中所作，地方是医院和木匠房；后五篇却在厦门大学的图书馆的楼上，已经是被学者们挤出集团之后了。】

——《朝花夕拾》小引

这时我不愿意想到目前；于是回忆在心里出土了。

——《故事新编·序言》

师：成年鲁迅是怀着怎样的心情来写这篇文章的？

生：无奈。

生：对童年生活的怀念和向往。

生：怀念自己童年没问题，但是我觉得他怀念的不仅仅是他童年的事情。

师：还有什么？

生：我觉得应该还怀念他童年时的那种纯美的情感。

生：怀念童年时候发生的一些趣事，以及这些趣事带给他的那些乐趣，那些美好。

生：鲁迅记忆中的儿时的那些景致，那些动植物，那些人和事，都是鲁迅思乡的蛊惑。

师：在你们眼中，童年的小鲁迅是淘气的、活泼的、天真的、无拘无束的，那么文字背后的大鲁迅又是怎样的情感呢？

打开《朝花夕拾》小引部分，你再读一读。

师：谁能告诉老师，大鲁迅是怀着怎样的一种情感来写这篇《从百草园到三味书屋》的。你要看到文字背后站着的45岁的鲁迅。写这篇文章的时候他现在正好是在厦门大学的图书馆的楼上，他已经是被学者们挤出了集团之后了，他内心是孤独的，是苦闷的。他在《故事新篇》序言中道，"这时我不愿意想到目前，于是回忆在心里出土了"。

同学们可曾想到，当年鲁迅先生独自一人躲在厦门大学的图书馆楼上写这篇文章的时候，是何等孤寂与苦闷。他只能借这样一朵儿时的"小花"，拾来自赏，排遣寂寞。不管是美丽、神秘、有着无限趣味的百草园，还是童趣中有枯燥、枯燥中有童趣的三味书屋，都成了鲁迅先生获得些许温馨、慰藉自己心灵的美好回忆。我觉得用冰心老先生的一句诗来形容最合适不过了："童年是梦中的真，是真中的梦，是回忆时含泪的微笑。"

如果同学们感觉还是没有真正地感受到大鲁迅的情感，回到家再好好地读一读《朝花夕拾》，好不好？

好，下课，同学们再见。

【此环节，通过品读开头结尾初悟情，阅读《朝花夕拾》小引再悟情，

让学生感受大家在文字缝里渗出的感情……】

布置作业：

1. 运用课堂所学，分析"捕鸟"中的趣与情。

2. 读书报告：重读《朝花夕拾》。

要求：写出自己的感悟，形成读书报告。

【写在课后】

设计思路：

一是想尝试一种抓关键词句，用批注式阅读的方法去品趣悟情。

二是想继续通过抓关键语段，结合写作背景，体会作者的情感。

讲授《从百草园到三味书屋》，抓关键词句，用批注式阅读方法，先标注出疑惑处，再回到文本中，抓关键字词批注感受，最后小组讨论共同解决困惑。将单篇阅读和整本书阅读结合起来，用《从百草园到三味书屋》作为《朝花夕拾》整本书阅读的导读课。

课后思考：

一、抓关键词句，用批注阅读的方法，可以更有效地帮助学生理解课文的主旨。

二、课堂氛围很和谐，很好地体现了生生互动、师生互动。老师关注每个学生的表现，培养学生的思维能力及语言表达能力。课堂给学生的空间很大，让他们展现自己，进而使得学生们愿意主动地去学语文，对语文产生兴趣。学生们对小鲁迅的童年生活理解很到位。

关于再次提升课堂效果思考：

对于大鲁迅内心的理解可以多给学生一些资料，让学生更好地了解大鲁迅当时的境况，进而能较好地理解大鲁迅写这篇文章时的内心。

【评课】

有广度有深度的一堂语文课

史艳云

2018年10月26日，对外经济贸易大学附属中学语文特级教师李燕主讲了一节北京市中小学教师开放性教学实践展示课——《从百草园到三味书屋》展示课。

由课内文章引入课外名著阅读；活跃课堂气氛，调动学习主动性。李老师将单篇阅读和整本书阅读结合起来，用《从百草园到三味书屋》作为《朝花夕拾》整本书阅读的导读课，形式新颖。李老师讲授《从百草园到三味书屋》抓关键词句，用批注式阅读方法，先标注出疑惑处，再回到文本中，抓关键字词批注感受，最后小组讨论共同解决困惑。抓关键词句，用批注阅读方法，可以更有效地帮助学生理解课文的主旨。

李老师关注学生的学习需求，在学生有表演欲望时，老师未因为这不是自己设计的教学环节而打断学生，而是让他们尽情表演，满足了学生学习语文的另外一种形式的表达需求。李老师注意培养学生批注学习的方法，课堂气氛融洽，小组合作有利于学生之间的交流。生生互动、师生互动，在学生原有的感悟上又有了进一步的深度解析。

李老师的课堂氛围很和谐，很好地体现了生生互动、师生互动。老师关注每个学生的表现，培养学生的思维能力及语言表达能力。课堂给学生的空间很大，让他们展现自己，进而使得学生们愿意主动地去学语文，对语文产生兴趣。学生们对小鲁迅的童年生活理解很到位。

对话：让阅读从"原汁原味"走向"有滋有味"

——《香菱学诗》教学实录

执教：李燕

评课：蔡明

【课堂回放】

掩卷沉思悟 《香菱》

——《香菱学诗》课堂实录教学环节之五

下面请同学们合上课本，从一个校园小小"思考者"角度，想想你从《香菱学诗》读出了什么，悟到了哪些……

【此环节的设计是想让学生从香菱学诗的过程中获得启示，达到迁移运用的目的。】

生：文章中香菱得了"呆""疯""魔"三个称号，正如孔子云："知之者不如好之者，好之者不如乐之者。"香菱正是达到了"好之""乐之"的境界，所以她学诗成功。可见，兴趣是最好的老师，所以我今后一定要注意培养自己的学习兴趣。

师：的确，香菱的勤奋与痴迷，都是兴趣使然。

生：香菱不仅读了王维、杜甫、李白各一二百首诗，并且能说出诗的

"无理而妙",能品出诗的"味道",能想出诗的"意境"。从中我悟到:读书要读名家名篇,并且要精读深读,才能打好作文底子。

师:嗯,"读书破万卷,下笔如有神",写作的核心,应该是在积累的前提下的模仿和创造。你的感悟很有深度,希望你今后能多多研读经典,多多写出言雅境致的文章来。

生:文中评价香菱学诗的总结性的一句话:"苦志学诗,精血诚聚",由此可见香菱是用全部的身心和灵魂去学诗的。我们应该向香菱学习。

师:真可谓是"书山有路勤为径,学海无涯苦作舟"啊。

生:香菱学诗的过程印证了王国维治学的三境界:"昨夜西风凋碧树,独上高楼,望尽天涯路""衣带渐宽终不悔,为伊消得人憔悴""众里寻他千百度,蓦然回首,那人却在灯火阑珊处"。

师:总结得非常漂亮,从你富有诗意的言语中老师能感觉到你是个很爱读书的学生。

生:从《香菱学诗》悟到写文章的法宝:立意要紧,意趣要真。

师:你和作者想一块儿去了,曹雪芹借《香菱学诗》表达了自己对诗艺的看法,他特别强调诗要有新意,要寄情寓兴,不能以辞害意。

师:同学们的感悟也触发了老师的思维:

我看香菱学诗,首在一个积累,其次在内化,然后是模仿,最后是创作的过程。黛玉的教里也包含了现在的新理念:"以学为主""赏识教育""经典引路""读写结合",真可谓是学的"境界",教的"极致",这真是教与学的动人乐章了。

【学生能从文章中悟到学习兴趣的重要性,能从香菱苦心学诗的过程中悟到应该如何阅读,如何写作。我想这就是这节课最大的收获了。】

【本想就此结束课堂,忽又有一个学生站起来了。】

生:老师,我不理解预习提示上"一个孤苦的女子,痴心学诗,是对艺术的崇拜，还是寻找精神上的寄托？"这句话，因为在这篇文章中，她和大观园里那么多才女在一起很幸福，并没有感觉到她的孤苦啊。

师：你的困惑也许其他同学也有，你看完大屏幕上这段文字后也许就能理解了。

（多媒体补充助读材料：

脂砚斋说："细想香菱之为人也，根基不让迎探，容貌不让凤秦，端雅不让纨钗，风流不让湘黛，贤惠不让袭平，所惜者幼年罹祸，命运乖蹇，致为侧室。"

香菱是小说中出场最早的薄命女，自幼被拐，十几岁时被呆霸王薛蟠强买为妾；后来正妻夏金桂一来，她的命运就更为不堪，很快就被折磨致死了。）

生：我懂了，我想文中香菱笑着说的："姑娘何苦打趣我！我不过是心里羡慕，才学着玩罢了"，实际上她内心羡慕的不仅是姑娘们的才华，更羡慕的是她们的幸福生活啊。香菱很孤独，很凄苦，她所有的苦都无处可诉，所以她只能苦笑，把所有的痛苦都放在心里了。

师：你的看法和一些研究红楼梦的专家的观点相同。有学者说：曹雪芹刻画香菱，以笑写悲，香菱笑得越多，越能引发读者的同情，越能让人感叹其身世之苦。

师：从《香菱学诗》中我们同样也读出了作者的影子，曹雪芹"披阅十载，增删五次"，字字看来皆是血，十年辛苦不寻常。本文原著的题目是《慕雅女雅集苦吟诗》，这样的名字大概就是说，羡慕黛玉这些才女们的才情的香菱，在大观园这个优雅的环境里"苦吟""痴学"的故事。只看文字表面不仅香菱乐在其中，就连我们也乐在其中呢。作者以饱蘸深情的笔墨，讴歌了香菱这个为精华灵秀所钟爱的薄命女子。其实曹雪芹在书中塑造了百余位女子的形象呢，她们或巧笑倩兮、或美目盼兮、或娴雅袅娜，最后这些《红楼梦》中诗一样的女子都以凄婉的方式走了！

【课堂最后学生突发的疑问把"悟读"环节推向了更深一个层次，学生既懂得了曹雪芹"以笑写悲"的艺术手法，也感悟到了《红楼梦》的悲剧美。这节课从文字入手，进而达到的探寻文字背后的文学意味、文化审美的追求。】

……

（大屏幕显示：

希望同学们能以《香菱学诗》为起点，让潜心阅读成为习惯，让智慧阅读伴随你们一生！）

下课！

【附】 观察者语

特级教师李燕老师的一堂课，给了我很多启发，尤其是关于"课堂对话"和"原汁原味的阅读"这两个话题，再次引发了我的思考。

或许李老师是受黛玉教香菱学诗的影响，终于决计放手让学生自主自由地阅读，不带任何条条框框走进文本，也不用老师做出这样那样的预习提示和提出这样那样的问题，即使是进入课堂交流这个重要环节，也不是要求学生回答老师问题，而只是让学生向老师汇报和交流自己的初读感觉和体会。无论从哪个角度看，这样的语文阅读教学肯定是一种进步，是一种需要勇气和胆识的尝试，何况，李老师还是借班上课。

李老师结合《香菱学诗》这篇课文的教学，把这种阅读具体为"原汁原味读香菱"。其核心就是"原汁原味的阅读"。在我们的对话交流中，李老师把这种阅读形象地表达为"零干扰的初读"。这与我们践行的"裸读"和"素读"的基本要义是很相似的。只不过，李老师的定位是指"初读"，是"第一次"走进文本。至于"再读""又读",是否还是"零干扰",那是后话。

其实任何人任何时候走进任何文本,都不可能是"零干扰",即使不是来自外在的,还会有来自内部的,在潜意识中已经形成了左右阅读的干扰。任何一个读者,即使是孩子,也会带着他已经具有的经历、阅历、价值判断、审美兴趣和习惯走进文本。因此,人们总是毫不怀疑地说:"一千个读者就有一千个哈姆雷特。"

既然如此,为什么还要特别强调"零干扰"的阅读呢?我以为,它的最积极的意义在于尽可能消弭各种参考资料对学生阅读带来的负面影响,减少教师先入为主的文本解读意义对学生的过度强加,培养学生一种自主阅读的正确方法和良好习惯,进而让学生肩头上的脑袋成为自己阅读吸收的上帝和自由思想的国王。

因此,"原汁原味的阅读"首先是尊重学生的阅读,其次是尊重文本的阅读。

尊重文本的阅读,就是要读好每一个字、每一个词、每一句话、每一段文,找到句与句、段与段、文与题之间的内在联系,进而整体感知全文,把握文中的事,事中的情,情中的理,理中的味,"遵路识斯真"(叶圣陶语)。传统阅读和欣赏提倡的"披文入情""沿坡溯源",这是走进文本的方式方法,是走进作者心灵世界的渠道,更是对文本的尊重。

所以,"原汁原味的阅读"从某种意义上说,也是一种真阅读,是对阅读中浮躁心态的疗救,是对揠苗助长式的阅读弊端的匡正,是语文阅读的返璞归真。

但值得我们警惕的是,不能让"原汁原味的阅读"异化为"淡而无味的阅读""浅尝辄止的阅读",甚至"随心所欲的阅读"。

于是,特级教师李燕老师便精心安排了课堂师生"对话"的环节。这是一次基于文本的对话，因为每位学生在主动交流阅读感受时，老师都会关注着"感受"从何而来的问题。这是一次基于学生的对话，因为每位学生主动交流的话题都源自学生初读的感受，而不是回答老师预设或提出的问题。也正是基于这样的思考，个人认为，这是一堂很有研究价值的阅读课。克林伯格认为，在所有的教学中都进行着最广义的"对话"，不管哪一种教学方式占支配地位，相互作用的对话都是优秀教学的一种本质性标识。从这个意义上说，李老师的教学品质无疑是优秀的，是值得语文老师学习的。

然而，当"对话理论"渐渐为人们所接受，"对话教学"被广泛使用之后，我们不得不需要冷静地反思："师—生"对话是对话教学的全部吗？对话基于语文阅读课堂教学，它的指归何在？

或许是囿于个人的生态语文阅读教学实践的局限，始终以为，仅有"师—生"之间的对话，不是现代意义或完整意义上的对话。围绕文本，围绕阅读的感受（感悟），生与生的对话，合作学习小组内部的充分对话，这是最为广泛也是最为充分的对话。有了这样的对话，对话的参与度才会高；有了这样的对话，师与生之间的对话才会有针对性和广泛的基础。而从本质上看，更应该有生与文本，生与作者之间的反复多次的内在对话。我们的课程标准也曾这样指出，阅读教学，其实就是学生、教师、文本之间对话的过程。退一步说，即使是师与生或生与师之间的对话，也不能止于"一对一"的对话，而应该让所有学生积极主动参与到对话中来，在"一对一"的感悟交流与心灵敞开过程中形成"一对多""一对众""多对多"的立体对话格局。这不是理想化，这是对话教学的理想。需要我们挑战自己，挑战教师强势主导，甚至教师主宰课堂的习惯。当然，更不能在师生对话中，把自己的意志强加给平等的对话者——学生。有了这样的立体式对话，我们的"原汁原味的阅读"感受的交流，就会成为一场群英会,就会有"众人拾柴火焰高"的快感。

而要让这种(其实还是狭义上)"对话"不流于简单、表面,语文老师必须花工夫培养合作学习小组,形成良好的组内对话氛围。合作学习小组的培养不可能毕其功于一役,必须花时间、用心思,慢慢培育才能得之。而在合作学习之初,形式总是大于内容的,但只要坚持,方法得当,最后的结果肯定是内容大于形式。这里不再多述,请大家阅读相关小组合作学习方面的专著或论文,结合自己的教学实际,行动起来,千万不能操之过急。要记住,当第一列火车问世的时候,高傲的马车把火车远远地甩在了后边,但人类最终还是选择了火车。

关于对话中教师引导这一话题,借此机会略说几句,供大家参考。

一是在充分尊重学生"只见树木"的片面性阅读体验的同时,相机导入"又见森林"的整体性阅读。学生的阅读,尤其是初次阅读,很容易"一叶障目"。发现某个词语,或一两处信息,便会主观、片面、孤立地做出概括。此时,就需要老师在认真倾听的基础上,发动学生参与、帮助和引导,用"结合全段看"或"全篇看"这样的教学对话语言,给以巧妙的提示。比如,当学生表达出自己的原汁原味的阅读感受是"香菱是一个特别执着的人",并从"香菱又逼着黛玉换出杜律来""又央黛玉探春二人:出个题目,让我诌去,诌了来,替我改正"这两句中的"逼"和"央"字里读出香菱执着的情状时,老师能够在认可的前提下,进一步启发学生放眼远望,顾及全篇:如此执着的学诗写诗的片段,文章中似乎还有很多,大家一起找一找,看一看,比一比,什么片段更能充分体现出"执着"以至于"如痴如醉"的韵味出来。

二是在充分尊重学生"浮光掠影"的浅层阅读体验的同时,相机导入"入木三分"的深层次阅读。阅读时,只重事件、只重现象、只重情节、只看语言的表层信息等问题比比皆是,如果经常如此,学生很难形成深度阅读的好品质。如果老师能引导学生反复读，尤其是文学作品，更需要结合人生况味阅读品味，同时，在关注字面义、言中意的同时，关注言下意和言外意，就会使学生的阅读不断走向深入。在学生虽已关注，但深度明显不足的地方，再度引发思考和课堂讨论，也会收获"独到""深刻"之类的惊喜。还说上例，老师可以通过智慧地反问，把学生的阅读与思考引向深入：老师很赞成你的感受，香菱是个学诗写诗执着的人，但感觉你的理由不能非常有力地支撑你的观点，老师似乎感觉到"学生"怎么可以"逼"着老师呢？又是"逼"又是"央"，这孩子怎么这么缠人啊！这样的反问，或许能够引发出学生这样的思考：香菱在大观园里，是黛玉的学生；在薛家是买来的妾。无论从家庭地位还是从师道尊严来说，都不合封建社会伦理的苛刻规定，无论在哪里都不能这样做，然而竟能忘记或者说不顾自己的身份，不问纲常伦理，如此求学上进，可见其"执着"得非同一般。再加之，只要能教她学诗，连是"好"是"歹"也都顾不得了，等等，也会再次让人品味出这种"执着"的特殊况味和人物命运的悲剧美。

三是在充分尊重学生"观其大略"的粗线条阅读体验的同时，相机导入"明察秋毫"的细部阅读。细节是成败的关键，这是谁都知道的道理。问题是，学生在阅读对话时，常常忽略了细节、细部在表情达意上的作用。假如我们在对话中，引导学生留意一下某个特殊的标点符号，某个几次反复出现的字眼，某一处可有可无的言说或景物描写，等等，我们对话的语文味就会变得浓郁，我们的语文阅读对话也会变得有滋有味。

还是以这堂课中的一个片段为例：

生：香菱学诗都着魔了，都学到梦里去了。课文最后一段写香菱直到五更才蒙眬睡去，还从梦中笑道："可是有了，难道这首还不好？"

师：你怎么用升调读这个句子呢？

生：我觉得这个句子应该用个反问的语气来读，其实香菱写的第三首诗已经很好了，用声调才能读出她的自信。

师：嗯，你把句子的语气都揣摩得这么准确，真难得啊。

从这个对话片段看，一是学生的阅读抓住了梦魇这个细节来分析人物，体味情感，一是老师善于倾听，敏锐地抓住学生语气语调的细微变化，将原汁原味的阅读交流变得丰富细腻，富有意韵。

对话式阅读教学的目标，不能满足于学生读进了文本，还要能够读出文本，创造文本的新价值，在此基础上，形成批判意识和创造能力，养成良好的亲近文本的习惯，提升起对语言文字的高度敏感和高尚的审美品位。让阅读成为一种内在的生存需求，成为真正的精神之旅。

诚如是，"原汁原味"的阅读就会走进"有滋有味"的新天地。

（原载《中学语文教学》2011年第12期）

抓矛盾　析人物
——《智取生辰纲》教学案例

【教学目标】

1. 了解小说的情节结构。
2. 鉴赏本文在矛盾冲突中刻画人物性格的方法。

【教学重点】

抓"智"字分析故事情节。

【教学难点】

分析小说是如何在错综复杂的矛盾冲突中刻画人物的思想性格的。

【课前准备】

学生：预习课文，读准字音，查阅有关资料，了解作者和杨志的有关情况。

师：收集有关的图片、音像资料以及文字材料，制成课件。

【教学媒体】

PPT

【教学过程】

播放电视剧《水浒传》的主题曲《好汉歌》，利用激越豪放的《好汉歌》作开场，同时在屏幕上显示杨志、吴用的人物图片，营造一种"水浒"氛围。

一、导入

历代正统文人都把农民起义看作是"犯上作乱"，而作者施耐庵却深刻揭露出农民起义是由于官府的沉重压迫。小说的局限在于只反贪官，不反皇帝。全书前半部写"官逼民反"，好汉林冲、鲁智深等一个个被"逼上梁山"，在宋江上山后，写了几场反土豪、打官军的战争；后半部写宋江被招安，攻辽，打方腊，最后以悲剧结局。它反映农民起义发生发展的规律。小说歌颂了一系列英雄。今天我们一起来学习《智取生辰纲》一文，仔细品尝《水浒》的滋味。

二、初读，分析故事情节

师：请同学们用自己喜欢的方式自由读课文，标出文中的生字新词，并且想一想小说讲述了一个什么样的故事。（学生按要求读课文，标出生字生词，思考问题，6分钟后交流）

（投影出示生字新词，先指名认读，然后出示拼音，最后齐读）

师：同学们读了课文后，知道这篇小说讲述了一个什么样的故事吗？

生1：文章写杨志在押送生辰纲途中处处小心翼翼，但因为天气炎热都管掣肘押送，他与同伙之间发生矛盾，后来晁盖等八条好汉用妙计骗杨志他们喝下药酒，劫走了生辰纲的故事。

师：读了一遍课文，居然概括得这么全面，真不简单。同学们再考虑一下。我们是不是可以用两个词把这个故事情节概括出来呢？提示一下，可以从文章的题目找到关键字。

生2：智送和智取

师：回答得很正确，看来同学们对小说的故事情节把握得很准。无论智送和智取都突出了一个"智"字。

师：那么杨志"智"送生辰纲，其智表现在哪些方面呢？

学生讨论后明确：

智1：起止时辰的变更，出城后"五七日"的安排；"五七日后"的安排。

智2："逼赶要行"，不敢懈怠。

智3：斥责两虞侯的"慢慢地挨"。

智4：坚持赶路，不怕得罪老都管。

智5：审察7个"贩枣客商"，以攻为守，连发三问。

智6：对卖酒汉子的高度警惕。

师：那吴用"智"取生辰纲，其智又表现在哪些方面呢？

学生讨论后明确：

（1）智用天时——酷热的天气

（2）智用地利——山冈树林

（3）智用矛盾——杨志的内部矛盾

（4）智用计谋：

　　乔装打扮——消除杨志的戒心

　　酒为诱饵——难以抗拒的诱惑

　　巧妙卖酒——天衣无缝的计策［卖而不卖—喝酒买酒—饶酒夺酒—巧下蒙汗药（欲擒故纵）］

师：两方都用了智，为什么吴用一方胜利而另一方失败？

讨论后明确：杨志内部的不团结，晁盖、吴用等八位好汉团结一致。

杨志的"智"固比不上吴用的"智",以杨志一人的"智"对晁盖等八人的"智",以不团结的集体对团结的集体,这导致杨志最终失败的必然性。

三、再读课文,分析人物性格

播放《智取生辰纲》Flash 动画剪辑。

师:同学们读了课文后,觉得杨志是一个怎样的人?

生3:我认为杨志是一个十分谨慎的人。

师:为什么?

生4:变换赶路的时辰,逼着大家赶路,生怕遇到强盗。

师:说得很好。还有吗?请同学们结合课文内容来回答。

生5:我认为他是个蛮横无理的人。因为他(杨志)为了护送而不爱惜下属,还鞭打他们。

生6:我认为他是个有见识、能干、精细的人。押送途中不打旗招摇,而作行客打扮。途中"辰牌起身,申时便歇",虽遭同行 14 人的埋怨指责,也坚守初衷。

师:同学们回答得很全面很到位。现在同学们一起讨论一下杨志的性格是如何凸显出来的呢?

讨论后明确:本文从错综复杂的矛盾冲突中刻画出来的。(学生试述,教师总结)

一是杨志与军健、虞侯、老都管之间的内部矛盾,表现为押送途中快与慢、走与停的矛盾,要喝酒与不准喝酒的矛盾。在整个故事中,这是次要矛盾。另一种矛盾是杨志押送与晁盖等好汉智取的矛盾,即压迫与反压迫的矛盾。从全文来看小说,无论对杨志的谨慎、精明、蛮横的个人性格的刻画,还是对八条好汉足智多谋、随机应变、团结战斗的群体的描写,都是把他们放在错综复杂的矛盾冲突之中,通过人物本身的语言行动来进行的,作者绝不下一按语,而这些人物的形象却跃然纸上,栩栩如生。这是本文表现方法上成功的地方。

四、画出小说中环境描写的句子,反复研读,体会小说中环境描写的句子对于人物形象塑造及情节的发展有什么作用?

学生讨论后明确:

(一)从课文中找出描写天气炎热的语句

直接描写:天气、时间、太阳、天空等。(例:正是六月初四时节,天气未及晌午,一轮红日当天,没半点云彩,其实十分大热)

间接描写:人物(军健、虞侯、老都管、白胜等人)的语言、动作。(例:那石头上热了,脚疼走不得。众军汉道:"这般天气热,兀的不晒杀人!")

(二)小说中的环境描写有什么作用?

1. 烘托气氛。

2. 有助于刻画人物。

3. 推动情节发展。

五、拓展

学生讨论林冲、鲁达、杨志三人之比较。

明确:

禁军教头的地位,优厚的待遇,美满的家庭,使林冲很自然地形成了一种安于现实、怯于反抗的性格,对统治阶级的迫害一再隐忍。但在他"忍"的性格中,蕴藏着"不能忍"的因素,聚集着复仇的怒火。最后,他被逼上梁山,正是这种怒火的总爆发,是他性格发展的必然结果。

与林冲相比，鲁达并未遇到那样的不幸，但他看透了他们荒淫腐朽的本质，加之他一无牵挂的身世，形成了他酷爱自由好打不平的性格。这种性格和当时黑暗的现实，存在着不可调和的矛盾。因此，鲁达是向整个封建统治阶级挑战而主动地走上了反抗的道路。

"三代将门之后"的杨志，走上梁山的道路更为曲折。"一刀一枪，搏个封妻荫子"是他的生活目的。为了实现这个目的，他可以委曲求全。失陷"花石纲"并没有动摇他追求"功名利禄"的意愿，高俅的排斥也未能把他从这条路上拉回来，在充军得到梁中书的青睐后，追求名利的欲望也更加炽烈了。直到"生辰纲"被劫，没有退路了，他才在万不得已的情况下上了梁山。

六、布置作业

学生课外阅读《林教头风雪山神庙》《鲁提辖拳打镇关西》

读出一片诗意盎然
——《谈生命》教学案例

【课堂回放】

一、导入

动感的画面,并配上优美的音乐,创设情景,渲染气氛。

【视频播放】

一粒种子破土而出,伸出两瓣柔嫩的绿叶;一朵鲜花沐浴着阳光雨露,逐渐绽放;一只小鸟啄破蛋壳,挣扎着站了起来;一只小海龟从沙堆中,在大海浪涛的召唤下迅速爬向大海……

【导言】

师配乐朗诵:生命是什么,我们常常发出这样的慨叹。挚爱文学的冰心老人告诉我们,生命是奔腾不息的一江春水,只有流入大海才会获得新生的力量;生命是顽强生长的一棵小树,只有历经风雨才能庄严灿烂。江流入海,落叶归根,只有用心感受生命中的每一点快乐与痛苦,我们的生命才能更加完美,才会拥有更灿烂的人生。

上述画面,让我们感受生命的蓬勃,今天,我们就要来学习一篇关于生命的文章,它就是著名作家冰心的散文——《谈生命》。

(板书课题:谈生命 冰心)

冰心，原名谢婉莹，现代著名女作家。主要作品有小说集《超人》，诗集《繁星》《春水》，以宣扬母爱、自然、童心为内容的《悟》《寄小读者》等。

（以上内容由课件展示，并展示冰心先生形象）

师推荐阅读：《繁星》《春水》《寄小读者》。

【检查预习】

注意下列字词的音、形、义。（课件展示下列字词）

"清吟　枭鸟　荫庇　芳馨　怡悦　云翳　一泻千里"

生读后，合作听记。

二、感知生命

师：了解了冰心先生的主要情况后，我们就来感悟一下这位世纪老人对生命的诠释。

师生合作朗读课文。

师：本文情感真挚深邃，哲理性很强，下面请同学们选出自己喜欢的部分来配乐朗读。读之前，我们一定要注意这几个字的读音。

多媒体出示生字词

"云翳 yì　巉岩 chán　羞怯 qiè　心魂惊骇 hài　休憩 qì　骄奢 shē　枭鸟 xiāo　荫庇 yìn　芳馨 xīn　朔风 shuò　丛莽 mǎng"

师：我先强调一下，朗读的时候一定要注意以下两点：1. 声音洪亮，有节奏感；2. 饱含感情，抑扬顿挫。哪位同学先读？

配乐并播放江流入海、小树成长的画面

生："生命像向东流的一江春水……"

师：好，请坐！谁可以对这位同学的朗读做个评价呢？

生：我感觉这位同学读的声音洪亮。

生：她还读出了文章的气势。

师：是啊，"他聚集起许多细流……一泻千里"，这位同学把这些句子读得非常连贯顺畅，有气势，有力度。不过还有几个词语，像"快乐勇敢""享受""愤激""怒吼"等，都是表示情绪色彩的，若再融入自己的感情去读就更好了。

师：那谁来接着读？

多媒体播放《天鹅湖》背景音乐

生："生命又像一棵小树……"

师：好，请坐！那谁再来评价一下呢？

生：我感觉这位同学读得不错，很有感情，听着是一种享受。

师：能更具体评价下吗？

生：如开头几句话，"生命又像……在烈日下挺立抬头！"他读出了生命力量的冲动与奋进，另外，"快乐""吟唱""跳舞""宁静和怡悦"等词语，读得非常有节奏感。

师：读得不错，评价得也很到位。

师：我被同学们的朗读感染了，李老师也想把自己喜欢的段落读出来和大家分享。

师："宇宙是一个大生命……"

师：听了同学和老师的朗读之后，同学们的感受是怎样的呢？

生：我感觉文章的语言很美，蕴含哲理。

生：听同学和老师朗读后，我感悟到作者将抽象的生命形象化、人格化，将生命的流程物象化，给我们描绘出一幅幅优美、生动的图画。

生：我们在充分感受意境美的同时，也朦胧地领悟、认识了生命的本质。

……

三、合作探究

师：现在请同学们以自己喜欢的方式再读课文，把富含哲理的或不理解的句子画出来，四人一小组，体会不透的内容先在小组内解决，解决不了的在全班讨论。

【四人一组，讨论后回答】

生："我不敢说生命是什么，我只能说生命像什么"一句中，为什么作者用了"像"字，而不使用"是"字？

生："是"对生命本质的揭示，而"像"则重在对生命外部形式的再现。

生："是什么"给人的感觉是下定义；"像什么"似是文学性的表述，具有形象性、审美性和隐喻性的特点。

生：作者为什么反复说"我不敢说来生，也不敢信来生"？

生：或者说明生命只有一次，所以应当珍惜，无论经历的是坦途还是坎坷，都应当勇敢面对，细细体会，让自己的人生过得充实而有意义。

师："来生"是一种虚无缥缈的东西，"不敢说""也不敢信"传达出作者对"今生"的珍爱与重视，这是积极进取的生命观。

生：对"不是每一道江流都能入海，不流动的便成了死湖；不是每一粒种子都能成树，不生长的便成了空壳！"这句话怎样理解？

生：这句话揭示出生命的真谛，生命的活力只有在奋斗中才能体现。

生：生命的意义在于不断进取，克服一切困难，排除一切干扰。

生：只有不断流动，生命之水才有活力；只有不断生长，生命之树才能常青。

师：回答得很精彩，继续！

生："愿你生命中有够多的云翳，来造成一个美丽的黄昏"，这句话应该怎样理解？

生：这句话道出生命中痛苦与快乐的辩证关系。

生：我们经历了生命中荫翳，能让我们更加珍爱人生，从而感受到生命的美好。

师：同学们讨论得很热烈，分析也很深入。老师也有个问题需要和同学们一起讨论。作为一篇散文，本文所涉及的是一个很抽象的话题，作者是如何将它生动化、形象化的？

生：作者选择比喻的形式，描述"一江春水""一棵小树"的行进和生长现象来比喻一个人生命的全过程，生动形象，蕴藉含蓄，给人以审美的享受。

师：不错，作者描写"一江春水"的全部生命历程喻示着人的生命历程中的几种状况，但所描写的几个"有时候"的情况，从事物性质和发生的状态来看，不分先后阶段，即不与人的生命历程的阶段一一对应，而是显示"一江春水"亦即人的生命历程的丰富多彩。

生：作者描写"一棵小树"的全部生命历程时，从"破壳出来"，到"长到最茂盛的中年"，再到"他消融了，归化了"，这几个连续的阶段，勾画着或喻示着人的生命历程，生动形象。

生：语言明朗灵动、含蓄隽永；描绘了两幅跨越时空的滚动条画，贯穿其中的是作者对生命的感悟和礼赞。

……

师：看来同学们把课文真的读透了。除去刚才同学们谈的几点，我认为作者在写法上更是匠心独具。如使用间隔反复的手法：用"然而我不敢说来生，也不敢信来生"一语构成明线，两幅画终了，都用了"他消融了，归化了，说不上快乐，也没有悲哀！也许有一天，他……"的形式，稍加变化的语句，既总结了本部分内容，又强调了生命最终回归自然的必然规律，使两幅画在内容上构成一个有机的整体。

师：作者对生命的本质有怎样的认识？请同学们结合自己的体验谈谈你的理解。

【学生讨论并自由发言】

生：生命的本质和规律，在于蓬勃成长，奋勇前进，任何力量也无法阻碍它、压制它。

生：生命始而渺小、微弱，继而强健、壮大，终而归于消亡，其间幸福与痛苦、顺境与逆境相伴相随。

生：生命的道路是曲折的，要经历种种磨难，其间有痛苦也有幸福，痛苦也是一种幸福。

生：生命存在于运动之中，生命的过程是进取、斗争的过程。

生：个体生命是宇宙大生命的一分子，个体生命最终要回归宇宙大生命的母体之中。

生：生命的体验，始而新鲜，继而平静，最终归返大生命母体中则无欢喜也无悲哀。

师：本文用充满哲理的语言，对生命过程进行了形象的描述，表现了作者对生命本质的认识。生命需要流动和生长，我们要享受快乐，但不回避生活中的痛苦和艰难。我们要感谢生命，不仅感谢快乐，也要感谢痛苦。我们要尊重生命，就得探寻生命"生长"的闪光点，向生命的顽强不屈敬礼。我们要珍惜生命，就得向生命的高贵顶礼膜拜，为生命全过程的每一刻喝彩。

【小结】

同学们，奥斯特洛夫斯基曾说过："人最宝贵的是生命，生命对于每个人来说只有一次。"我们应该珍惜这仅有的一次生命，珍惜生命所带给我们的一切，要知道，幸福是人生，不幸亦是人生。经历了风雨的洗礼，生命方能绽放出真正光彩。

【写作链接】

1. 作者说："生命中不是永远快乐，也不是永远痛苦，快乐和痛苦是相生相成的。""在快乐中我们要感谢生命，在痛苦中我们也要感谢生命。""快乐固然兴奋，苦痛何尝不美丽？"联系自己对生命的认识，以"生命，苦耶？乐耶？"为题写一段话。

2. 学了本文，同学们对生命有了比较深刻的认识，请写一篇读后感，结合实际谈谈自己对生命的认识。

【教学反思】

语文课程标准提出："充分发挥师生双方在教学中的主动性和创造性。""教师是学习活动的引导者和组织者。教师应创造性地理解和使用教材，灵活运用多种教学策略……"这节课同学们在课前做了大量搜集整理工作，课堂设计有充分的学生活动空间，可以让学生发挥自己的积极性、主动性、创造性。课堂上学生情感投入，表现形式多样，老师适时点拨，升华，课内课外衔接，扩大阅读量，开阔了视野，我相信学生会在语文的学习中有所收获。教学也会实现"三维一体"的教学目标。

教者在对文本内容进行深入理解的基础上，对文本内容进行了大胆的整合。将课堂流程分为三大板块，板块之间环环相扣，这样就能使学生更好地走进文本，在感受文章优美意境的同时，又能深刻地体悟到生命的内涵。学生在反复诵读中深入理解文章的内容，在小组讨论中求同存异，各抒己见，有利于培养学生的创新意识和探究精神，符合语文课程标准的要求，有助于学生的终身学习。

　　此课学生自始至终参与教学的全过程，充分调动了学生的积极性。教者有较高的驾驭教材和课堂的能力，整个教学活动教师与学生平等交流，共同研究。抓住了课文的核心内容设计问题，很好地与文本对话，在感受语言的同时，又在教学过程中培养了学生的创新能力。语文课的价值是多维的，老师的设计体现了对学生的尊重，充满了人文关怀，结尾向学生推荐八种生活方式更是对学生人生的指导。有限的课堂教学会对学生今后的学习和生活产生无限的影响，不失为一次成功的尝试。

第二章 品 课

删繁就简　润物无声
——简评王健龙老师的《生于忧患　死于安乐》

从近几年听课的情况来看，我发现文言文教学依旧存在教师难教，学生难学的实际情况。尽管老师很认真地备课，很用心地讲授分析，学生学得仍是一头雾水。早就听闻王健龙老师在文言文教学方面研究颇深，也经常在朋友圈看到王老师的上课图片，特别想找机会去王老师的课堂上真实地观摩一下。无奈每天都被大量的工作任务缠绕着，一直也没成行。

前几日拿到了王老师的《生于忧患　死于安乐》的课堂实录，甚是欣喜。虽然还是错过了王老师这节课的现场，还好有机会拜读实录，也算是弥补了部分遗憾。下面是我反复拜读实录的一些感受。

第一遍读　平平无奇

第一遍读实录，大致了解这节课的教学环节：导入新课，了解作者—检查预习，整体感知—读懂文意，积累背诵—读出感悟，彰显自我—课堂小结，布置作业。整个设计平淡无奇，有些小失望，茫然不知如何落笔评说。

第二遍读　平中见趣

静下心来一字一句地再读实录，读出的竟然都是在简单的环节设计下的，王老师和学生自然熨帖地互动和交流。王老师巧妙地借助故事和一道选择题把孩子们的思维激活，让他们对"生于忧患，死于安乐"这一内容有了初步认识，激发起他们学习探究的欲望。透过实录的文字，我们完全可以想象得出孩子们跃跃欲试的样子。这在之后对作者孟子的介绍环节体现得非常明显，他们积极地参与其中，争先恐后地介绍孟子的姓名、籍贯及他与孔子的关系和他历史上的地位等多个方面。王老师及时归纳点评，并站在倾听者的角度谈到了自己从学生的介绍中获得了知识，既给予了学生极高的评价，也让学生逐渐自信爆棚。这就是我们常说的教学智慧吧。这种教学智慧，在王老师的《饮酒》《愚公移山》等篇目的教学中也得到了充分的体现，深感他对每一课的导课部分都做足了功课，他的一节节有趣、有意思的导课都充满了艺术性，让人惊叹不已。

第三遍读　平中见奇

所谓"奇"其实就是检查预习，王老师以检查为名，做到了以诵读代正音，以诵读代节奏划分，以诵读代整体感知。检查预习多是常见的、使用频率较高的词语，如通假字、多音字、古今异义、一词多义，但细看王老师和学生借"检查"而生发的你读我评，我评你，师评我。我中有你，你中有他，学生的参与度很高，课堂的实效性不言而喻。

王老师说：要想读好文言文，第一步就要读准字音，读出节奏。

他还说：他们听得很仔细，而且一直在思考，听与思结合起来，就是一种很好的学习方法。刚才那位同学尽管读错了三个字，但是其他一些容易出错的字词她却读对了，如"传说"中的"说"、"曾益"中的"曾"、"畎亩"中的"畎"、"法家拂士"中的"拂"，她都读对了，真不简单！让我们把这些易错的字词再读上几遍，加深印象。

这样有学生主动参与的纠正字音活动，远超老师直接出示重点字词读音来得有效。无论读的同学还是纠错音的同学都双双收益。

不只于此，在节奏的划分上发生分歧的时候，王老师还步步紧逼相机引导。

师：这的确是一种好方法，在读文言文的时候我们可以按意义和音节划分句子的节奏。我再问刚才这位同学，你能大体上理解这个句子的意思吗？

生4：能，这个句子的意思就是使他受到贫困之苦。

师：那你认为这个句子应该怎样划分节奏呢？

生4：刚才那位同学的朗读是正确的，是我错了，就应该读成"空乏/其身"。

师：你能够正视自己的错误，并且能通过自己的理解改正错误，真的很佩服你的勇气！（生自发地为他鼓掌）

师：我们一起把这个句子读一遍。

（生齐读）

师：朱熹曾说，凡读书，须要读得字字响亮，不可误一字，不可少一字，不可多一字，不可倒一字。让我们齐读全文，注意要读准字音，读出节奏。

读到此处不觉停下来思考：这也许就是王老师一直倡导的"言文合一"教学理论的落地吧。

这已经完全不同于三行对译式传统文言文教学设计了。在看似闲聊对话过程中学生就读懂了文意，了解了谋篇布局，并能当堂背诵，可谓高效，可谓平中见奇！

更值得学习的是，王老师并没有就此结课，而是循循善诱地引导学生们从文中读出自己的感受。

王老师说：学习文言文仅知其大意，还是不够的，还要从中读出自己。读出自己就是要读出自己对文章的理解和感悟，读出对自己的启示，读出自己的积累，读出自己的生活。比如说，老师读了本文，想起了司马迁《报任安书》中的一段话：

文王拘而演《周易》；仲尼厄而作《春秋》；屈原放逐，乃赋《离骚》；左丘失明，厥有《国语》；孙子膑脚，《兵法》修列；不韦迁蜀，世传《吕览》；韩非囚秦，《说难》《孤愤》；《诗》三百篇，大抵圣贤发愤之所为作也。

上文是司马迁用来自勉的，文中的几个人物都在经历了厄运的情况下留下了传世之作，正好证明了本文的观点。这是老师的感悟，你们的感悟呢？

在老师的启发下学生们结合日常生活畅谈自己的学习感悟：居安思危、身处逆境毫不退缩、主观努力非常重要……

可以说这堂课以诵读为主线有效实施教学，在诵读的基础上疏通文意、理解文章内容，在课堂上培养了学生一定的文言语感，培养了学生的自主解决问题的能力。尤其值得我们学习的就是王老师巧妙调动学生热情、潜移默化地引导他们在读中思、读中悟的意识，以及巧妙地将文章内容与学生的生活实际相结合，对他们进行的情感、态度、价值观教育，培养了他们正确的人生观和价值观，真正做到了立德树人。

最后想说这是一节删繁就简、润物无声、特别且有奇效的文言文示范课。

【附】

《生于忧患　死于安乐》课堂实录

执教：王健龙

一、导入新课　了解作者

师：有一个故事，说的是有一只青蛙第一次不小心掉在了一口正煮着水的锅里，恰好水已经开了，青蛙吓坏了，使劲一跳，逃离了险境；第二次，青蛙又犯了同样的错误，又掉进了那口锅中，同样的锅里也在煮着水，不同的是，这次水还没有煮开，青蛙觉得还挺舒服：这个热水澡好哇！结果呢？——青蛙熟了！也就是说青蛙在开水里逃生，青蛙在温水里死亡，这是什么原因呢？老师列出了几个答案，大家根据自己的理解，选择一个与故事匹配度最高的答案。

（屏显）

凡事预则立 不预则废

人无远虑，必有近忧

居安思危，防患未然

生于忧患，死于安乐

（生讨论）

师：讨论有结果了吗？

生齐："生于忧患，死于安乐。"

师：其他的几个为什么不行？

生1：第一个是说做事要做好规划的重要性。

生2：其他几个虽都谈到了忧患意识，但只有最后一个涉及了生和死，与故事是一致的。

师：大家知道"生于忧患，死于安乐"是谁说的吗？

生齐：孟子。

师：今天，我们就来共同学习他的《生于忧患　死于安乐》，看他的这个至理名言对我们有哪些启示。

师：哪位同学愿意向我们介绍孟子的有关情况？

生1：孟子名轲，字子舆，是孔子的孙子孔伋的再传弟子。

师：你是从他的姓名以及与孔子的关系这两方面来介绍的。

生2：孟子是战国时期的大思想家、教育家和散文家，有"亚圣"之称。

师：这是从他在历史上的地位进行介绍的。

生3：孟子是山东邹平人，他提出了"民为贵，社稷次之，君为轻"的民本思想。

师：你是从孟子的籍贯和主要思想来介绍的。

生4：孟子早年丧父，生活艰苦，后来他到处游说，宣扬他的"仁政""王道"主张，但屡遭碰壁。另外，我还知道关于孟子的一些故事，例如："孟母三迁""孟母断机杼"等。

师：这是从孟子的生平等方面来介绍的。通过大家的介绍，老师对孟子有了更全面的一些认识。

二、检查预习　整体感知

师：文言文的学习，朗读是基础，也是关键，学习孟子这样的大家的作品更是如此。

师：要想读好文言文，第一步就要读准字音，读出节奏。在预习时，我们已经读了文章，现在谁能为大家朗读这篇文章？其他同学要认真听，过一会儿要给予评价。

（一生读）

生1：这位同学的节奏把握得比较准，但是有两个字读得不准，"曾益其所不能"中的"益"和"而后喻"中的"喻"应该是四声。

生2："空乏其身"的"空"应该读"kòng"。

师：他们听得很仔细，而且一直在思考，听与思结合起来，就是一种很好的学习方法。刚才那位同学尽管读错了三个字，但是其他一些容易出错的字词她却读对了，如"傅说"中的"说"、"曾益"中的"曾"、"畎亩"中的"畎"、"法家拂士"中的"拂"，她都读对了，真不简单！让我们把这些易错的字词再读上几遍，加深印象。

（生自由地读这些易错字）

生3：我觉得"故天将降大任于是人也"这个句子的节奏，她读得有些模糊。

师：你觉得应该怎样读呢？

生3：应该是：故/天将降大任/于是人也。

生4：我觉得这位同学在读"空乏其身"时的节奏不够准确，我认为应该读"空/乏其身"。

师：看来同学们不同意这个看法，那么，在划分句子节奏这个方面你们有什么方法或技巧吗？

生4：我是在理解了这个句子大致意思的基础上划分的。

师：这的确是一种好方法，在读文言文的时候我们可以按意义和音节划分句子的节奏。我再问刚才这位同学，你能大体上理解这个句子的意思吗？

生4：能，这个句子的意思就是使他受到贫困之苦。

师：那你认为这个句子应该怎样划分节奏呢？

生4：刚才那位同学的朗读是正确的，是我错了，就应该读成"空乏/其身"。

师：你能够正视自己的错误，并且能通过自己的理解改正错误，真的很佩服你的勇气！（生自发地为他鼓掌）

师：我们一起把这个句子读一遍。

（生齐读）

师：朱熹曾说，凡读书，须要读得字字响亮，不可误一字，不可少一字，不可多一字，不可倒一字。让我们齐读全文，注意要读准字音，读出节奏。

（生齐读全文）

三、读懂文意　积累背诵

师：刚才同学们的朗读真可谓字正腔圆，有板有眼。要想读好文言文，还要读懂文意，理清思路。要完成这个任务，可以从标题入手，从文中找出与标题对应的内容。请大家默读课文，对相关内容进行圈画。

（生默读）

师：文章中与"死于安乐"相对应的句子是？

生1："入则无法家拂士，出则无敌国外患者，国恒亡。"

师：能用自己的话解释一下吗？

生1：在国内没有守法度的大臣和辅佐君主的贤士，在国外没有势力、地位相等的国家和外部的忧患，这个国家往往会灭亡。

师：有哪些字解释的时候要提醒同学们注意？

生1："入""出"以及"拂""敌"。

师：你来分别解释一下。

生2：前两个是名词做状语，是"在国内""在国外"的意思，后一个是通假字，通"弼"，辅佐的意思。"敌"是匹敌、相当的意思。在课下注释里有。

师：这句话写的是客观事实吗？

生3：不是，从这两句话中的"则"可以看出来，它是"如果"的意思，是一种假设。

师：非常好。再看看它是从什么角度在阐明"死于安乐"的道理的？

生4：是从反面的角度来说对一个国家的危害的。

师：我们弄清了"死于安乐"的内容，除去最后的中心论点，剩下的内容都是讲什么的？

生齐："生于忧患。"

师："生于忧患"又是从什么角度、按什么顺序进行论证的？你们先思考，后讨论，再交流。

生1：先列举了六个人的事例，然后得出了一个结论。

师：这六个人都有什么特点？你是怎么看出来的？

生1：他们开始地位都比较低，最后都身居高位。从畎亩、版筑之间、鱼盐和举于士、举于海、举于市可以看出来。

师：这里的"举"是被举用的意思，那个"举于士"的"士"呢？

生齐：狱官。

师：看样子管仲曾经是阶下囚，他最后被任用为相，说明了什么？

生2：齐桓公重视人才。

生3：说明他是经历了磨难才成功的。

师：不只是管仲这样，其他的几位也是这样。他们出身低微，经历了磨难之后，都成就了一番事业。他们的经历，正好印证了后面的哪些话？

生1："生于忧患。"

生2："故天将降大任于是人也"一直到"曾益其所不能"。

师：这个句子有何特点？

生齐：用了排比。

师：中间句式比较整齐，构成排比，有一种气势和音乐之美。我们一起读一遍。

（生齐读）

师：前面讲了6个人，这里又讲到了"是人"，他们所指的对象是一样的吗？

生1："是人"是指"这些人"，就是指前面的那6个人。

生2：应该是"这样的人"，泛指舜、傅说有相同特点的所有人。

师：那他们之间是什么关系？

生1：由少到多的关系。

生2：应该是由个别到一般的关系。

师：这一句话强调磨炼的重要性，这个磨炼是谁给的？又是从哪些方面经受磨炼的？

生1：上天给的重大责任和使命，让他们经受磨炼。

生2：从思想、生活、肉体等方面经受磨炼。

师：具体说说。

生2：一定先让他们内心痛苦，使他们筋骨劳累，深受饥饿之苦，使他们穷困潦倒，扰乱他们业已开始的行动，目的就是要用上述这些艰难困苦来触动其人之心灵，坚韧其人之性格，增加其人原本没有的能力。

师：这里面的"苦"是"使……痛苦"的意思，是使动用法，本句中还有哪些字是这个用法？

生齐："劳""饿""空乏""动""忍"。

师：自己把它们的意思说一遍。

（生自己说）

师：还有"行拂乱"的"拂"、"所以动心忍性"的"所以"、"曾益其所不能"的"曾"要引起我们的重视。

生1："拂"是"扰乱的意思"，与"拂士"的"拂"不一样。

生2："所以"不是表示因果关系，而是表目的关系，"用来"的意思，跟《出师表》中"此臣所以报先帝而忠陛下之职分也"中的"所以"意思相同。"曾"是通假字，同"增"，"增加"的意思。这个句子写出了经受磨炼的好处。

师：具体来说，经受磨砺有哪些好处呢？

生齐："人恒过，然后能改；困于心，衡于虑，而后作；征于色，发于声，而后喻。"

师：用自己的话说一说。可以说一点，也可以说全部。

生1：犯错误后可以改正。

师："过"受前面副词"恒"的修饰，必须翻译为动词"犯过错"。

生2："困"就是忧困、困苦的意思，"于"是"在"的意思，"心"是内心的意思。忧困在内心，就是内心忧困，思想阻塞，然后才能奋起。这里"衡"通"恒"。

生3：心绪显露在脸色上，表达在言谈中，然后才能被人了解。正所谓"人不知而不愠"啊！

师：说到这里，大家发现了这两句话与第一段的关系了吗？

生1：这两句话是围绕"所以动心忍性，曾益其所不能"来论述的。

生2：这两句都是在谈"生于忧患"，可见文中重点论述的就是"生于忧患"。

师：前面的忧患和磨难是上天给的，那这里的又是谁给的？二者又是什么关系？

生1：这里的忧患是自己给的，与前面是并列关系。

生2：前面谈的是外界的条件，这里谈的是主观条件，是主观与客观的关系。

师：既然文章的重点谈的是"生于忧患"，那作者的写作意图是不是就是阐述人只有经历磨难，才能有所作为呢？

生1：应该是，因为文章花了大量的篇幅写这个内容。

生2：不是，文章里面还写到了国家。

生3：应该是两个方面都谈到了，而且作为一位思想家，他写作这篇文章的目的就是为了宣传他的政治主张，就是为了提醒统治者要治理好国家。

师：看样子，你是孟老先生的知己。我要是孟子我一定会说："人生得一知己，足矣。"

（生大笑）

师：他的政治主张是什么？

生：施行仁政，也就是前面所说的"民为贵，社稷次之，君为轻"。

师：从这句话可以看出孟老先生是一个什么样的人？

生：善良的人。

生：胸怀天下的人。

师：一个"忧以天下，乐以天下"的人。

生：有济世情怀的人。

师：为了更好地理解孟子的思想，我们按照刚才的分析，自己梳理一下文章的思路。

生1：先列举六个人的事例，从个别到一般，阐明了逆境出人才的道理；而后从客观到主观，阐明了磨砺的好处；接着从反面阐述"死于安乐"的危害；最后归纳出文章的中心论点。

生2：还可以在后面加上"从个人到治国"这个内容。

师：苏轼曾说过"腹有诗书气自华"。其实背诵是一种积累的好方法，这么经典的文章就应该背诵，理思路、抓层次是一个很好的背诵方法。此外，老师这里还有两个很好的背诵方法：抓句式，抓关键字词。比如，抓排比句，抓句子内部的一些关键词，把它们串起来背诵就很容易了。大家试试看。

（生根据提示找规律）

生1：背诵的第一个层次都是"人名发于或举于地名"的句式。第一段后面的内容可以把使动用法的动词串起来。

生2：两个段落中都有骈句，也可利用起来。

师：我们就按这些方法尝试着背一背，时间3分钟，看谁背得最快。背的时候，要做到眼到，口到，心到。

（生各自背诵，规定的时间内绝大部分同学能完成任务）

四、读出感悟　彰显自我

师：学习文言文仅知其大意，还是不够的，还要从中读出自己。读出自己就是要读出自己对文章的理解和感悟，读出对自己的启示，读出自己的积累，读出自己的生活。比如说，老师阅读了本文，想起了司马迁《报任安书》中的一段话。

（屏显）"文王拘而演《周易》；仲尼厄而作《春秋》；屈原放逐，乃赋《离骚》；左丘失明，厥有《国语》；孙子膑脚，《兵法》修列；不韦迁蜀，世传《吕览》；韩非囚秦，《说难》《孤愤》；《诗》三百篇，大抵圣贤发愤之所为作也。"

师：上文是司马迁用来自勉的，文中的几个人物都在经历了厄运的情况下留下了传世之作，正好证明了本文的观点。这是老师的感悟，你们的感悟呢？

生1：我们每周一举行升旗仪式，都要升国旗，唱国歌，平常觉得有些小题大做。学了这篇文章，我明白了，虽然处在和平时期，我们一定要居安思危，防止敌人对我们进行和平演变。

师：所以，今后唱国歌的时候，一定要认真，一定要用心，用情。

生2：我有一次参加演讲比赛，在准备过程中就遇到了很多麻烦，内心很痛苦，想放弃，是那首《追梦赤子心》激励了我，后来经过一番努力，终于取得了好成绩。我明白了"宝剑锋从磨砺出，梅花香自苦寒来"的道理。

师：还记得歌词吗？给我们分享一下。

生2："向前跑/迎着冷眼和嘲笑/生命的广阔不历经磨难怎能感到/命运它无法让我们跪地求饶/就算鲜血洒满了怀抱/继续跑/带着赤子的骄傲/生命的闪耀不坚持到底怎能看到/与其苟延残喘不如纵情燃烧吧/为了心中的美好/不妥协直到变老"

师：你联系了生活实际，引用歌词，读出了个人的感受，生动鲜活。谁还能接着说？

生3：人们常说逆境出人才，似乎顺境难出人才。读了这篇文章之后，我觉得无论是逆境还是顺境，都能出人才，这取决于自己的主观努力。身处逆境，不向困难低头，扼住命运的咽喉，往往会成功，贝多芬、林肯都是这样的例子；相反身处逆境，向命运低头，甚至自甘堕落，就只有死路一条，《骆驼祥子》中祥子的结局就说明了这一点。前几年北京一位文科高考状元，他父母都是外交官，他利用这些有利条件，周游世界，开阔了眼界，最后成功了，好的条件让他踏上了高速发展的快车道。而《红楼梦》中的贾宝玉虽家境优裕，但他没有把这些运用到做学问上，整天吃喝玩乐，声色犬马，最后一事无成，处境凄惨，令人惋惜。所以，人想要成才，环境是次要的，主观努力最关键。

师：你的回答真是太棒了！有理有据，具有思辨色彩。

生4：我看过这样一个事例：渔民们出海打鱼，捕获了很多沙丁鱼，由于出海远，加之沙丁鱼长期待在船上，生存空间有限，沉闷、昏昏欲睡，懒散悠闲，缺乏活力，很容易死亡，这样靠岸后，渔民就卖不上好价钱。后来，渔民发现鲇鱼是沙丁鱼的天敌，就把几条鲇鱼放在装沙丁鱼的船舱里，鲇鱼不停地追着沙丁鱼到处跑，它的潜能被激活了，绝大部分都活了下来。这也证明了孟子"生于忧患，死于安乐"的道理。

生5：我想起了吴越争霸时"卧薪尝胆"的故事。越王勾践在患难中矢志不渝，终于打败了吴国，重振越国。然而在此以后，"越王勾践破吴归，战士还家尽锦衣。宫女如花满春殿，只今惟有鹧鸪飞"。沉溺于安乐中的越王重蹈覆辙。还有晚清时期清政府腐败无能，只顾享乐，最终走向了灭亡的事例，这两个事例正好从两个方面说明了国"生于忧患，死于安乐"的道理。

生6:"商女不知亡国恨,隔江犹唱后庭花"讽刺的就是贪图享乐,不顾国家兴亡的统治者,表达了杜牧的忧患意识。

师:同学们的发言越来越精彩,对课文的理解越来越深。"生于忧患,死于安乐"这个哲理名言,不仅适用于自然界,也适用于个人和国家,具有普适性。走进历史的长河我们会发现:几乎所有的朝代更替都有着惊人的相似,那就是因忧患而生,又因安乐而死。孟子是在为百姓而忧,为国家而忧啊,他多么希望每个人都能明白这个道理,于是他喟然一声长叹:然后知生于忧患,而死于安乐也。

五、课堂小结 布置作业

师:这节课,我们通过反复诵读,在理清思路、理解文意的基础上,背诵课文,畅谈学习本文带来的启示,享受着《生于忧患,死于安乐》的艺术魅力,感受着孟子思想的博大精深,我相信因为有了忧患意识,我们的明天、祖国的明天会更加美好!让我们齐声诵读全文,把"生于忧患,死于安乐"的思想永远铭刻在心!

(生齐读)

师:下课之后,有两个作业,请大家认真完成。

(屏显)

1. 请大家仔细思考,看你是否对文章内容或观点有不太赞同的地方,写出你的质疑和理由;没有疑问的同学,从文章中任选一个美点,进行赏析。

2. 课外阅读《孟子》,进一步加深对孟子其人和他的思想的认识。

因师生角色的刷新而精彩

——研读李卫东《沁园春·雪》课例解读

李老师执教的《沁园春·雪》这节课，教师和学生的角色发生了根本性的转变：教师不再是居高临下的知识传授者，而是学生学习活动的引导者和组织者。整个教学是在师生平等对话和师生良性互动的过程中进行的。学生不再是被动的知识接受者，而是自主、合作、探究的探求者和实践者，真正成为了语文学习的主人。

下面我简单谈谈对李老师这堂课的几点感觉。

（一）以读促教，诵读贯穿始末

诗词的学习，最有效的方法是读，对诗词而言，朗读一遍胜过讲授十遍。诵读的过程，也是对作品进一步消化与理解的过程，在诵读中揣摩探究，咬文嚼字，结合联想和想象，有助于对作品进行判断和评价。《沁园春·雪》虽然很适合中学生诵读，但学生在解读上仍存在较大的难度。该如何基于学生的生命体验与可接受程度去实施教学呢？李老师在教学中充分发挥诵读的作用，采用了教师范读、学生齐读、个别朗读、师生对比朗读，朗读过程中李老师还不时地引导学生感悟朗读的语气语调，并对其他同学的朗读做评价，让学生在读中揣摩，在读中感悟。我们课堂上的精彩朗读环节如下：

"下面先请听老师来范读一遍""请同学们先来齐读诗的前三句""不要读太快了，一定要读出气势，我们一块来看哪几个字要重读？我们再来读一遍好不好?""哦,这位同学读得抑扬顿挫,不错!有一个词处理得很好,'顿失滔滔'的'顿'读重音,而'滔滔'读得比较轻缓,因为如重读'滔滔'(教师重读),这是在突出谁的气势?(生答:黄河流水的气势)因此重音应该加在'顿'上,'顿失滔滔'(师示范读)。""所以我们在朗读时,一定要驱遣我们的想象,读出韵味,读出情致。"

"为了渲染一种气势,可以'今朝'的'今'后稍有一个小小的停顿。好,在课本上标注出来,我们一起来读一下。(生齐读)你们感觉怎么样?(生:不好)为什么不好?对,语调应该陡然上升。我给大家示范一下,大家注意听。(师范读)我们再来试一遍,进入情境。(生齐读)好,这一遍不错了。"

随着朗读次数的增加,学生越来越逼近诗的灵魂。诗词教学一直是许多语文教师的困惑,我们往往把诗词当成文章来分析,诗词特有的韵味在理性的分析中一点点地流失了。而李老师这样的诵读有助于从作品的声律气韵入手,加深理解和体验,体会其丰富的内涵和情感。

(二)意境的玩味,集中使用了两种策略

至于意境的玩味,李老师又集中使用了两种策略。一是比较法,拿柳宗元的《江雪》与《沁园春·雪》进行写景抒情的比较。二是背景介入。对"风流人物"的理解,有些学生能朦胧感觉出就是毛泽东本人,但又说不出个所以然,教师该讲的时候,我就姑且放开"讲"了一回,比如"抒情主人公"的心态,比如1936年的写作背景,比如1945年的发表背景,等等。虽然这种理解不是唯一合理的解释,但作为一种更契合诗词特点的阐释,似乎有必要提供给学生思路的启发。

(三)课堂以"朗读"和"想象"作为主线,带动词句的品味

李老师采用了非常"家常"的导课授课方式:师生共同介绍作者毛泽

东,然后是出示教学目标,教师范读,学生齐读,引导学生想象:"那北国的雪景是什么样子的?"鼓励学生用最简洁的语言来概括自己的诵读感知"你能不能展开想象并用语言来描述一下?""师:眼前的雪景已经写透写足,但作者并没有停留在这里,而是宕开一笔,敞开丰富的想象,陡然转到雪后初晴,另开一番新景象。看下面三句,你能用自己的语言来描绘一下雪后初晴的景象是怎样的吗?生:在太阳出来的时候,看到的是一幅红白相间的美丽画卷。"这样既是对学生阅读感受的尊重,也是通过诵读引导学生进入"主动积极的思维和情感活动"之中。

课堂实录表明,以"诵读"引发"想象"很有成效,学生对课文的整体感悟能力确实是不可低估的。但是,老师并没有满足于以"诵读引发想象"带来的初步成果,而是"乘胜前进",在以"思考"激发"探究"的环节,学生的"探究"欲望得到了充分的激发。教师抓住学生在诵读中发现并提出的一些重点文句和词语,在思考和讨论问题时,引导学生深入探究。李老师抓住学生谈整体感受时的关键词句,让学生说出诗句采用的修辞手法,并自我意会出应该使用什么样的语气、语调来朗读,"这里的'千里'和'万里'是不是实指?(生答:不是)那为什么要用这种手法?生:是用夸张的手法突出冰雪覆盖的面积极广,千万里冰封,千万里雪飘。师:很好。这三句虽然没有具体展开写景,却为我们描绘出一幅漫天飞雪、弥地坚兵的壮阔画面,你们说读的时候应该带上怎样的语气、语调啊?生:高昂雄壮。生:雄浑豪放。"李老师适时地引导学生品味关键词的妙用,"你觉得哪些词用得比较好,富于表现力?(生阅读、思考)生:我觉得'山舞银蛇'用得比较好,写出了山的起伏绵延,很有气势。师:山会舞吗?生:用的比喻手法,把山比作了银蛇。师:这其中哪个字用得好?(生齐答:舞)对,在课本上圈起来。还有一个动词,(生齐答:驰)对,也是用了什么手法?生:比喻。生:'蜡'与前面的'银'还都写出了冰雪的白。"这样的引导促使学生发表自己的见解，展示自己的思维成果，诉说自己的情感体验。最后，通过让学生反复诵读，来加深对课文思想内容和情感的体验理解，使培养和提高学生的感悟能力的教学目标得到了比较圆满的实现。

探究的过程，也是合作的过程、提高的过程，学生围绕重点和疑问，展开了热烈的讨论，通过师生互动，群策群力，取长补短，互通有无，较好地解决疑难问题，无疑是一种最基本的合作学习的方式。

可以说，这节课，在让我们耳目一新的同时，也带给我们一个新的探索和启示，即：以"诵读"引发"想象"，以"想象"激发"思考"，以"思考"带动"探究"，层层递进、环环相扣。让学生在主动积极的思维和情感活动中，既加深了理解和体验，又有所感悟和思考，从而受到情感熏陶、获得思想启迪、享受审美乐趣。

（四）诊断反思

新课标向来是希望教师更"隐身"一些，本课例感觉不足的是，教学环节顺次推进，过于平淡，缺乏大开大合，以至于课堂显得有些碎，教师的牵引的痕迹也重了些。教师的思维毕竟取代不了学生的体验，教师的引导作用必须发挥但可以有多种方式，希望教师的引导作用能更多地在学生活动中显示出来。

本课例若能少点零敲碎打的分析，多一些整体的品味、感悟会更好。课例一开始的听范读、齐读、个别读都可以促使学生通过熏陶感染和朗读实践去感受整首词完整的音美、形美和意美。赏析的环节也是着眼整首词，引导学生品味词的准确、精练、富于形象性。感受贴切、传神、情感充沛的语言魅力，发展学生的形象思维能力，感受词人的情怀。如再添加自由读的形式，让学生边读边设想自己就是作者，正站在北国的高原上远眺，努力展开想象去描述自己"望"到的景象，这样就跳出了对字面意思的咀嚼，而去感受那在词中言虽尽却意无穷的宏大壮阔的景象和境界，学生对这首词的感知就会更完整些。

在课的结尾还应该设计整体赏析的环节。例如可以设计：让学生自选一个角度赏评课文，把对思想内容的感悟和对表现手法的了解结合起来，也是对这首词的特色进行整体性的观照，重在品与赏。学生的赏析应该是多维度的，可以写景的特点方面来谈，虚实结合：上阕前十句实写雪景，后三句虚写雪后美景；动静结合：山、原——舞、驰，化静态为动态；纵横结合：写景——空间；议论——时间。也可以从修辞手法的运用来讲，比喻兼对偶："山舞银蛇，原驰蜡象"；互文："千里冰封，万里雪飘"；拟人："红装素裹，欲与天公试比高"。也可以从写景、议论、抒情多种表达方式的运用方面来作答：上阕写景，句句都表现出无产阶级革命英雄主义精神。下阕评论古代帝王和抒写革命抱负相结合，由于"情"由"景"生，"议"由情"发"，产生了感人的艺术效果。也可以从跨越时空的角度来评析，时间：从秦、汉、唐、宋、元到当代；空间：从千里大地到万里长空，从长城黄河到雪山高原。更可以从诗词的雄壮豪放的崇高美方面赏析，"千里""万里""长城""大河""高山""高原"这些高大雄伟的形象衬上"秦皇""汉武""唐宗""宋祖"这些豪放的英雄人物的名字，在读者心中唤起一种雄壮的情感，衬托现实的"英雄人物"，产生阳刚之美。"数风流人物，还看今朝"则雄视千古，充分表现了无产阶级革命英雄空前的抱负和坚定的信心，形成彪炳千古的崇高美。可以想象学生自然会选择他们感受最强烈的，品得最到位的，悟得最深刻的内容，这一环节应以学生的自主活动为主，通过相互补充进行全班合作，这样的分享交流很有利于学生对这首诗词的整体体悟。

总之，在诗词教学中就是要培养学生阅读和欣赏诗歌的能力，使之能领略诗情画意，感受其意境美；通过反复吟诵，联想品味，既提高欣赏能力，也感受诗人抒发的强烈情感，同时从中受到积极思想的熏陶感染。

【附】 课例实录

师（手持一幅毛泽东的照片）：请大家看，这是谁？

生齐答：毛泽东。

师：你能介绍一下有关毛泽东的情况吗？

生：毛泽东生于1893年，死于1976年，他是我们新中国的创始人，是伟大的思想家、政治家（其他学生提醒：革命家），湖南湘潭人。

师：可在她说的基础上补充一点，毛泽东同志不但是我们大家所敬仰的伟大领袖，而且，他还是一位天才横溢的伟大诗人。一位著名的美国女记者安娜·路易斯·斯特朗，她曾经待在陕北西安，与毛泽东谈过十几次话，也谈论过诗。她认为毛泽东首先是一位诗人，然后才是一位政治家。她的这种说法是否恰当，我们姑且不论，但也确实揭示出了毛泽东作为诗人才情横溢、可亲可敬的一面。我们小学时就学过他的一首七律《长征》，还记得吗？（生答：记得）我们先来一起背一下，好吗？（师生齐背："红军不怕远征难，万水千山只等闲。五岭逶迤腾细浪，乌蒙磅礴走泥丸。金沙水拍云崖暖，大渡桥横铁索寒。更喜岷山千里雪，三军过后尽开颜。"）我们今天来学习毛泽东的一首词——《沁园春·雪》，请猜这首词是写的什么？（生答：雪）那么，沁园春是什么？

生：是词牌名。

师：哦，那么"雪"是这首词的什么？

生答：题目。

师板书"沁园春·雪"：书写时词牌与题目中间隔开，不要点点。词又叫长短句，它来源于隋唐民间所用的曲子词，跟音乐的关系密切，到宋朝发展到鼎盛时期，这就是我们所说的唐诗宋词。文人作词一般叫作填词，就是根据规定的词牌名来填字词，自己不能任意增删。这首词写于1936年2月，毛泽东同志被确立了在党和红军中的领袖地位不久，正欲东渡黄河、大展宏图之际。当时毛泽东率部队到达陕北清涧县，曾在一场大雪之后，登高望远、触景生情，写下了这首气吞山河的壮丽诗篇。学习这首词，主要要达到三个目标：第一，理解写景与议论抒情相结合的写法；第二，揣摩这首词语言运用准确的特点；第三，有感情地朗读这首词。

（师边说边板书）

师：好，下面先请听老师来范读一遍，请同学们注意以下问题：

第一，能入情入境地听，初步领会词作的意韵。

第二，注意词作当中出现的多音字。

师朗诵完后：好，你听记了哪些多音字呀？（生答：朝）（生答：分）好，不错，还有吗？（生答：汗）哦，成吉思汗的"汗"，你能说一下成吉思汗的汗在这里为什么读作 hán 吗？（生答：它是蒙古人的音译字，所以读作 hán）哦，也就是说蒙古族对他们的君主称作什么？（生答：hán）还有数风流人物中的"数"。好，大家看这首词中间用空行自然分成两段，在词中前段叫作上阕，下段叫作下阕（师边说边板书），"阕"是词中的一个术语。这首词最大的一个特点就是写景与抒情议论相结合。大家看，上阕主要侧重于哪种表达方式？（生答：写景）对，写景（师板书：写景）下阕呢？（生答：抒情议论）对，抒情议论（师板书：抒情议论）。

师：好，下面我们来看诗的上阕，请同学们先来齐读诗的前三句。（生齐读）透过这短短三句，你眼前仿佛展现了一幅什么画面？

生：雪景，北国的雪景图。

师：哦，北国的雪景。那北国的雪景是什么样子的？你能不能展开想象并用语言来描述一下？

生：整个北国白雪皑皑的，一眼望不到尽头。

师：哦，初步展开了想象，但还没充分放开。这里的"千里"和"万里"是不是实指？（生答：不是）那为什么要用这种手法？

生：是用夸张的手法突出冰雪覆盖的面积极广，千万里冰封，千万里雪飘。

师：很好。这三句虽然没有具体展开写景，却为我们描绘出一幅漫天飞雪、弥地坚兵的壮阔画面，你们说读的时候应该带上怎样的语气、语调啊？

生：高昂雄壮。

生：雄浑豪放。

生齐读。

师：不要读太快了，一定要读出气势，我们一块来看哪几个字要重读？（生答"千""万""封""飘"）我们再来读一遍好不好？（学生再次齐读，比上次有改观）

师：从第四句起，作者开始具体描绘雪景，从哪个字眼可以看出来？

生：望。

师：哦，这个"望"字是个领起字，那么它领起了几句，是不是一直到诗的结束呢？

生：不是。是到"顿失滔滔"。

生：应该到"分外妖娆"。

生：应该到"欲与天公试比高"。

师：为什么？

生：前七句是作者登高望远亲眼所见，后三句就是变成了作者的想象。

师：老师同意这位同学的意见。"望"字领起的七句，是实写；"须晴日"后面三句则是虚写。

师："望"字领起的这七句，仔细分辨的话，可分为两层，你能看出来吗？

生："望长城内外，惟余莽莽，大河上下，顿失滔滔"是写静的，"山舞银蛇，原驰蜡象，欲与天公试比高"这是写动的。

师：很好。前四句侧重于静态的描写，后三句侧重于动态的描写。下面来看这七句，你觉得哪些词用得比较好，富于表现力？（生阅读、思考）

生：我觉得"山舞银蛇"用得比较好，写出了山的起伏绵延，很有气势。

师：山会舞吗？

生：用的比喻手法，把山比作了银蛇。

师：这其中哪个字用得好？（生齐答：舞）对，在课本上圈起来。还有一个动词，（生齐答：驰）对，也是用了什么手法？

生：比喻。

生："蜡"与前面的"银"都写出了冰雪的白。

师：很好，词中虽然没有出现一个"白"字，但巧妙的比喻不但写出了动静相宜，而且也涂抹上了颜色。还有其他意见吗？

生："惟余莽莽"的"惟"用得好。

师："惟"是什么意思？

生："只"，说明整个世界完全被白茫茫的雪覆盖了。

师：很好，写出了冰雪覆盖的广阔。"惟"这个副词用得特别好，还有哪个副词用得特别好？

生："顿失滔滔"的"顿"。

师：把它去掉好不好？

生：不好，"顿"是立刻的意思，写出了磅礴的气势。

师："顿失滔滔"是写黄河汹涌的气势吗？

生：是写黄河河水滚滚。

生：不是，是写冰雪的气势，黄河结冰了。

师：对，是写严寒之厉。我们在读文章的时候，一定要咬文嚼字，词语在特定的语言环境中会传达出贴切传神的语境义。

师：眼前的雪景已经写透写足，但作者并没有停留在这里，而是宕开一笔，敞开丰富的想象，陡然转到雪后初晴，另开一番新景象。看下面三句，你能用自己的语言来描绘一下雪后初晴的景象是怎样的吗？

生：在太阳出来的时候，看到的是一幅红白相间的美丽画卷。

师："红装素裹"是什么？

生："红装素裹"是指太阳和雪。

生："红装"是指阳光，"素裹"是指白雪。

师：那这又是什么手法？

生：比喻。

师：我们可以想象一下，毛泽东同志放眼远望，看着看着，雪后的江山似乎幻化成了一位青春少女，红装素裹，既纯洁素雅又富丽热情，充满了美的气息。写雪景的词有好多，但是这首词写来动静结合，虚实相生，既写亲眼所见，更有奇瑰想象，给我们描绘出了一幅气势磅礴、壮丽宏伟的北国雪景图。我们在朗读的时候，语气是不是就要有所区分。实写部分重点突出雪景之壮，虚写部分重点突出雪景之丽。实写部分应该怎样朗读啊？

生：高昂的语气。

师：实写部分要读得高昂一些，那虚写部分呢？

生：平缓柔和一些。

师：好，那么我们现在来读一读，从"望"字开始，谁想来试一试？

一学生朗读。

师：哦，这位同学读得抑扬顿挫，不错！有一个词处理得很好，"顿失滔滔"的"顿"读重音，而"滔滔"读得比较轻缓，因为如重读"滔滔"（教师重读），这是在突出谁的气势？（生答：黄河流水的气势）因此重音应该加在"顿"上，"顿失滔滔"（师示范读）。

师：古往今来，写雪的诗词数不胜数，我们小学时就学过柳宗元的《江雪》，我们一起背一下好吗？（师生齐背）"千山鸟飞绝，万径人踪灭。孤舟蓑笠翁，独钓寒江雪。"同样是写雪景，这两首诗有什么区别？

生：这首《江雪》写得孤僻冷清。

师：是的，同样是写雪景，柳宗元的雪景则是那么幽僻冷清。千山万径死一般沉寂，一叶小舟，一个老翁独自在江边的风雪中垂钓，这是与作者当时孤独失意的心情分不开的。有什么样的心情，就有什么样的景物，写景与抒情并不是截然分开的，而是情景相生、水乳交融。我们再来看这首词，你能想象一下当时毛泽东同志面对这雪景时的神情与姿态吗？请想象一下。

生：当时毛泽东应该是抬着头，挺胸，两手背在身后，目不斜视地看着前方。

师：哦，不错。还有吗？还有谁想说一下？

生：骄傲地望着。

师：骄傲地望着，换一个词。（另一学生答：自豪）

生：我还是用骄傲，骄傲地望着祖国的美好河山。（生笑）

师：不错，骄傲更能把自豪、豪迈的心情表现出来。我们可以想象一下，毛泽东同志当时可能是身姿挺拔，两手背在身后，极目远视，神情庄重而又欣喜，踌躇满志而又意气风发，指点江山、激扬文字，领袖的磅礴大气飘洒在冰天雪地之间。所以我们在朗读时，一定要驱遣我们的想象，读出韵味，读出情致。好，现在把上阕放声自由朗读一遍。（生自由读，

师来回走动指点）

师：好，下面我们来看下阕，先看前两句。"江山如此多娇，引无数英雄竞折腰"在全词结构上起一个什么作用？（生：承上启下的作用）对，承上启下，那么，哪一句承上？（生：江山如此多娇）"引无数英雄竞折腰"显然是启下，表明作者由侧重于写景转移到抒情。这里也有一个领字，（生答"惜"）那么这一"惜"字领起到哪？是领起到下阕的结束吗？

生：不是到结束，是到"只识弯弓射大雕"。

师：都历数了哪几个英雄豪杰？

生：两个。唐宗宋祖、成吉思汗。

师：她说列举了两个，唐宗宋祖、成吉思汗，对不对？再结合注释读一读，数一数。

生：应该是五个，秦皇、汉武两个，唐宗、宋祖两个和成吉思汗。

师：对，秦皇是指秦始皇，汉武是指汉武帝，唐宗是指唐太宗，宋祖是指宋太祖，还有成吉思汗。这可都是一代名君呀，推动了历史的发展，那还惋惜什么呢？请思考一下。

生：因为他们都过去了。（生笑）

师：哦，你的意思是惋惜他们都过去了。（生笑）

生：因为他们都已经成为历史了。（生笑）

师：哦，你的意思是他们都已经成为历史了，所以惋惜他们。有点道理，但思考仅仅停留在这里还不够，再结合上下语境想一想。

生：惋惜秦皇汉武文化治理方面做得不太够，唐宗、宋祖两个和成吉思汗只是在打仗方面做得好。

师：仔细琢磨一下句式，看看"文采"和"风骚"是什么意思？

生：文采是文学和才华。

师：是说他们不会写诗？（生：不是）老师说说自己的理解，"文采"

和"风骚"在这里是指广义的文化，哲学思想、文化修养都在内，也就是说，虽然他们武功有余，但政治思想、文化方面不足。他们虽然推动了历史的发展，但都是封建帝王统治，只是把美好江山、黎民百姓作为自己的猎获物。那作者是不是把他们批得一无是处，一点好处都没有？

生：不是，从"一代天骄"可看出来，还是有肯定的意思。

师：不错，还有补充吗？

生：从"略"和"稍"这些用词上也可以感觉到，只是说他们稍微差一点。

师：对。作者在评价他们的时候，惋惜之中带着肯定，议论中夹杂着抒情，分寸感掌握得很好。在"略"和"稍"下面加上圆圈。

师：好，我们接着往下看，"俱往矣，数风流人物，还看今朝"。"俱往矣"是什么意思？（生：都已经过去了）"矣"是个语末助词，相当于我们现代汉语中的"了"，"已过去了"。"数风流人物"中的"风流人物"是指的谁啊？

生：建功立业的人。

生："风流人物"是指的有作为的人。

生：那些伟大的功臣。

师：都有道理。"风流人物"在明清小说当中也经常出现，它指的是"轻浮、放荡的花花公子"，（生笑）但本文中所指的"风流人物"是截然不同的。"风流"就是"风之散水之流也"，风流人物即喻指这种人所建立的丰功伟业引起的社会影响，如"风之散，水之流"那样广泛深远。结合本首词特定的语言环境，你认为"风流人物"指的是谁？

生：毛泽东。

师：是哪位同学？别紧张。我想问一问，赞同这位同学，认为是毛泽东的举手？实事求是。（生左右张望，老师点数，约有六人）好，看课本下面的注释"风流人物"是指的谁？（生：人民大众）这后一种意见教材上有注释，有它的权威性，但刚才那位同学的说法有道理吗？

生："风流人物"就是指那些建功立业的人，不是一般的大众。

师：那人民大众没有建功立业吗？

生：建功立业小。

师：只可意会，不可言传。（生笑）

生：我也觉得"风流人物"是指毛泽东，因为在这前面都列举了一些名君。

师：老师说说自己的意见。说"风流人物"是指人民大众，如果脱离这首词的语境，我非常赞成。但结合本首词的语境及写作的时代背景来看，我更赞同"风流人物"就是指毛泽东本人这种意见。前面我们说过，毛泽东写这首词的时间是1936年，是他刚被确立了在党和红军中的领袖地位不久，正欲东渡黄河、大展宏图之际，一场大雪之后，毛泽东登高远眺，触景生情。上阕描写的雪景壮阔宏大，气势非凡，黄河、群山，尽收眼底；下阕雄视千古，睥睨群雄，把自己与谁相比？对，把自己与秦皇、汉武、唐宗、宋祖和成吉思汗相比啊，一种集圣贤与豪杰于一身，文治武功并举的宏伟抱负油然而生。时值九年之后，也就是1945年，重庆谈判期间，文人柳亚子曾向毛泽东索诗，毛泽东同志毫不犹豫地把这首词送给了他。后来登载在当时的《新民晚报》上，蒋介石读后，惊愕不已，很受震惊，马上组织一伙文人，以"沁园春"为词牌来填词，想在气势上压倒毛泽东，但结果只能是自讨没趣，以失败而告终。因为什么？因为毛泽东的思想代表着历史的潮流，挥洒出了无产阶级和人民大众充分的自信自立，只有这样的领袖，这样的风流人物才能写出这震撼寰宇的风流篇章。好，我们来看这后三句应该怎样来读？应该以什么样的语气来读？

生："俱往矣"应该以感叹、感慨的语气来读。

师：好，语调应该是平缓的。（师范读"俱往矣"）后两句应该怎样读？

生：高昂，自豪。

师：哦，高昂的。特别是重音，应该加在哪些词上？

生："风流人物""今朝"。

师：为了渲染一种气势，可以"今朝"的"今"后稍有一个小小的停顿。好，在课本上标注出来，我们一起来读一下。（生齐读）你们感觉怎么样？（生：不好）为什么不好？对，语调应该陡然上升。我给大家示范一下，大家注意听。（师范读）我们再来试一遍，进入情境。（生齐读）好，这一遍不错了。

师：好，这首词我们就先学习到这里，下面给大家五分钟的时间，看谁先把这首词背过。请同学们结合几个"领"字，再回味一下整首词的结构，这样是不是背得快一些。（生自由背诵）看老师的手势，我们一起来背诵一遍。（生齐背）好，我们再把最后三句背一遍。（生齐背）一定要朗诵出它的气势。再来一遍。（生齐背）好，不错。这节课就上到这里。

透过泪眼，解读绝望
——听朱昌元老师《相见欢》一课有感

朱老师将本课的基调定位"纯粹的眼泪，绝望的诗歌"，紧扣住了李煜的命运和《相见欢》凄美的主题，定位准确，并以此为主线贯穿于整个课堂，朱老师用自己那颗善感的心灵，带领学生，透过那双泪眼，解读出其中深深的绝望之情。

朱老师未雨绸缪，课前准备材料时让学生阅读李煜的《破阵子》和《虞美人》两首词，"最是仓皇辞庙日，教坊犹奏别离歌，垂泪对宫娥"。"问君能有几多愁？恰似一江春水向东流。"和《相见欢》的"剪不断，理还乱，是离愁，别是一般滋味在心头"有异曲同工之妙，这样就在学生的心里埋下了凄美的伏笔。

课始让学生全面了解李煜其人，感受李煜人生两极，编写李煜"年谱"。李煜身世和写作背景的介绍让学生切身体会到词人感情的真挚和人生的悲欢跌宕。学生未读诗词时就走进亡国之君的世界，未读词，泪已下。

"诗言志，歌咏言"，诗词是最能表达情感的文学艺术。词人将自己的身世融入词的字里行间，词就是人，人就是词，人词合一。朱老师在教学中采用各种不同的诵读方式，引导学生学会了有感情的吟咏、品味，层层深入地理解作品情感的表达及艺术手法的运用，从而真正地感受李煜那种荆棘鸟在生命终结时啼血而鸣般的绝唱。

诗词注重意境和形象，朱老师的设计中恰当地借物象来表达。朱老师在设计学生品味诗词语言的时候，设问："词人摄入了哪些景物来抒写？明确：月亮、梧桐、深院、清秋。"这样，学生就知道了特定时空的典型的景物，就是诗词形象，是情感的抒发点，以景托情，情感就有了依托。将抽象的"剪不断，理还乱"的"离愁"，化为具体的事物，让我们真切感受到词人摄入魂魄的哀愁，明白了那是怎样的"一般滋味"。

只有透过语言文字，方能触摸到作品内在的艺术灵魂，才能让学生"有意识地在积累、感悟和运用中，提高自己的欣赏品位和审美情趣"。朱老师不脱离学生情感实际及理解能力，把握字词，注重意象及表达效果，让学生真正理解了"后主之词，真所谓以血书者也"。于是，学生在学习中感受了诗词的艺术之美，也感受了李后主泪眼朦胧中那种痛彻心扉的经历和深深的绝望付诸诗词后所展示出来的悲情之美，从而提高了学生文学素养。

诵读不但是诗词教学重点，更是理解诗词意境，烘托课堂气氛的着力点，拙以为，如果能将诵读进行到底，更能保持学生的情感基调，课堂气氛会更浓厚。本词短小，情感单一，如果能将课前预习的《破阵子》和《虞美人》拿来类比阅读，不但能增加课堂的容量，扩大学生的知识量，还会促进学生更好地理解《相见欢》的情感和写作技巧。

【附】

纯粹的眼泪　绝望的诗歌

——《相见欢》教学设计

朱昌元

【教学准备】

1. 印发有关李煜的生平资料，为知人论世赏析作品作铺垫。

2. 课前要求学生阅读李煜的《破阵子》和《虞美人》。

本词的教学设计拟通过吟哦讽诵，唤醒学生内心的情绪积淀；通过描摹赏析，引导学生体味词人内心深处的苦痛；通过延伸探究，促使学生迁移诗歌阅读的经验。

【教学目标】

1. 品味作品至情至性的语言，感受作者的亡国之痛和人生悲慨。

2. 反复朗读，背诵词作。

【教学重难点】

通过品味语言感受作者的亡国之痛和人生悲慨。

【教学过程】

一、导入新课

1. 投影作者的画像及书法作品。

投影作者的画像和书法作品，为的是激发兴趣，增强学生对李煜的感性印象，并了解李煜在文化艺术多方面的成就。

2. 利用课前所发资料，了解李煜的生平及写作背景。

（1）感受人生两极

李煜短暂的一生，人生的两个落差极大，不啻有霄壤之别。用王国维在《人间词话》中的话说，李煜"生于深宫之中，长于妇人之手"，性格懦弱，不谙军国大事，25岁继位，成为南唐"国主"。这是一个极端，另一个极端就是亡国之君。被俘以后，李煜创作了《破阵子》，说"一旦归为臣虏"，做了宋太祖的俘虏。李煜被软禁在开封期间，过的是异常屈辱的生活，用他自己的话形容，"此中日夕只以眼泪洗面"。

（2）编写李煜"年谱"

1岁（937年）　先主李昇南唐立国

25岁（961年）　继南唐国主位

39岁（975年）　国亡被俘，受封"违命侯"

42岁（978年）　七夕生日为宋太宗所毒死

通过编写李煜"年谱"，增强学生对李煜生命中几个重要"节点"的感性印象，为深入赏析作品感受作者的独特感情做好铺垫。

二、初读感知

1. 听课文配乐范读（配合播放幻灯片）。

2. 学生自由读文（品味诗的情感）。

3. 齐读。

点拨：通过朗读，你读出了词人什么样的情感？

三、深入体味

1. 了解生平及背景之后，学生齐读。请学生再次体会作者所抒发的情感。（板书：亡国之痛、故国之思）

2. 作者是如何抒发这种亡国之痛、故国之思的呢？

（1）同学们齐读上阕，思考：词人摄入了哪些景物来抒写？

明确："月亮、梧桐、深院、清秋。"特定的时空，典型的景物。

（2）这些景物有什么共同的特点？借此抒发出什么情感？（学生小组探究，归纳内容要点，交流研读成果）

明确：月是残月，梧桐寂寞，清秋紧锁，深院冷清……所有的意象都是那么凄清、凄凉、凄楚，这正是词人内心的真实写照。

上阕寄情于景，表达了词人的无限"离愁"。你认为词的下阕中哪一句写得最好？好在什么地方？

3. 指名朗读下阕。

4. 品味语言，体悟感情。

教学片段实录：

生1：我觉得"剪不断，理还乱，是离愁"写得好极了。这句话把离愁形象地比作千丝万缕无头无绪的乱麻，展现了内心无可解脱的愁苦，让我感受到了李煜心中哀愁的深重。

师：是啊，传神的比喻，化无形为有形，化抽象为具象。

生2：我也为这句深深地感动。作者用动态化的试剪不断、欲理还乱的描述，突出离愁之多之深之复杂，令我读后十分伤感，不禁为他的不幸遭遇而深深感叹。

师：你能结合自己的阅读体会来谈，感受细致深刻。

生3：我也喜欢这句话。我从中读到了李煜心中极为沉痛的哀伤。更可悲的是李煜想要摆脱这一切，却又无处着力、无能为力，这种滋味就更令人悲哀了。这种一团乱麻一样的情绪，我自己也曾有过，只是我无法用语言来如此传神地表达。今天读到它，我心中仿佛一下子被它击中了，我更能体会李煜心中的情感了。

师：结合自身的感情体验来谈对作品的理解，精彩！只是你的情绪在深广度上与李煜的愁苦是有差别的。

生4：我喜欢"别是一般滋味在心头"。这句话写出了李煜极其沉痛的感情，却又无法言说，只能全部压抑在心里。

生5：我也非常喜欢这首词的结尾。愁是什么？是一种抽象的感情，可是李煜却写它的滋味。读到这儿，我闭上眼睛，好像品尝到了愁的滋味，它是多么酸楚、多么苦涩。

师：感触细腻，用心深刻。本句好在以乱麻喻离愁，将抽象的离愁物象化、赋予形象的物态和质感，点出词人的"愁"和别人的"愁"不一样，辞别宗庙，软禁异地，亡国之痛，故国之思，"离愁"比常人要浓得多、深得多、苦得多……正如词人所言"别是一般滋味在心头"，无人能解，无时可解，无法可解，只有自己身临其境，方能体会到人生巨大的痛楚和深刻的悲慨。有论者说"李煜用大开大阖的手法，在昔日皇帝今日囚徒的艰难对比中，激发悲哀的泪和深层的愁，酝酿成沉实郁结的风格，然

后以物象为导引方式,把愁引发出去"。(劳承万《审美中介论》)

"国家不幸诗家幸,赋到沧桑句便工。"李煜的不幸,成就了文学的幸运——正是他亡国去家后的这段屈辱生涯,为中国古典文学史增添了一位杰出的词人,我们才能欣赏到如此动人心魄的文字。作为帝王,李煜不过是过眼云烟,但在中华诗词的辽阔天空里,李煜永远是一颗璀璨的巨星。

四、课堂小结

缪塞说:"最美丽的诗歌是最绝望的诗歌,有些不朽的篇章是纯粹的眼泪。"王国维在《人间词话》中特别点出"后主之词,真所谓以血书者也",又说"后主则俨然有释迦、基督担荷人类罪恶之意"。《相见欢》就是一篇用血泪书写的"绝望的诗歌",也是"美丽的诗歌""不朽的篇章"。

唤醒·激活·创造
——《创新思维与文章立意专题训练》教学解读

在作文教学中，学生往往是在老师命题下的被动写作，思维受到压制，言语禀赋被窒息，因而写出的东西苍白无力，毫无灵性可言。看完李老师的《创新思维与文章立意专题训练》作文指导课堂实录后，我认为李老师的作文课堂可以用两个关键词来概括：唤醒、激活。在课堂上能听到学生言语生命的流动，能感受到学生思维角度的变化。本节课走出了一般写作指导训练课的窠臼，在教学上凸显了三大亮点，下面分别叙述。

一、从环节设计上看，课堂环节很简单，分创设情境、活动体验、课堂练笔三个环节。有了前两个环节的蓄势，第三个环节水到渠成，学生当堂展现出了多角度多层面的立意。课堂的三个环节是环环相扣层层递进式的。

二、从写作引导上看，李老师的课堂体现了新课改的生命线：以人为本，关注生命。语文教师，当是学生"言语生命意识"的唤醒者、养护者、传递者。李老师在课堂上不断地创设言语情境：千江有水千江月的图片，为钢琴拟制广告词，以"长与短"、两位高僧"修建"一个"医学菩萨沙子坛场"展现亚洲艺术等为话题，引导学生谈自己的感受和看法，唤醒了学生言语表达的潜能。学生参与的热情和个性鲜明的多元化对话足以说明：情境的创设远比枯燥的理论讲解有效得多。

李老师除去创设情境，还借助各种形式的游戏活动激活学生的思维。聋哑朋友的故事、母亲节的文章、苏轼和老道的故事、秋千的故事等，在游戏和活动中学生体验到：作文立意的问题，实际上就是思维的问题，思维角度越大,方向越多,立意就越新越奇。所以说注重学生体验的作文指导,才能充分激发和调动学生思维的原动力。

以"树根"为话题的作文立意训练,有图片和资料的出示,透过学生多角度的立意,可见学生的思维称得上是灵动飞扬了。

李老师在这堂课上不着痕迹地引导学生学会多角度地观察和思考生活、不仅激活了学生的思维,而且丰富了学生的生活阅历和情感体验,对自然、社会和人生也拥有了自我的独特感受和思考。

三、从教学效果上看,课堂是灵动有效的,教学中的绝大部分时间是学生在积极地进行思考和表达,学生能在有限的时间内学会如何多角度立意,这正是课堂取得的最佳效果。尤其值得称道的是课堂上凸显了观察、想象等创造性思维能力的训练,鼓励学生在思维形式上趋向于创新性、求异性,使学生学会从不同角度、不同视点、不同层面去思考问题的方法,从而获得不同的感受和体验,丰富作文的思维内涵并力求独出新意。同时,对人生、社会和生活的思索感悟与个人的情感体验通过想象和联想的桥梁连通起来,学生的思维品质有了质的提高。

一点建议:教学过程中活动设计可适当删减,我个人认为仅留下两个活动就完全可以了。课堂的时间是有限的,活动设计过多反而是一种干扰,更不利于唤醒和激活思维。教师在引导学生竞说环节中,鼓励和激发同学们多说,必要时应该极力煽情,引导他们打开思维的闸门。尤其是最后关于"根"的课堂立意训练,若换成关于"千江有水千江月"课堂立意训练,岂不是和标题与作业联系得更紧密一些。这样待学生在课堂上借助逆向或发散思维表述完自己的立意之后,可以让他们放手写。写完后和教师推荐的文章对比,然后发动同学们修改文章,这样一篇半成品就会在学生自我的感悟和理解下被雕琢成一尊自己心目中的美丽的雕像。简而言之,作文指导之后的后续工作也不容忽视。

【附】

【标题】千江有水千江月

【授课人】李晔　西北工业大学附属中学　710072

【授课年级】高中二年级

【教学设想】

课程标准在表达上明确指出要"激发表达真情实感的热忱。学会多角度地观察生活，丰富生活经历和情感体验，对自然、社会和人生有自己的感受和思考……""新课标"倡导：为学生的自主写作提供有利条件和广阔空间，减少对学生写作的束缚，鼓励自由表达和有创意的表达。据此设计的这堂"创新思维与文章立意的专题训练"力求把学生放在主体地位，让作文教学变成一个激发、培养创新思维能力的过程。主要通过创设相应的情境，设计含义丰富的话题引导学生逆向思维、发散思维，学会通过多种多样的思维活动，从思维的各个层次出发，对事物进行多角度、多方面、多因素、多变量的系统考察，学会改变思维的角度，拓宽思维的广度，挖掘思维的深度，从而使文章的立意新颖、深刻。

【课堂实录】

师：导入语——同学们我们每个人的心中都有一个大千世界的美好映象，这正如一句古诗所说"千江有水千江月"（多媒体画面上是一轮明月和它的倒影，打出课题），但是我们在作文中写出这个映象，却有优劣高下之分，这是为什么？主要是各人的思维不同，文章的立意不同。"学林探步贵涉远，无人迹处有奇观"，今天我们就尝试涉远探奇观，做一次思维和文章立意的训练。（打出副标题——创新思维与文章立意的专题训练）

人们都说如今我们生活在信息时代，每天都在有意或无意地接受许多

新的信息，有的信息能够给我们留下非常深刻的印象。比如广告，说说给你印象最深刻的广告……（同学们自由发言）

生1：只溶在口，不溶在手。（M&M巧克力）

生2：滴滴香浓，意犹未尽。（麦氏咖啡）

生3：心有多大，舞台就有多大。（公益广告）

生4：情系中国结，联通四海心。（中国联通）

联通的标志是一个中国结的形象，本身就充满了亲和力。

生5：一旦拥有，别无所求。（飞亚达）

生6：没有联想世界将会怎么样？

师：大家为什么能记住这些广告词？

生6：内容好，角度新，朗朗上口。

师：还有许多这样耳熟能详的广告词。比如：农夫山泉有点甜。一句广告语打响一个品牌用在农夫山泉身上绝不过分。下面请大家为一架钢琴设计一句广告语。（打出山叶钢琴的图片和字样）

生7：弹出美丽的人生。

生8：千山红叶，一曲永流传。

生9：美丽音符，美丽人生。

生10：黑白分明，优雅人生。

师：同学们设计的广告语都很有诗意。我们为钢琴设计广告语一般是从什么角度切入？

生集体回答：从钢琴的音色、音质、弹奏的效果来设计。

师：的确，按照常规思维，为钢琴设计广告词应该从钢琴本身来入手。

这是台湾有名的山叶钢琴，公司为它写的广告词是——

山叶钢琴："学琴的孩子不会变坏。"比较大家为它写的广告语，这句有名的广告语有哪些特点？

生11：它从弹琴者，而不是从钢琴本身的角度，角度新。

生12：它不仅角度新，而且立意新，抓住父母的心态，采用攻心策略，不讲钢琴的优点，而是从学钢琴有利于孩子身心成长的角度，吸引孩子父母。

老师：这一点的确很有效，父母十分认同山叶的观点，于是购买山叶钢琴就是下一步的事情了。山叶高明就在于此，能想他人之所未想。作文时，如果也能像这个广告一样站在一个别人都还没有想过的角度去思考问题，文章的立意就有可能新颖起来。怎样做到立意新颖？

师：我们先做一个游戏。一位聋哑朋友，来到五金商店买钉子，他对售货员做了这样一个手势：左手食指立在柜台上，右手握拳做出敲击的样子。售货员指指锤子，聋哑人摇摇头，于是售货员便明白了，他想买的是钉子。不久，五金店又来了一个盲人，他想买一把剪刀，请问盲人将会怎么做？

生13：（脱口而出）盲人伸出两只手指，做出剪刀的形状。

师：其实盲人想买剪刀，只要开口说话就可以了，根本用不着做什么手势。

师：母亲节有一位同学写了一篇关于母亲的文章，其中有这样两句："妈妈，我晚上睡觉的时候，听见你洗衣服的声音；我早上醒来的时候，听见你做饭的声音……"请大家为他续写下面的内容。

生14：妈妈，我早上上学的时候，听到你叮咛的声音；

生15：妈妈，我放学回家的时候，听到你关切的询问声；

生16：妈妈，我生病发高烧的时候，听到你焦急的呼喊声。

师：上面几位同学基本上都是沿着作者的思路来续写，原文的小作者写道："妈妈，你的生命里没有晚上吗？"这样的结尾就新颖，有强烈的感染力。

师：（用投影打出一个画面情景）一间屋子，一根房梁，一个人，一根绳，一只小板凳……

师：这是一个怎样的"场景"？

生：上吊。（大部分同学）

师：真实的情况是这样的：梁上垂下来绳子，绳子上挂着凳子，凳子上荡着孩子……

师："秋千"让你想起怎样的场景？

生：想到童年，没有游戏机，没有高科技，但很快乐、美好。

师：真实的情况是这样的：秋千上这个孩子与快乐、美好毫不搭界。他的父亲前年去世了，母亲早已离开了这个家，他是孤儿。每天，他到村支书那儿领一元钱，这是他一天的生活费。每天，他背着补了多次的书包去上学。每天，他做饭给自己吃。每天，做完了功课，灯下，他荡秋千。

……

简易的秋千是孩子为自己做的玩具，坐上去，双脚朝屋子的柱子上一蹬，它就荡起来了……荡，荡，荡……小小的身影，在空空的墙壁上飞来飞去，他就不冷清了；荡，荡，荡……绳子在梁上吱呀呀唱歌，他就不害怕了；荡，荡，荡……荡得心儿忽忽悠悠，一头扎进梦里，也许就看见妈妈了。——莫小米《人心被什么打动》

师：为什么我们的"想"和莫小米的"写"会有如此的差异？

生：我们习惯按原有的思路来写。

师：是的，我们在筛选信息时，总是不自觉地沿着以前熟悉的方向和路径进行思考，不另辟蹊径，也就是固守思维定式。其实要破除思维定式，有时只需要改变一下方向或角度。比如：相传有一副对联"坐、请坐、请上坐；茶、敬茶、敬香茶"，请一位同学简要介绍一下它的来历。（打出对联内容）

生：这是有关郑板桥的。

生：这是有关苏轼的。

师：最早应该是关于苏轼的。

生：一次，苏轼在莫干山游玩，很累，打算休息一会儿，便走进了一座庙宇。主事老道见苏轼衣着简朴，便冷淡地指了指椅子说："坐！"然后，对道童喊道："茶！"苏东坡坐下和老道闲聊起来。从谈话中，老道发觉来客颇有才华，不是一般书生，随即把他引至大殿，客气地说："请坐！"又对道童说："敬茶！"

两人又谈了起来。老道越发感到来客知识渊博，颖慧过人，不禁问起他的姓名来。这才知道此人竟是名扬四海的苏东坡。于是，连忙站起作揖，把他又让进客厅，恭恭敬敬地说："请上坐！"又对道童说："敬香茶！"

苏轼告别时，老道恳求他写字留念。苏轼一笑，挥笔题了这副对联。老道看罢，不觉脸上火辣辣的。

师：叙述非常好。请大家想想苏轼写这副对联原本是为了什么？

（学生谈论）

生：本是讥讽莫干山主事老道趋炎附势的行为。

生：讽刺老道以貌取人。

师：我们现在改变一下思维的角度来思考这副对联的含义。

生：老道态度的转变表现了他对文化名人苏东坡的敬仰，老道尊重知识，尊重人才。

师：逆向立意，变讥讽为歌颂了。

师：再比如：开卷有益。逆向立意是？

生：开卷未必有益。

师：班门弄斧。

生：弄斧必须到班门。

师："蚕"既可以歌颂它"春蚕到死丝方尽"的奉献精神，也可以嘲笑它作茧自缚的愚蠢。

师：失败乃成功之母。

生：成功乃成功之母或者失败乃失败之母。因为不停地失败，就会没有信心，导致更大的失败。

师：改变思维方向，就是沿着事物相反方向探索问题，这就是逆向思维，也就是我们常说的反弹琵琶。文章切忌随人后，逆向立意，反弹琵琶，"舍人所已取，取人所未取"，往往能达到"皆出世人意外"的艺术效果。当然反弹琵琶不是否定对象原来的含义，更忌讳乱弹，比如：学琴的孩子会变坏或不学琴的孩子会变坏，也不能只抓住一点，不及其余，由一个极端走向另一个极端而忽视事物的多面性。因为，任何事物都有着多方面的属性，因此我们在思考问题的时候一定要从思维的各个层次出发，横向的，纵向的，对事物进行多角度、多方面、多因素、多变量的系统考察，进行发散性思维。

师：长与短，看起来是一个很普通的度量单位，既可以指空间距离的远近，也可以指时间距离的长短。但长和短一经组合，形成关系，就不仅仅限于时间和空间了，它与我们做人做事有着密不可分的联系，你由它们能想到什么？（打出做好的动画，长短不断变化）想好了的同学举手示意一下。（学生沉思、讨论，五分钟左右，大部分同学举手）

生：鼠目寸光与极目远眺。

师："鼠目寸光"当然是属于目光短浅，而"极目远眺"自然会有"会当凌绝顶，一览众山小"的磅礴气概。

生：没有短短的每一步，就没有万里长征大壮举。

师：古人云，"千里之行，始于足下"。万里之行，更需要积"短"成"长"。

生："没人指出你的短处，你就会渐渐失去长处。"

师：这个立意非常深刻。从长与短的辩证关系来谈，更进一层。忠言逆耳利于行，如果我们不愿意接受各种意见，最终必然会失去良师益友。

生：能够认识自己短处，这本身就是一种长处。

师：这个角度也比较新。

生："尺有所短，寸有所长。"

师：人的进步过程就是扬"长"避"短"，"兼听则明，偏听则暗"的过程，如果你不能及时了解自己的优缺点所在，那还谈何成功？

生："一失足成千古恨。"

师："一失足"，时间自然是短的，"千古恨"则漫长得让人害怕。

生："天长地久有时尽，此恨绵绵无绝期。"

师：这是最有智慧、最具诗意的立意。"天长地久"当然长，可科学告诉我们，地球、银河系乃至整个宇宙都是有寿命的，所以再长也是短；"此恨绵绵"属于精神范畴，而精神范畴是不灭的，所以长。远古圣贤早已离我们而去，他们的肉体烟消云散，无踪可觅，可他们所创造的深邃学说正如明灯，永远指引人类前行。

生："有志者立长志，无志者常立志。"生命短暂，奉献永恒。

生：木桶的蓄水量不取决于那些长的木块而取决于那块最短的。

师：这是有名的木桶理论。

生：瞬间与永恒。

师：太阳跃出海平面，虽然时间极短，但在摄影师的手下，它的壮观可以定格至永恒；流星划过夜空，虽然只是一刹那，但在虔诚的祷告者眼里，它的光辉伴随希望永不消失；昙花在夜里开放，虽然很快凋谢，但在人们的心中，它的清香却可以长久萦绕。

师：大家对长与短话题的理解是多方面的，但从同学们的理解来看，的确有高下优劣之分，谈长与短的互相转换就要深刻得多，谈精神层面的长与短立意就要新颖得多。

师：（展示几幅画面，再现两位高僧创作的全过程）2001年2月26日，两个来自尼泊尔和西藏的和尚，在纽约Ackland的Yager画廊将"修建"一个"医学菩萨沙子坛场"，来展现亚洲艺术。整个过程将近一个月，每日作画几小时。这是2月22号开始的情景：中间是一张蓝色的方形的桌台，沙子坛场就将修建在这张桌台上面。2月27日，开始绘图，材料是一种用于藏医药的细沙。请大家看右下方的盘子上有好几个杯子，杯子里盛放的就是不同颜色的细沙。从这一张可以清楚地看到，他们用手中的工具将沙子一点点覆盖到图中，从而构筑一个繁华的世界。这一张是围绕在佛周围的芸芸众生，有鸭、大象、猪、牛、羊等，还有人，每一种生命都跃然沙上。这是3月25日最终完成的作品，画卷的最中心是佛像，众多的生命围绕在他的周围，还有四周构形井然的圣堂。他们就是用细沙修建了这样一个富有层次感、色彩感、光线感的繁华的世界。这次展出一直持续到6月8日。6月8日，他们将细沙清空，装在一个坛子里。参观的人们和他们一道来到一处清澈的小溪旁，将沙子和着玫瑰花瓣付诸流水。整个活动结束。

面对这则材料，我首先感到的是震撼，并由此想到一首诗："一沙一世界，一花一天堂。双手握无限，刹那是永恒。"（有个别同学和老师一起说）这诗说的是，寻常事物往往是大千世界的缩影，无限往往收藏在有限中。面对如此精美的画卷呈现出的繁华世界，两位高僧竟然能伸出那把刷子，将辛苦完成的作品清空，境界的确不一般。如果你也身处其中，目睹整个过程，此时你会有怎样的感慨？

（学生沉思，老师巡视，五分钟左右）

生：任何一个繁华的世界都会消亡，但它永存人们心中。

生：舍得。善于破坏，更善于建设。

生：来源自然，回归自然。

生：沙画不能保存，留在心中的才是永恒的。

生：这些精美的图画是由普通的细沙绘制而成，平凡中孕育着伟大。

生：人生苦短，要懂得珍惜。生命短暂，珍惜拥有。

生：要超越自身，必须学会打破。

生：只要拥有，生命无憾。

生：美丽瞬间，创造永恒。

生：无数平凡，聚成伟大。

生：淡泊名利，顺其自然。

生：珍惜现在，把握未来。

生：僧人作画，我想起了《金刚经》里的一句话：

师：非常好。"腹有诗书气自华。"坚持课外阅读，收获的不只是作文高分，更主要的是书中有思考，书中有智慧。每本书，每句话，都是智者之言，你收获的是丰富的人生。

师：面对含义如此丰富的材料，同学们基本上都能紧紧抓住一个角度生发感悟，有的从细沙，有的从创作者，有的从观众，有的从世界和生命等角度感受到了一种哲理，有的富有积极进取的精神，有的能用辩证的眼光看问题，有的能用发展的眼光看问题，有的能用平常心看待名利。证明大家能够从思维的各个层次出发，对事物进行多角度、多方面、多因素、多变量的系统考察。

师：文章新颖，从某个方面而言主要就是立意新，而作文立意的问题，实际上就是思维的问题。同学们的回答也说明了思维层面越广越深，立意就越高越远；思维角度越大，方向越多，立意就越新越奇。改变思维的角度，拓宽思维的广度，挖掘思维的深度，你就能视通万里，思接千载，就能觉天地于形内，挫万物于笔端。这样文章的立意就会新颖起来。

师：（多媒体展示几幅关于"树根"的图片，引发学生发散思维、逆向思维）

以"树根"为话题，你准备从哪些方面立意，至少写出三个。

有几幅需要说明：这是吉林长白山红松阔叶混交林。红松的蓄水量很大，在于它奇特发达的根系，以至于一棵红松就是一座小水库。在红松林里，下两个小时大雨地表上也没有径流，雨水都被红松发达的根部储存起来了，这是它们枝繁叶茂且长寿的重要保证。

有沙漠的地方才有胡杨，胡杨始终与沙漠进行着抗争。粗壮的树干，硕大的树冠，表明它发达的根系已蓄积了充足的能量，在酷热干旱的残酷煎熬中依旧神采奕奕挺立在黄沙中，展示出一派茁壮和苍劲。

位于贵州南部的茂兰喀斯特森林。本来这里土壤瘠薄，地下水埋藏特别深，地表干旱，生物生存异常艰难。为了吸取水分和养料，这里的植物普遍具有十分发达的根系。根系爬过岩面，顽强地向四面八方伸展，根相互扭曲盘结，形成不带丝毫人工痕迹的"根雕"奇观，颇具饱经沧桑的神韵，有些树根直径超过树干，长度也是树干的几倍。它们蜿蜒如龙蛇游动，或从陡峭的悬崖伸向地下，或沿着高大的峭壁向上攀升，其根系在地下舒展的面积，竟是树冠的数倍。林中还能看到这样的奇观：大量树根盘桓分割岩石，根须奋力钻进岩石下的土层，随着树木的生长，又把整块岩石抱着拔离地面，出现大树拥抱巨石的奇观。奇山异石长满苔藓，大小树木的根条裸露地生长于岩石上，年深日久，树根与岩石已纠结为一体。（学生思考讨论，六分钟左右）

生：有人把树根当柴烧，有人却把树根雕成精美的艺术品，联想到用人之道。

生：从树根为适应大自然的选择而呈现的多样性，联想到我们应该培养多样性的人才，以适应社会的需要。同时我们要学会适应不同的环境。

生：从毁根之事常发生，联想到当前某些人，主张西化，砍断我国传统文化中优良的根。

生：从根牢牢扎根于地下，形成庞大的网络体系使大树枝繁叶茂，联想到现代社会需"T"形人才。

生：从树根深埋地下，见不到阳光和盘根错节的特点，联想到社会上的关系网，猛烈抨击不正之风。

师：这是逆向思维立意。

生：根埋身地下，默默奉献。

生：从须根、侧根与主根的关系看，团结的重要性。

生：根之所以擎起参天大树，是因为它不断向深层进军，谈打好基础的重要性。

生：从根的生命需求来看，它获取水分，钻土破石，不畏艰难，谈人需要这种"拼命"精神。

生：树根很丑陋，但它奉献给大地的却是鲜花。

师：你肯定读过《玫瑰树根》。的确我们由树根可以联想到许多，有的同学从歌颂的角度，有的同学从批判的角度，有的从它的生长形态，有的从它的特点，有的同学逆向思维，有的同学发散思维。

古人云："山行见奇树，须四面取之。"的确，月只有一个，但不同的江水折射出月的倒影是不一样的。同样一个客观对象从不同角度去观察，就会发现"横看成岭侧成峰，远近高低各不同"，王安石曾说："古人之观于天地、山川、草木、虫鱼、鸟兽，往往有得，以其求思之深而无不在也。"（同学和老师一同背诵）因此只要我们能够打破思维定式，改变思维角度，拓宽思维广度，挖掘思维深度，"领异标新二月花"，文章立意一定会新颖起来。

师：课外作业（多媒体显示开头展示的画面）

以"千江有水千江月"为话题，写一篇立意新颖，富有个性的文章。题目自拟，文体不限，字数在800左右。

【教学反思】

本节课重在"创新思维与文章立意"的训练，在选题之初，最担心的是变成枯燥乏味的理论说教，体现不出"新课标"倡导的激发学生表达真情实感的热忱，因此，创设能激化学生积极思维的情境，设计含义丰富的话题引导学生逆向思维、发散思维，改变思维的角度，拓宽思维的广度，挖掘思维的深度，从而使文章的立意新颖、深刻，就成了本节课的主要教学目标。从学生参与的积极性，对问题的思考广度和深度来看，从听课老师的评价来看，这样的设计应该是成功的。

为了达到教学目标的实现，我主要做了两项工作：创设情境、选好含义丰富新颖的话题和点拨。为了设计好情境和选好含义丰富新颖的话题，我阅读了能够找到的有关创新思维的书籍，从中选取了一些对本节课有用的情境和话题，设计整个教学流程：导入新课——创设情境，激活思维；说思维定式、说逆向思维、说发散思维，引导学生探究创新立意的途径和渠道——改变思维的角度，拓宽思维的广度，挖掘思维的深度；目标落实，引发学生发散思维、逆向思维。点拨时注意由分到合。这堂课大体相同的内容，在不同的地方、不同的班级和不同的年级上过，收获和感受不尽相同。我想，一堂课是否出彩，与一个教师的引导艺术与调控艺术有直接的关系，教师引导得好，设置的情境能激化学生的思维，普通中学的学生也会有上佳的表现，否则，尖子生、重点班也会是平庸的课堂。

回顾这节课的教学，最大的启示是：教案的创新是教学创新的前提，只有教师创新，才能引导学生创新。所有情境的创设，都要教师在教案的编制时做好充分的准备，准备材料，准备方法，活跃学生的思维，教学时才能收到实效。同时上好一堂语文课（包括作文课），教师需要充分投入自己来自阅读、来自生活的切身体会，这样才有激情，才能使与学生的对话得以真诚、流畅地进行。在这堂课上，我对话题的解读与学生之间展开的交流都直接来自自己平时点点滴滴的生活感受和积累。比如谈长与短的关系时，学生谈到了许多做人的道理，我与学生的交流都来自我二十年做班主任的深切体会。

"教学是一门遗憾的艺术"，尽管在实际教学过程中，我又在不断地补充新的话题，设置新的情境，但对学生在课堂上生成的教学资源不能做到加以充分的利用，对学生的点评做不到都十分中肯。提高课堂教学艺术，改善课堂评价，积累教学智慧是我今后努力的方向。

自读悟情，由情及旨
——《雪》教学案例评析

《雪》是选自鲁迅先生的散文诗集《野草》。《雪》虽然色调相对明朗，很适合中学生诵读，但学生在解读上仍存在较大的难度。

该如何基于学生的生命体验与可接受程度去实施教学呢？高明老师在教学中充分发挥教师的引领作用，由浅入深，让学生走进文本，在读中揣摩，在读中感悟。

一、遵循认知规律设计课堂环节

高明老师认为语文教学的本真应该是语言教学，所以他确定了本课从品味语言到体验情感再到感悟精神的纵向深入的思路。整个教学设计则定位在让学生逐步把握"文章写了什么？""是怎样写的？""为什么要这样写？"的文本探究上，使学生能在由景及人、由情到精神的理解转换过程中领悟文章内涵。其中通过对一些修辞、字词的品味把握雪的特征是本节课的重点，对情感的体验和对精神的感悟都要以此为基点。这样，三个问题，由浅入深，从现象到本质，大多数学生能在教师的引领下，自由自觉地学习、体悟，真正体现了阅读教学中学生为主体的教学理念。

二、由浅入深巧设问题

在语文教学中，不管采取什么方法进行教学，总伴随着一些问题。学生通过阅读思考解答问题，从而完成对文本的学习，教师的问题成为引导学生走进文本的一条路径。问题设计的好坏，将直接影响着学生对课文内容的理解和学习方法的掌握，影响学生的思维发展和学习兴趣，等等。高明老师设计的每个问题都尽量尊重学生的个性体验，尊重语文阅读教学的文本主体，如"朔方雪的特点从哪些词语可以看出来?"这一问题完全指向我们的学生，要获得认识必须从文本的字里行间去寻找、去探究。"如粉如沙""蓬勃""奋飞""旋转""升腾"等，这些词语在学生完全沉入文本后就会如雨后春笋般地冒出来。

在分析了两种雪的特征之后，高明老师提出"鲁迅仅仅是写雪景吗?"这个问题，再次促使学生一头扎进文本，从雪的表象里思考抽象出内在的东西。从借景抒情到对美好生活的向往，再到雪的精神，鲁迅的精神，都迎刃而解。

三、善于启发，适时点拨

在课堂教学中，经常会碰到"学生答非所问""学生游离文本""学生死钻牛角，不能自拔"以及"学生思维停滞，陷入僵局"的现象，这时需要教师进行适时的点拨，使学生重读课文，回归文本。那什么是"点拨"呢？蔡澄清认为：所谓"点"，就是点要害，抓重点；所谓"拨"，就是拨疑难，排障碍。它是运用启发式引导学生自学的一种方法。如对句子"他们嗡嗡地闹着"中"闹"字的理解，以及北方雪的特点"孤独"的理解，高明老师启发学生开动脑筋，自己进行思考和研究，寻找解决问题的途径和方法，让他们回归到了文本，感悟到雪的特点。

【附】

《雪》 教学案例

高 明

一、导入

师：昨天我们预习了课文，复习了鲁迅先生的情况，了解了作者创作《雪》的社会背景，今天这节课，让我们一起来欣赏鲁迅笔下各具特色的雪景，体会他对雪的那份特殊的情感。

二、初读课文，把握情感

师：请问文章写了几种雪景？

生：江南的雪景和朔方的雪景。

（教师板书：江南的雪　朔方的雪）

师：如果我们打一个比方，你能把江南的雪比作什么？把朔方的雪比作什么？

生：我把江南的雪比作妩媚的少女，把朔方的雪比作健壮的男子汉。

生：我把江南的雪比作刚刚出生的婴儿，把朔方的雪比作壮年男子。

师：同学们的比喻都非常贴切，大家想不想知道老师是怎么比方的？

生齐答：想。

师：老师把江南的雪比作一位温文尔雅的谦谦君子，把朔方的雪比作一位刚强不屈的铮铮硬汉。那么读江南的雪应该用怎样的语气来读？

生：柔和，舒缓。

师：读北方的雪呢？

生：慷慨激昂。

师：下面请所有女生读课文江南的雪，所有男生读朔方的雪。注意读出语气，读出感情。

（学生齐读课文）

师：读得不错，但还有不足之处，请同学们评价一下。

生：女生读得语速稍快，男生读得缺少一点气势。

师：评价得比较准确。那么同学们读不好的原因是什么？

生：对课文内容还不太理解。

师：通过这节课的学习，相信同学们能读得更好。

三、精读课文，品味特点

师：读完课文，两幅截然不同的画面便呈现在我们面前。请大家默读一至三段，想一想前三段分别写的是什么。并且思考江南的雪景有怎样的特点，你是从哪些语句中看出来的。

（学生默读课文，思考上面的问题）

师：谁能概括一下每个自然段的意思？

生：第一自然段写江南雪野之景，第二自然段写孩子们塑雪罗汉，第三自然段写江南雪的消融。

师：哪一段集中表现了江南雪的特点呢？

生齐答：第一自然段。

师：文中有一个词语集中体现了江南雪的特点，同学们能找到吗？

生齐答：滋润美艳。

（学生上台板书：滋润美艳）

师：好，下面老师给大家范读一下第一自然段，请同学们用心感受江南雪滋润美艳的特点。

（师范读后学生鼓掌）

师：谢谢同学们的夸奖鼓励，谁能和老师比一比？

（师选五位女生读课文）

师：她们读得美不美？

生：美。

师：那么是她们读得美，还是鲁迅先生的文章美？

生：她们读得美，文章更美。

师：同学们很会说话啊！好，下面同学们就来讨论一下文章是怎样表现江南雪的特点的。

（小组讨论，然后汇报讨论结果）

师：下面请同学们各抒己见，汇报一下讨论的结果。

生：运用了比喻，把江南的雪比喻成"还在隐约着的青春的消息"以及"极健壮的处子的肌肤"。

师：作者为什么这样比喻？

生："青春""处子的皮肤""极壮健"这些词语都说明江南的雪很有活力。特别是"处子的肌肤"滋润、洁白，突出了江南雪的美艳的特点。

师：说得非常好。谁还能再说一说？

生：作者还抓住"色彩"这一角度，如"宝珠山茶的血红，单瓣梅花的白中隐青，磬口的蜡梅花的深黄，杂草的冷绿"，这些色彩与雪的白相互映衬，显得五彩缤纷，足见"美艳"。

师：这么多的色彩，真可谓是"滋润美艳之至"了。说得很好。从哪一句还让我们感受到江南雪的生机盎然的景象？

生：从"但我的眼前仿佛看见冬花开在雪野中，有许多蜜蜂们忙碌地飞着，也听得他们嗡嗡地闹着"。

师：句中哪个字用得最好？

生："闹"字。

师：是啊，其实，朱自清先生在散文《春》也有类似的描写，大家还记得吗？

生："花下，成千成百的蜜蜂嗡嗡地闹着。"

师：说得好，一个"闹"字写出了春天的勃勃生机。作者的眼前真的出现了这种景吗？

生：没有，是想象到的。

师：作者由烂漫的冬花，自然联想到春天特有的动物蜂蝶忙碌的情景，从侧面很好地衬托了花的明艳，从而很好地使读者感受到了江南雪景的勃勃生机，感受到了作者对江南雪景的喜爱。那么接下来写"塑雪罗汉"又表现了作者怎样的思想感情呢？

生：愉悦，兴奋。

生：快乐。

师：对，请同学们联系我们学过的《从百草园到三味书屋》一文，这篇散文中也写到了儿时在雪中游戏的事情，想一想除了快乐以外，还表现了怎样的感情？

生：对家乡的怀念之情。

师：说得很对。这里主要用了什么描写方法？

生：动作描写。

师：大家能找出孩子们相关的动词来说说吗？

生："做、偷、涂、拍手、点头、呵、塑"

师：从这些动作中也可看出江南的雪蕴含着生机。通过刚才的学习，我们了解了江南雪的特点。

（学生上台板书：蕴含生机）

师：江南的雪是那么的美好，但它好像是"昙花一现"，很快就消融了，此时作者的心情又是怎样呢？

生：遗憾。

生：惋惜。

师：前面我们感受了江南雪的滋润美艳、蕴含生机的特点，下面我们再来看一看朔方的雪又有怎样的特点呢？请男生齐读四到六段。

（男生齐读课文）

师：这次读得比较有感情。那么哪些词语写出了朔方雪的特点呢？

生：如粉如沙、蓬勃奋飞、旋转升腾。

（学生上台板书）

师：为什么是永远的如粉如沙，绝不粘连呢？

生：北方的天气比较干燥，寒冷。

师：雪在朔风中蓬勃奋飞，旋转升腾，这是一种怎样的景象呢？

生：壮观。

师：朔方的雪还有怎样的特点？

生：孤独。

（教师板书：孤独）

师：你怎么去理解北方雪的孤独。哪些语句可以看出雪的孤独？

生：从词语"绝不粘连"看出，因为雪总是冰冷的、坚硬的、总以一个个单独的个体呈现，使人觉得孤独。

生：孤独是相对于南方的雪而言的：南方雪有奇花异草相映衬，陪伴北方雪的是无边的旷野、凛冽的天宇，所以更显孤独。

师：说得好，在空旷的背景下，北方雪尤显孤独。作者这样写是想歌颂北方雪的什么精神呢？

生：在恶劣环境中勇于抗争的精神。

生：坚强不屈的精神。

四、研读课文，探究主旨

师：作者描写了两种雪景。这仅仅只是写雪景吗？

生：他是借景抒情。

师：作者要借两幅雪景抒发什么情感呢？可以同桌之间互相交流。

生：向往春天般温暖的生活。因为此文写于1921年，当时中国社会动荡不安，人们生活于水深火热之中，作者描写南方的雪景，来抒发对美好生活的向往。

（教师板书：抒发对美好生活的向往）

师：联系时代背景谈自己的感受，很好。

生：赞扬孤独，坚强不屈，勇于斗争的精神。因为鲁迅的一生是战斗的一生，北方的雪正是鲁迅先生的象征。

生：鲁迅先生的诗《题〈彷徨〉》中"两间余一卒，荷戟独彷徨"。正是鲁迅先生孤独求索的真实写照。

师：以上两个同学能结合鲁迅先生的一生及作品看到这种斗争精神，真的难能可贵。

（教师板书：不屈不挠的斗争精神）

师：先生有一首《自题小像》："灵台无计逃神矢，风雨如磐暗故园。寄意寒星荃不察，我以我血荐轩辕。"诗歌抒发了先生愿将热血洒在祖国的大地上，要冲破这浓重的黑暗，追寻一片美好的天地的强烈感情。让我们怀着对鲁迅先生的崇敬之情一起朗诵这首诗。

（师生朗诵）

五、课堂小结，激励人生

师：最后再送给同学们鲁迅先生的一句名言："真的勇士敢于正视淋漓的鲜血，敢于直面惨淡的人生。"这是鲁迅先生与敌斗争的真实感言，他的不屈的斗争精神和献身精神得到了很好的诠释。希望同学们能做一个直面一切困难的勇士，通过自己的奋斗创造属于自己的美好未来。

附板书设计：

江南的雪景：滋润美艳、蕴含生机（抒发渴望美好生活的情感）。

雪

北方的雪景：如粉如沙、蓬勃奋飞、旋转升腾、孤独（赞颂不屈不挠的斗争精神）。

第三章
核心素养视域下的写作课程

"言语化作文"实验室

作文教学可谓语文教学中的老牌难点。难就难在作文之"道"和作文之"技"的融合和渗透，没有明确且普适的操作规程。林林总总的"秘笈""宝典"等具体技法难以真正实现学生的自觉主体建构，笼统的"言志载道"又难以实现使学生进行系统的操作演练。一线教师苦于缺乏一个看得见摸得着的"抓手"，大多凭着自身的经验矻矻摸索，零散的经验只能供接近者借鉴。

我们工作室尝试从"言语"切入，对作文教学做规程化的探索实践，踏出一条作文教学的路子。这种实验的方式或许可以为一线教师提供一些素材和思路。鉴于此，我们及时开辟这个小专栏，姑且就叫"言语化作文"实验室吧。

核心素养视域下的"言语化作文"教学实践研究

【摘　要】本文聚焦核心素养，介绍"言语化作文"写作课程开发、写作教学框架的设计与实施、构建多元化写作评价体系、全面提升学生习作能力的教学实践研究。

【关键词】核心素养　言语化作文　多元评价

作文教学一直是语文教学研究的重要组成部分，也是很多专家学者以及一线教师讨论的重点。张中行先生言："所谓作文，不过是把自己构思、自己组织的话写为书面形式的一种活动。"《说文》："'言'他人的话，'语'自己的话。""言语化作文"是探索如何更好地把直接或间接的"言语"转换成文字，或内化成文字。

《普通高中语文课程标准（2017年版）》明确提出："语文学科核心素养是学生在积极的语言实践活动中积累与构建起来的，并在真实的语言运用情境中表现出来的语言能力及其品质；主要包括'语言建构与运用''思维发展与提升''审美鉴赏与创造''文化传承与理解'四个方面。"[1]基于此，我们的写作教学研究，注重引导学生在真实的语言运用情境中，打开言语思路，发展思辨能力；通过言语评价系列活动，积累言语经验，提升思维品质；借助多维例文支架，培养审美情趣，积累文化底蕴，激发学生习作的原动力。

课题开展研究前，我们对9所学校2368名学生的问卷调查结果显示：有35.25%的学生不喜欢写作课；有6.39%的学生习惯背范文。对27位语文教师的问卷调查结果显示：52.31%的教师没有形成完整的作文教学体系，12.13%教师作文教学随意无序。可见，由于没有完整的作文教学体系，作文教学会低效、无效甚至负效。

近几年，我们从基于学生"学科素养"的培养上，着手开始从写作课程开发、写作教学模式设计、写作多元评价体系建构等方面进行教学实践研究。

一、开发以学习者为中心的情境写作课程资源

在语文教学中，"以人为本""学生本位"的"本"，就是"言语生命"。我们这个课题的研究是站在学生的角度去思考我们今天该如何上作文课，努力做学生"言语生命意识"的激活者、唤醒者、养护者，以学习者为中心开发情境写作课程资源。[2]

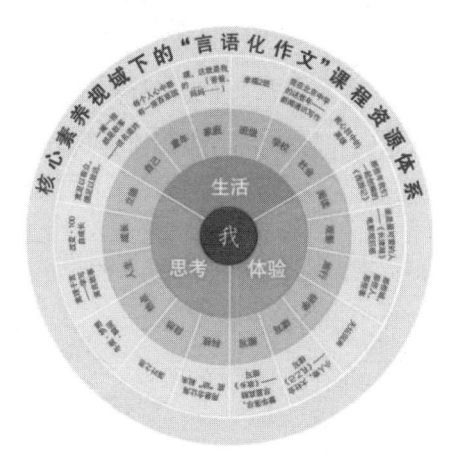

图1

策略一：结合"我"的生活开发课程

写作情境越真实，越贴近学生的生活实际，越容易激发学生言语实践的兴趣，越有助于学生呈现真实的言语实践能力。每个学生的生活都是一部内容丰富的书，为挖掘生活中的习作资源，我们尝试开发了"说名道姓""嘿，这就是我的妈妈""幸福2班""我心目中的英雄"等和"我"有关的课程资源。营造口语交际场景，为学生提供活生生的原生态的体验环境，引导学生以"我"的视角看自己、看家人、看同伴、看社会，不断

丰富自己的生活和写作经验。

策略二：结合"我"的体验开发课程

"双减"政策下，学校安排了丰富的"课后服务套餐"：话剧社、文学社、电影社、摄影社；拔河比赛、冰雪体验活动、北京中轴线文化探秘活动；等等。真实富有意义的实践活动，是学生语文素养形成、发展和表现的载体。我们把写作课程和学生们课后服务课程做了全面的整合，开发了"《长津湖》观后感""城市记忆""天坛回声"等一系列的写作体验课程。把这些真实的体验感受，通过系统性写作训练，以文字的样式呈现丰富多彩生活场景。

策略三：结合"我"的思考开发课程

"我思故我在。"我们结合学生的年龄特点，开发有助于启发学生深度思考的课程资源。结合社会热点和教材单元主题，我们新学期开发了以"冬奥冰雪梦""自成长演讲""原来您是这样一位特别的先生"等，以"我"对理想、对成长、对自然、对人生的思考视角的系列课程资源。语文教学承载着价值观的培育，言语德行，是语文价值观教育的目标。选用最时兴的话题开发的课程资源，有利于引导学生从不同视角、不同层面去思考问题。

以下是我们语文组开发的七年级上册第三单元主题写作系列课程图（见图2）。

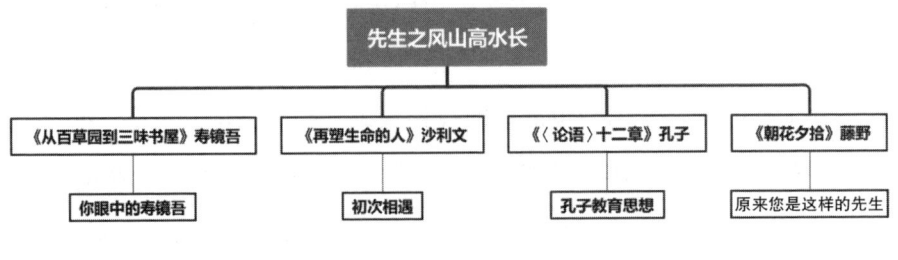

```
                        先生之风山高水长
    ┌───────────────┬────────────────┬──────────────┬──────────────┐
《从百草园到三味书屋》寿镜吾  《再塑生命的人》沙利文  《〈论语〉十二章》孔子  《朝花夕拾》藤野
    │               │                │              │
你眼中的寿镜吾      初次相遇        孔子教育思想    原来您是这样的先生
```

图2

以学习者为中心的课程资源开发，能够充分发挥学生的主体性，引导学生在生活中寻找真、善、美，在各种言语实践中陶冶情操，提高精神境界。我手写我心，写真实的生活、真实的体验、真实的思考，抒发真实的情感。

与专题写作课程相伴而行的，还有平常日记、随笔等微写作课程资源的开发，让学生有最大的自由创作的空间，养成随时捕捉和记录生活的习惯。

二、开展学科素养本位下的教学模式探究

写作是指把对生活的感受，创造性地运用语言符号记下来。因此，写作的本体是实践。写作教学是创造性地运用语言符号的活动，其实就是言语实践活动。写作的过程就是言语建构与发展的过程。[3]"言语化作文"在多年的写作教学实践过程中，形成了以学科素养为本位的说、写、展、评、改五位一体的写作课程模式。

1. 写作前的言语激活——言语思路打开

我们的作文教学，重言语思路激活。言语思维就如同机器的发动机引擎，推动着各项言语实践活动的开展。[4]写作是一种唤醒和激励，为了打开学生们的言语思路，我们注重开发能调动学生诉说表达欲望的资源。比如学生喜欢做的各种游戏、绘本、运动、漫画、视频、故事等，都成为了我们课程开发的对象。

壬寅年开学第一课，初一语文组以"《长津湖·水门桥》人物海报"我来说，为写作课的起点；初二语文组以"冬奥瞬间"手绘我来讲，为新学期写作课的开端；初三语文组以"《天坛》回声"我来谈，为写作课的伊始。如此真实的情境创设，学生的言语表达的欲望被激活：七嘴八舌、你言我语、你说我补充、你说我反驳、你说我赞叹……如此学生的口头表达能力得到训练，同时产生了思维的碰撞，打开了言语的思路。一个个有新意的、有个性的写作路径图在课堂上也完成了。听完这三个年级的作文课，笔者发现不但教师在教学过程中进行的导向性的指导很有效果，而且学生在语言建构、思维发展、价值审美等方面的素养也伴随着课堂同步提升。

2. 写作后的言语评价——写作指导在后

我们的作文教学，重写后指导。语文新课程标准要求，学生要有对自己的或同伴的文章进行评价的能力。[5]学生的当堂作文写完，最想听的是同伴或老师给予的及时的反馈和评价。作文写完，若很久收不到反馈，孩子们的创作热情就会减退。

在学生写作完成后，根据新课标表现性评价的要求，结合写作主题的特点，老师和学生一起商定单维度或多维度的评价量表，引导学生围绕评价量表做评价和赏析。作文评改课有自评（自我的言语发现）、他评（同伴的言语建议）、师评（教师的言语指导）等形式，同时追求言语修改的个性化、细致化和有效性。

3. 提供支架，言语修改——以评促改

我们的作文教学，重评后修改。学生作文评价完成后，要引导学生根据修改建议及时修改自己的文章；也可以根据需要，给学生提供包含写作需要元素的范文支架，引导学生有效修改。不管是同伴的、教师的，还是名家的范文，合适的才提供。我们提供范围支架时，一是要清楚提供范文的目的；二是考虑提供范文的时机；三是考虑范文具有所需要的写作元素。学生在读了例文后的最佳状态是：不仅有了审美的愉悦，更对之前的评价量表和评价建议有更深刻的理解和体悟，这时候再对作文进行修改和完善。修改后，教师再引导学生对前后两稿文章进行对比阅读。这样通过自己的言语活动完善写作内容，最终形成自己的言语活动经验，提升自己语言建构与运用的能力。

写作是一种唤醒和激励，运用和设置各种评改路径和支架，引导学生有效修改。在这个过程中，言语表达和习作都成为一件趣味盎然、其乐无穷的事情。

三、设计多元评价，提高写作能力

董仲舒在《春秋繁露》中说："难晋事者曰：《春秋》之法，未踰年之君称子，盖人心之正也。至里克杀奚齐，避此正辞而称君之子，何也？曰：所闻《诗》无达诂、《易》无达占、《春秋》无达辞，从变从义而一以奉人。"[6]文章的评价自古以来就存在评判标准不同。对于学生的习作，我们尝试构建多元评价体系，提高写作能力。

1. 评价主体的多元化

新课程标准提出了教师在进行学生评价的时候要关注主体的多元化。在作文评改过程中，有老师的评价，也有自评和他评；我们还通过网络媒体，通过"贸小文""雁字的小木屋""时光彩蛋"等班级微信公众号引入家长的评价；借助"望花路"文学社和报刊的桥梁引入其他社会人士评价；通过网络直播课引入同行评价。总之在一个个和谐交流的氛围中，各评价主体共同提供评价诊断，从而让学生进一步修正、提升自己的写作水平。

以下是笔者根据《我眼中的"寿镜吾先生"》小练笔，从自我评价和小组互评两个角度设计的评价量表。

表1　自我评价表

我的创作思路	
我感到困惑的	
我可以再修改的	
我需要提供帮助的	

表2　互评合作表格

内容与维度	等级	标准
抓住先生的特点	☆☆☆	能结合教材内容，准确地写出在我眼中"先生"的外貌、性格等独特之处
	☆☆	基本能结合教材内容，写出在我眼中"先生"的外貌、性格等独特之处
	☆	不能写出"先生"的独特之处

2. 评价方式的多样化

新课标指出："对学生作文评价结果的呈现方式，根据实际需要，可以是书面的，可以是口头的；可以用等级表示，又可以用评语表示；还可以综合采用多种形式评价。"我们采用评价量表、小组对话交流分享、自我反思、教师指导等多种评价方式，提高评价效率，增强评价的科学性和可靠性。评价量表是搭建写、评、改一致性的支架；小组对话交流的言语碰撞是打开思路的有效路径；自我反思是作文修改最重要的前提。教师的评价贯穿整个写作活动中，引导写作课一步步深入，引导学生作文成果完美呈现。评价方式的多样化，提高作文评改的效率。

3. 评价内容的多面化

写作评价内容，不是单一而是多面的。包括：写作前言语思路导图的评价，写作后的习作评价，写作评价量表的设计评价，佳作展示评价。只有深度地跟进一步步的评价，学生的言语表达能力和写作能力才会有真正的提高。除此之外，随着大数据时代的到来，我们已经开始尝试智能写作评价工具的开发。

学生不仅是写作表达的主体，也是批改的主体。教师只有尊重学生的主体性，才能充分发挥学生个体及群体的作用。教师要以欣赏的眼光阅读学生的作品，要以包容的心态接纳个性化的表达，以激励的方式引导学生有创新的构思。让学生走在言语的路上，走在创新的路上。

注释

［1］中华人民共和国教育部. 普通高中语文课程标准（2017年版）［S］. 北京：北京师范大学出版社，2017.

［2］潘新和. 语文：表现与存在（上卷）（下卷）［M］. 福州：福建人民出版社，2004.

[3] 吴勇. 适合儿童的习作课程开发 [J]. 江苏教育·小学教学, 2015 (9).

[4] 叶圣陶. 叶圣陶论语文教育 [M]. 郑州: 河南教育出版社, 1986: 190-192.

[5] 中华人民共和国教育部. 义务教育语文课程标准（2011年版）[S]. 北京: 北京师范大学出版社, 2012.

[6] (汉) 董仲舒. 春秋繁露 (卷三) [M]. 清武英殿聚珍版丛书本.

【附】

基于语言建构与运用的言语化写作实践探究

——以"自成长"主题演讲稿的写作指导为例

李 革

【摘 要】写作的过程就是学生充分调动自己积累的语言材料和言语活动经验，选择运用合适的写作方式建立语言材料间有机联系，也即"言语化"的过程。这是一个复杂的过程，不是语言材料的简单叠加组合。本文尝试在指导八年级学生写作主题演讲稿的教学实践探索中，立足于学生语言建构与运用的素养，形成初中生言语化写作经验，从而提升学生的写作能力。

【关键词】语言建构与运用　口头语　言语化　言语活动经验

虽然语文教学不断地改革，语文教师积极实践探索，但是语文学习中的"三座大山"却是"曾不能毁山之一毛"。尤其是作为语文教学半壁江山的写作，更是让很多学生望而生畏。面对各种概念化的写作指导和各种口诀化的写作技巧，学生依然在写作过程中困难重重。从选材到材料的组织，再到合理的表达方式的选择，直到立意的深化等，无论哪个环节都是学生的难点。甚至学生对这些概念和技巧的掌握已经到了炉火纯青的地步，依然苦于作文成绩的不理想，对于写作的情感残存无几。要解决作文教学中的这些问题，需要从根本探究写作的言语化过程，基于语言建构与运用这一素养进行分析，写作事关"语言材料的积累""言语活动经验的积累""建立已有语言材料之间的联系"等相关内容[1]。从语言建构与运用角度出发关注学生言语化写作能够有效解决学生写作困难。特级教师李燕老师致力于"言语化"写作教学的研究，本文是在李老师"言语化"作文研究成果的基础之上，对八年级演讲稿写作的教学实践探索。

一、"言语化"作文的基本理念

其实教师总结出来的写作技巧，是教师言语活动经验的呈现。如果在作文写作教学中教师只将自己已有的经验分享给学生，而忽视了学生自己言语活动经验的总结和培养，那么结果就是学会了写一篇文章，而不能深入思考一类文章怎么写，更不可能形成自己的写作风格。"言语化"作文就是基于写作教学中的这些问题而提出的。

这里的"言语"是学生运用口头语和书面语进行交流的过程，"言语化"是口头交流到书面写作的转化。所以李燕老师借张中行先生的写作观点："所谓作文，不过是把自己构思、自己组织的话写为书面形式的一种活动。"明确指出"言语化作文"是将口语交际和写作有机地结合起来，强调口语与书面语并重的作文写作模式。[2]

本文依据李燕的言语化作文的理念，尝试对八年级下册第四单元演讲稿的写作进行实践探索，试图从语言建构与素养运用的角度出发，通过言语化写作思路的梳理和评析复盘，促使学生言语活动经验的形成，进而提升演讲稿的写作能力。

二、"言语"化作文的思路梳理

演讲稿的撰写不同于其他文体，它主要通过听觉传递给受众，这就要求其内容主题明确，层次清晰，而且对象感和现场感要求也较突出。学生必须先提炼观点、理清思路、整合素材，才能够完成一篇优秀的演讲稿。笔者采用"言语化"写作理念，呈现学生言语化的写作过程，指导学生形成自己的言语活动经验，从而培养学生的写作能力。

当抛出"自成长"主题演讲稿的写作要求后，学生苦于无从下手：

学生：老师，没有思路，不知道该怎么写啊？因为我们觉得成长就是随着时间的推移年龄不断长大，这是一个自然而然的过程啊，不就是"自己成长"吗？

老师：这里的"自成长"可不是"自然成长"的意思！（笑）表面看来成长是自然而然的，但是这个过程需要一种来自生命的力量。大家一定记得电影《长津湖》中那句经典台词："一只蛋如果从外面被敲开，注定只能被吃掉。如果从里面啄开，说不定是只鹰。"这种从里啄开蛋壳的力量就是来自生命的力量。大家可以试着用一个词语为你自成长的力量命个名。

在教师这段话的引导下，学生你一言我一语找到了自己认为最合适的"名称"，有勇气、责任、行动、自律、合作、坚持等等，这个过程中不仅有教师对学生思维的激发，同时生生之间也有思维上的相互启迪。写作的关键词有了，演讲稿的观点也随之明确。但是从一个关键词到一篇内容丰富、结构合理、说服力强的演讲稿还有着一段艰难的"思维路程"要走。

这之间的思维路径可以通过师生间的言语对话来打通。可以由教师激发，也可以由能力强的学生先说，激活学生已积累的语言材料，并用"闲言碎语"激活的思维过程。教师创造更多的话题吸引学生往深处聊，直到与"自成长"的主题关联到一起。在师生大量的口头交流的基础上，师生共同总结言语化的过程。也可以是教师用语言对思路进行总结：

撰写"自成长"主题演讲稿的思路是，先将所有的"力量"集中到一个"关键词"上，然后深挖带给我们这种力量的根源——经历过的事件。这些事件可以来自生活，也可以来自阅读。也就是用"关键词+自己成长经历"表明观点，完成写作。

也可以用结构化的图表呈现思维过程，让学生的思路更形象可感。这样不仅可以学会一篇文章的撰写，还能将方法和思路迁移运用到一类文章的写作，在真实的情境中培养学生的语言建构与运用能力。

"言语化"作文始于师生对话，通过师生"闲聊"打开写作思路。学生在教师引导下通过不知不觉的"闲聊"，激活了已积累的语言材料，完成写作素材的选取、材料组织的结构化以及立意的确定。能初步解决不知道写什么、怎么写、

图3

为什么写的问题。笔者坚信完成一篇好文章不仅要在写作上下功夫，还应该在修改复盘上下更大的功夫。

三、"言语化"作文的评析复盘

笔者在作文教学中，采用过分数量化、写点评语、面批面改、作文评讲课等形式评析作文。但各有优势的同时，也有弊端。分数量化更直观，且与考试挂钩，能直观了解自己文章的等级，但修改无从下手；在文章末尾写点评语，但无法得到细节上的修改指导。面批面改是比较有针对性，而且不仅能指导学生进行整体修改还能关注细节修改，但耗时长；作文讲评课只能集中讲解共性问题，而个性化问题得不到及时有效的解决。这几种评改方法的实效性比较差，李燕老师指出："若是一篇作文写完，很久收不到反馈，孩子们的创作热情就会减退。"[3]

实践中发现学生完成作文后，马上在小组和全班内开展"你读我品共赏佳作"的言语化评析复盘活动，能及时有效地解决部分修改问题。这种

没"压力"的评析有助于培养写作兴趣。[4]可根据写作主题和要求进行多样化设计。笔者借助"演讲比赛评分表"编制了"自成长"主题演讲稿的评价量表。

表3 演讲稿评价量表

序号	评价维度	星级评价	备注
1	贴近现实，针对性强	☆☆☆☆☆	
2	思路清晰，观点明确	☆☆☆☆☆	
3	内容充实，言之有物	☆☆☆☆☆	
4	用词恰切，贴合内容	☆☆☆☆☆	
5	吸引听众，产生共鸣	☆☆☆☆☆	

注：①星级评价1—5级，逐级增加。②备注中可以补充说明星级评价的原因、过程以及对文章的点评和修改建议等等。

依据评价量表学生不仅能自评，还能互评。评价量表还有重要的一种作用是让自评、互评和教师评保持相同的维度和标准，对学生写作进行规范化、客观化的评价有着重要的意义。

评价完成后还需要教师引导学生进行写作复盘，也即作文和习作思路的修改和完善。尤其需要学生马上进行写作思路的重新梳理，尤其关注评改中自己发现的、同伴或老师指出的问题，并对修改思路进行梳理。在写作评价量表的规范下，写作复盘可以反复多次进行，也即一篇文章进行多次修改，每改一次都要在大脑中或者通过自己的言语活动完善写作思路，最终形成自己的言语活动经验，用来提升自己语言建构与运用的能力。

笔者借助"言语化"作文的评析复盘，不仅能及时有效地解决学生修改的问题，还能够进一步优化学生的写作思路，丰富学生言语活动经验的积累，提升语言建构与运用能力。

四、小结

本文以指导"自成长"主题演讲稿的写作指导为例，通过师生言语化交流梳理写作思路，在写作思路梳理的过程中，对学生言语活动表达充分的尊重，不限制只做引导。学生会从老师和同伴的言语中获得启发，不仅能明晰写作思路，还能够从已积累的语言材料中找到适合的素材，建立语言材料之间的联系。

在学生完成初稿的写作之后跟进"言语化"的写作评析复盘，在反复的言语活动和写作、思路的复盘中形成自己的言语活动经验，提升语言建构与运用的能力，进而提升自己的写作能力。坚持这样不断地训练，不仅能让学生爱上写作，还会使学生逐渐形成自己的语言风格和写作风格。

注释

［1］中华人民共和国教育部．普通高中语文课程标准（2017年版）［S］．北京：北京师范大学出版社，2017．

［2］李燕．作文课堂"言语化作文"初长成［J］．新作文（初中版），2011（9）．

［3］李燕．"言语化作文"初长成（三）［J］．新作文（初中版），2011（11）．

［4］林海．"言语生命论"视角下中职学生写作动机培养［D］．福建师范大学，2015．

【附】

课堂直播——"自成长"主题演讲

改变·100　自我成长

李　革

对于一颗种子来说，成长就是冲破困难，变得茁壮；对于一个果实来说，成长就是淡去青涩，经阳光雨露的磨砺后变得甘甜；对于一只雏鹰来说，成长就是离开安乐窝，勇敢地去翱翔天空。正如电影《长津湖》中一句经典台词："一只蛋如果从外面被敲开，注定只能被吃掉。如果从里面啄开，说不定是只鹰。"真正的成长是"从内向外"的自成长。自成长是100分的勇气，自成长是100份的责任，自成长是100天的行动，自成长是100%的自律，自成长是100天的坚持，自成长是养成100个好习惯，自成长是与100人合作，自成长是第100次挑战，自成长可能还是100份的幸福。但是自成长要从一次次小改变开始，搭建人生大舞台，演说自我成长的每一个精彩瞬间。

图4

一、言语思路——你言我语"话成长"

李老师：有人问100天我们能干什么？让下面这则有关冬奥会的广告告诉你答案吧！

李老师：100天可以完成一次自我成长，用1天制定一个目标，用99天去把它实现。你想如何用100天去实现一次自成长？请用演讲稿的形式写出我们的自成长历程。

学生们：李老师，太难了吧，成长本来就是随着时间的推移年龄不断长大，是一个自然而然的过程啊！

李老师：这里的"自成长"可不是"自然成长"的意思哦！（笑）表面看来成长是自然而然的过程，但是过程需要一种力量。还记得看完电影《长津湖》回来后，大家交流比较多的那句经典台词："一只蛋如果从外面被敲开，注定只能被吃掉。如果从里面啄开，说不定是只鹰。"这种从里啄开蛋壳的力量就是来自生命的自成长力量。大家可以试着用一个词语为你自成长的力量命个名。

学生们：（陷入沉思）……

李老师：（看到星火希望，等待中）……

张恕一：勇气，没错，一定是勇气。做任何事都不能缺少勇气，尤其是想做出改变，真的需要强大的勇气。这让我想到刚升入初中时，我每天都特别地焦虑，焦虑作业完不成，焦虑考试成绩达不到预期，焦虑找不到知心朋友、焦虑参加社团活动与学习冲突……那时我需要一份自成长的勇气。

贾　妍：我想到了责任。我特别内向，小学时几乎都没在学校讲过话，但是自从做了卫生委员，为了能保证教室的卫生，需要跟大家反复沟通。最初的时候我也特别害怕，不敢说、怕说错。可是我发现不把要求说清楚，就无法保证教室的整洁干净。正是一份责任感，让我不再害怕跟同学沟通，所以我觉得责任促进我自成长。

张钧然：参加完"一二九"长跑活动后，我坚信自成长是"行动"。我读过一个有关于"行动改变成长"的故事：一个在父亲酒场中管木桶的小男孩，他每天早上都要用抹布将一个一个散落的木桶擦干净，然后再一排一排地摆放整齐。但往往一夜之间，风就会把木桶吹得东倒西歪，小男孩很委屈。他讨厌可恶的风，甚至抱怨木桶太多。但是抱怨丝毫没有改变木桶被风吹得东倒西歪的情况。有一天，他想到了一个风吹不动木桶的方法，马上就去行动，果然有了效果。这个故事告诉我，我改变不了风，但是我可以改变自己的想法和行动。

王键飞：我自成长的名字应该叫"自律"。每天中午我都自律地出现在李老师办公室（大家笑声一片，不好意思地挠挠头）。我知道大家为什么笑，最初我是被李老师强行揪过去的。（大家笑得更开心了）但是后来，我是自觉放弃打篮球，主动去学习的。除了李老师最初严格的要求，还有就是听过很多次年级组优秀同学的演讲，让我越来越觉得"自律"是自我成长中最不可少的。

刘禹彤：我只想到了一个词就是"坚持"。曾经的优势学科英语现在已经成为我的弱项。我去书店买了一本《时文阅读》，坚持每天做一篇阅读。虽然我还没达到以前学英语的巅峰，但是在我的坚持下，已经有了很大的改变。学英语是这样，其他的事情应该都是这样——贵在坚持。

段思晨：李老师让我们思考如何自成长，我的答案来自"演草本"，那就是用21天养成一个习惯，助力自我成长。养成一个好习惯可以让我们受用终身，那不就是自成长吗？

开宛辰：我觉得应该是"合作"。（面对大家的诧异继续解释）对，大家没有听错我认为的自成长就是"合作"。从字面意思上看，这两个词几乎是一对反义词。我想用来给大家打个比方，来解释我的想法。合作就像洗衣服时搓泡泡，在一定范围内，搓的次数越多，产生的泡泡就越多，你的成长空间也就越大。

孙成男：我觉得我的自成长应该叫作"兴趣"，今天讨论的话题让我想到了练习竹笛的兴趣。我想分享的是自己带着对竹笛的兴趣开启了我自己的一段自成长历程。读初中前，我从没有接触过竹笛，但拿起竹笛的那一刹那间就对它产生了莫名其妙的兴趣。我就开始反复地练习，中间很苦很累，尤其是随民乐团一起备战区艺术节的比赛时更苦。是对竹笛的兴趣让我完成了从不会吹到能参加区级艺术节比赛的自成长。

董予泽：我自成长的力量来自"挑战"。我从小内向不说话，把我妈妈急坏了。为此我妈妈就花重金给我报了一个少儿口才培训班，是不是听起来感觉有些好笑。当时其他人都是练口才的，而只有我是在锻炼开口说话和挑战自我的勇气。经过一百多次的训练，我认为相比于之前来说，我改变了，成长了！上次有一位语文老师来我们班试讲《白杨礼赞》的第二课时，让我讲画作背后的故事，我竟然能讲得井井有条。我想和大家说，改变真的很简单，只要勇于战胜自己，挑战自我！我们就能实现一次幸福的自成长。

李老师：受到大家的启发，我也想说说我的自我成长。起初我不喜欢当这个班主任，哭过、闹过，还撂过挑子。但是你们却说，陪我三年太短，要送我一份珍贵的礼物一直陪着我——能铺满整面墙的集体奖状。当一张张属于我们班级的奖状被你们铺满了半面墙时，我也要用100天完成一次心灵的改变，成为一个幸福的班主任。

李老师：我能用这样的思维导图来呈现我们这次言语化思路吗？（多媒体或板书呈现）

图 5

李老师：大家撰写"自成长"主题演讲稿的思路大体是，先将所有的"力量"集中到一个"关键词"上，然后深挖带给我们这种力量的根源——经历过的事件。这些事件可以来自真实生活，也可以来自我们的阅读。也就是用"关键词+相关自己成长经历"表明观点，完成写作。

二、言语成文——你读我品共赏佳作

自成长是自律

对外经济贸易大学附属中学　初二2班　王键飞

尊敬的老师，亲爱的同学们：

大家好！今天我演讲的题目是"自成长是自律"。100 天你可以完成些什么？完成一份体育训练计划、做会100道数学压轴题、创造一个中考奇迹，还是就躺在家里睡大觉做白日梦？

  我们为什么要改变？改变有何意义？改变的动力源自哪里？回望我们人类的进化史，不难探寻到答案：我们人类的祖先为了适应更复杂的生存环境不愿意一直做一个低级的猿猴，他们想变得更聪明和高等一些，通过不断的进化才有了现在的智人。归根结底，改变是促进我们的发展，改变的动力来自自成长。人类的发展绝不是三分钟的热度，这是一个漫长的自律过程，事实证明，三分钟的热度我们是干不成什么事情的，更不用说成长了。为了把我们"三分钟"的热度拉长成为一种自成长的过程，上天赐予了我们一件法宝，这个法宝的名字叫作"自律"。法宝虽好，可是也得看我们怎么用，在改变自己的过程中我们要有"持之以恒"的精神，学习不能坚持一两天就恢复原状，不学了。

  这个法宝的特性是只能自己完成自己该做的事情而不能依靠别人去监督，这就是它的困难所在。说到这里我想把自己的成长故事讲给大家听：我小学的时候成绩很不好，我那个时候整天想着能混一天是一天，也不知道自己该干些什么。甚至还做上了老师的"右护法"，是的，大家没听错，就是一直坐在老师右手边的那个位置，经常不是倒数第二就是倒数第三。但是一升入初中的时候，我听到了尹老师和好多年级学习前几名学生的演讲，他们提到最多的就是改变和自律，而我也是在他们的影响下，开始转变。尤其是期中考试后，我的成绩非常不理想。我决定中午不再出去打球，而是坐在老师办公室里写生物和地理练习。

  一开始我是被李老师强行给整到那里去的。后来，李老师看着我不情愿的样子说，不再强求我去做她的'护法'了，想打球就打球去吧。但是我能明显感觉到李老师是在说气话，她是多么希望能为我们自成长助一份力。经历了一年多的初中生活，现在的我和小学时的我已经完全不一样了，我知道了我现在应该自觉地做些什么。父母和老师早已在我的心中种下了一个明确的目标——成为一名人民警察，所以我必须先学会自律，完成自我改变，自我成长。我坚持每天中午到李老师所在的教室，做她的"护法"，即使她吃饭晚回来，我也边做题边等她。甚至她忙起来根本一眼都不看我，我也很开心，因为我享受这种自律的自成长过程。

要想达到自律其实没那么难：首先你要克服自己的懒惰，不要在做事情不想做的时候找很多理由和借口把今天应该完成的事情推托到明天，明天不想干了就又拖到后天。这样日积月累下来你也就失去了很多知识和解决问题的能力，你自然也就会比别人差那么一截。最后可以以 100 天为单位，在这 100 天里给自己定一个小计划，让自己必须很努力地去完成。相信你的改变，我们大家都会看得很清楚！加油吧，兄弟们，100 天我们用自律完成一次自成长，给世界呈现一个不一样的自己。

【小组推荐】

推荐理由 1：这篇观点非常明确，在文章开头就表明自我成长过程中最重要的就是"自律"。

推荐理由 2：这篇文章从自己成长历程中找依据，有理有据地证明"自律"促进了自我成长。

推荐理由 3：其中的事件真实可见，我觉得像作者那样"自律"，我也能够完成一次精彩的自成长。

【评价量表】

虽然大家的推荐理由朴实无华，简单表明自己喜欢这篇文章的理由，但是恰好能反映出来作为一篇演讲稿几个方面的评价标注。我们可以依次完善一下演讲稿的评价量表如下：

表4　演讲稿评价量表

序号	评价维度	星级评价	备注
1	贴近现实，针对性强	☆☆☆☆☆	
2	思路清晰，观点明确	☆☆☆☆☆	
3	内容充实，言之有物	☆☆☆☆☆	
4	用词恰切，贴合内容	☆☆☆☆☆	
5	吸引听众，产生共鸣	☆☆☆☆☆	

注：①星级评价1—5级，逐级增加。②备注中可以补充说明星级评价的原因、过程，以及对文章的点评和修改建议等等。

请依据评价量表进行，以小组为单位再进行交流评价，并推荐更多的精彩片段：

自成长是责任

对外经济贸易大学附属中学　初二2班　贾　妍

由于我胆子特别小，又不自信，又怕出错，担不了责任，遇问题我就会特别慌张。慌张时我根本不会去想解决问题的办法，只能每次都是让李老师帮忙解决。每次在跟着李老师去解决问题的过程中，我都发现李老师遇事时第一个想到的就是解决方案，李老师说：责任在身就会有无穷个解决问题的办法。慢慢地我在遇到问题时从我的职责出发寻找解决问题的办法。

可以说，是卫生委员的使命感和责任感让我坚持到了现在，也让我越来越喜欢这份工作。它改变了我，使我变得从容自信。我也从这份责任中获得了不断前进的动力，促使我自成长。我和刘欣媛每天坚持帮助大家把教室里打扫得干干净净，让老师和同学们都能看着舒心，待着舒服，心情愉悦。

如果当初我逃避责任，那么也就是失去了一次自我成长的机会。所以我认为自成长来源于责任。

三、言语修改——互评共改再提高

自成长是习惯 对外经济贸易大学附属中学　初二2班　段思晨 尊敬的老师，亲爱的同学们： 　　大家好！今天我演讲的题目是"自成长是习惯"。 　　（开门见山，亮出观点） 　　①自成长，大家听起来是不是会觉得很陌生。其实自我成长才应该是青春本应该有的色彩。②其实，在生活中养成的每一个习惯，就是你的成长。 　　我们班里每个人都有一个由废纸组成的演算本，在每节课前都会把演算本放到桌子上，以便在上课时随时可以验算。③运算时使用演草本这就是一个很好的习惯，它可以让我们的生活更加方便，也可以让我们在做事时更加方便。一个好习惯的养成，就是一次自我成长。 　　那么，我们该如何在生活中养成习惯？其实这并不难。 　　（用问句提示听众进一步加深理解，要将好习惯的养成落实到行动上去） 　　我们在生活中会遇到阻碍你的事情。举个例子，没写作业或作业总出问题，怎么办呢？这就促使我们要养成一个习惯——认真记记事本，每完成一项就在后边打钩。④对记事本的检查李老师不再每天做，现在只是偶尔检查，但是我每天都坚持，早已养成了习惯。是的，养成一种习惯就是有一个预防我们犯错和走弯路的自成长的方法。 　　其实我们每天都会有让我们养成习惯的契机，当你受挫时把自己当时犯的错误好好回想一下，总结出一个预防自己犯出同样错误的方法写在我们幸福小本中"为幸福助力"里边，并用21天去实践它，你一定会惊喜地发现，你又长大了一些。 　　这样我们就会慢慢地将我们身上的好习惯积累得越来越多。好习惯多了就会发现生活中的每一件事都被自己安排得井然有序，这样我们就会在这有序的环境下自我成长。 　　最重要的是我觉得这种自成长会有强大的动力，越往上走我们就会变得越加完美。因为习惯是一个人存放在神经系统的资本，养成一个好习惯，一辈子都用不完它的利息；反之养成一种坏习惯，一辈子都偿还不清它的债务。所以自成长就从养成一个好习惯开始吧！ 　　（结尾处再次强调观点——"自成长就从养成一个好习惯开始"）	修改部分： ①简单解释一下原因，可以在后边补充："因为我们习惯了父母包办一切，习惯了老师的监督，早已不知成长的意义，自我成长离我们越来越远。" ②转变有点突然，可以在句前增加自己思考的启点。在句前增加："李老师让我们思考如何自成长，我的答案来自'演草本'，那就是用21天养成一个习惯，助力自我成长。大家知道是谁常在我们班说'21天养成一个好习惯'，又是谁掰着手指头给我们数21天？如果你都忘了，那就看看我们课桌左上角的那本演算本吧！" ③脱离主题，建议删除。 ④只写到自己养成习惯还不行，无法引起听众的思想共鸣。所以建议句末增加："这个习惯也让我更明白，我的记事本不是为了应付李老师的突袭，而是我每天成长的必需，它从来都不是我的负担，而是生活的必须。这件事大家都在做，大家是不是突然觉得养成一种习惯的自我成长其实并不那么遥不可及。"由大家都积极做的事情，引起听众的思想共鸣

【对比讲评】

本文有明确的观点，在行文中反复用"好习惯促进自我成长"类似的语言提示思路，保证思路清晰。由自身的生活经历中的"使用演草本"的习惯说起，内容充实，言之有物，便于吸引听众，产生思想共鸣。但是建议做如下三类修改：

1. 表明观点时，要有理有据地说，不能只写明观点。比如①②处，需要补充原因，使观点更能站住脚，或结构上更完整，内容不突兀。

2. 要围绕中心或观点来写，与内容不贴切的建议删除，例如③处。

3. 演讲稿不能只停留在自己的理解和感悟上，要能够通过具体的事件引发听众的感悟。尤其是本文中的第④处，由于听众是班级同学都有"演草本"的使用经历，可以进一步把听众带入演讲词中，让他们与作者产生共鸣。

【写作复盘】

经过星级量化评价、互评共改环节后，段思晨对《自成长是习惯》这篇演讲稿的部分内容进行写作复盘，修改片段如下：

自成长，大家听起来是不是很陌生？因为我们习惯了父母包办一切，习惯了老师的监督，早已不知成长的意义，自我成长离我们越来越远。其实自我成长才是青春本应该有的色彩。李老师让我们思考如何自成长，我的答案来自"演草本"，那就是用 21 天养成一个习惯，助力自我成长。大家知道是谁常在我们班说"21 天养成一个好习惯"，又是谁掰着手指头给我们数 21 天？如果你都忘了，那就看看我们课桌左上角的那本演算本吧！

我们班里每个人都有一个由废纸组成的演算本，除了小测验之外每节课都会把演算本放到桌子上，以便在上课时随时可以验算。这个习惯是李老师掰着手指用 21

天陪我们一起养成的。自此演算本上有了几何图形和我的思考过程，还有了我用眼、耳、笔、口一起书写出来的单词，还有了物理实验的假设和推导过程……不知大家有没有同感，我越来越离不开那个随手涂鸦的演算本，好像打开它的同时，我的思路也被打开了。一个好习惯的养成，就是一次自我成长。

四、群文展示——优秀佳作 + 老师下水文

【优秀佳作一】

自成长是挑战

对外经济贸易大学附属中学　初二 2 班　董予泽

在我小学一、二年级时，我特别不爱说话。能听到我说话的除了家人以外，也只有我的朋友韩子初和马苗圩了。毫不夸张地说，就连他们两个，也是在我们三年级时成为好朋友后，他们才听到我讲话的，这主要是因为我太内向的原因。

为此，把我妈妈急坏了。小学我妈妈就花重金给我报了一个少儿口才培训班，是不是听起来感觉有些好笑。当时其他人都是练口才的，而只有我是在锻炼开口说话和挑战自我的勇气。

在培训课上，我们练习发音、说绕口令、讲相声、采访陌生人。最后算下来，上了大约一百多天的课。我讲起话来比原来流利，也更大声了。在最后一天时，我们还有一个表演，当时我真的是非常紧张，提前许多天都在练习。当我站在台上时，看见底下有一百多人，腿都在发颤。但真正讲的时候，我的声音还是很大的，表现还不错。经过这一百多次的训练，我认为相比于之前来说，我改变了，成长了！

现在的我话比较多，就像上次有一位语文老师来我们班试讲《白杨礼赞》的第二课时，结果出人意料地就抽中了我的画，让我讲画作背后的故

事。不过说来也怪，当点到我时我一点都不感到紧张，回答起来也井井有条。从这学期开学到现在我还没练到100次，在和同学们的交往之中，从各个活动中我都勇于挑战自己，改变自己。从语文课上的讲述，到上周班级的辩论赛，再到今天的主持和演讲，我完成了一次又一次的挑战，完成了改变和自成长！对于这种来自改变的自成长虽然我有压力，但是很幸福。

【点评】

董予泽用自己成长历程中"到口才培训班练说话的勇气"和"课堂上充满勇气地讲述画作背后的故事"的两件事来表明自成长中"勇气"的重要性，更是让站在演讲台上的自己为自己的观点增添了一个有力证据。既像讲故事又能证明自己的观点，所以不仅思路清晰，又能与听众产生共鸣，成功地吸引了听众的注意力，是一篇很好的演讲稿。

【优秀佳作二】

自成长是行动

对外经济贸易大学附属中学　初二2班　张钧然

著名的文学家列夫·托尔斯泰曾经说过："世界上只有两种人，一种是观望者，一种是行动者。"你是哪一种人？是不是做作业时常想："算了，明天去学校看看同学的就行了。"是不是面对一二九长跑比赛的报名又会想："算了，让别人去报吧，我做一个观赛者也不错。"我以一个能够跑完3.2公里的参赛者告诉大家，我不要做一个观望者，要做一个行动者。因为只观望不行动我们永远不知道自己有多大潜力，自己是否能够自我成长。

能够主动报名跑完我13年中最长的一次长跑，我的行动动力来自一个故事。

曾经有一个小男孩在父亲的酒场中负责看管木桶，每天早上他都要用抹布将一个一个散落的木桶擦干净，然后再一排一排地摆放整齐。但往往一夜之间，风就会把木桶吹得东倒西歪，小男孩很委屈。他讨厌可恶的风，抱怨有太多的木桶……但是日复一日地擦木桶，摆放木桶，丝毫没有任何好转的意向。有一天，他就坐在木桶旁想怎么才能让木桶不被风吹得东倒西歪？他突然想到了什么，于是马上行动，把水倒进木桶里，然后他就忐忑不安地回家睡觉了。第二天小男孩一大早就起床，出了家门一路跑到酒厂放木桶的地方，他惊喜地发现这次没有一个桶倒，它们都整整齐齐地排列在原地。这个故事告诉我，我改变不了风，但是我可以改变自己的想法和行动。

【点评】

张钧然这篇文章，不仅让自己参加长跑的事情成为"自成长是行动"的有力证据，而且还关联到了自己阅读中"小男孩管理木桶"的故事，还引用了列夫·托尔斯泰的名言与现场听众进行互动。在使内容充实的基础上，还关注了听众本身，以及与听众的思想共鸣。

【老师下水文】

自成长是幸福

亲爱的同学们：

大家好！我是李老师。完成自成长不仅有大家，还有李老师，李老师和2班一起成长。今天，李老师演讲的题目是"自成长是幸福"，和你们结伴自成长是我最大的幸福。

曾经的李老师是一个极不负责的班主任，建班伊始我看不到幸福，满眼的麻烦：今天把厕所门弄坏了，明天把课桌烫坏了，后天也许又跟隔壁班的同学干起来了……一个小麻烦接着一个大麻烦再接着一个更大的麻烦，看不懂幸福的我，错误地把你们当成包袱想要甩出去，幸好那时宋妍妍校长帮我把这份幸福紧紧地攥在了手中。永远都记得，那天傍晚你们100%信任的眼神给了我温暖和坚持做下去100分的勇气。

建班后不久，孙成男一句"幸福的2班"给了我启发，我愿用我的笔记录下2班每一个幸福的瞬间。三年的时间即将过半，我们一起记录下了50个幸福瞬间，我想我们还会记录下去，因为我相信我们2班一定会创造出100个幸福的瞬间。我更相信未来的你们会更上一层楼，创造出下一个、下下一个幸福100，因为每天我们都在为幸福助力。孩子们，书写我们2班的幸福故事早已成为自我成长的动力。

我的幸福还来自你们天不怕地不怕的豪言壮志，你们满怀豪情地说：要把集体荣誉贴满教室的那面墙，当作礼物送给我。我怕你们骄傲故作打击，但是那一刻只有我自己知道，我有多幸福。全班同学用三年的时间为我准备这份礼物，为此你们把每一个细节都做到极致。你们严苛地筛选每一张贴上墙的奖状，不是全班的集体荣誉绝不上墙。我能读懂每次德育主任颁发月质量考核时你们紧张地屏住呼吸，我能读懂每一次获得集体荣誉时你们的欢呼，我更能读懂你们拼搏的每一个瞬间。好多老师跟我开玩笑地说：一个不会唱不能跑的班主任，带的班怎么就能在合唱、运动会上都能名列前茅。听到这句话，我幸福得像一个被宠坏的孩子一样，因为这是老师们对你们最高的赞誉。因为你们每一个人都能完成一次、一百次、一千次……最美的自成长，无须我督促，无须我引导，无须我陪伴。

孩子们，感谢你们对我的"宠爱"，你们给李老师的幸福是满满的100分。

借助多元评价　促进思维发展
——基于核心素养的"言语化作文"写作评价实践研究

【摘　要】本文聚焦写作评价，介绍"言语化作文"多元化写作评价体系，以评导写，在言语实践过程中，提高写作能力，促进言语思维的发展与提升。

【关键词】写作评价　多元评价　思维发展

写作教学评价的痛点：教师辛辛苦苦写上大段的评语，再给上等级，学生只匆匆看一眼等级，对于写作能力的提高和写作思维的发展作用甚微。写作是以语言文字表现思考、促进思考，具有学习性的言语认知与表现的活动过程。仅局限于终点的篇章性写作评价，很难触及学生具体写作困难，又很难激发学生的修改欲望。

《义务教育语文课程标准（2011年版）》在"评价建议"中特别突出强调道："应充分发挥语文课程评价的多重功能，恰当运用多种评价方式，注重评价主体的多元与互动。"[1]基于此多元评价在初中语文写作教学中的研究与实践很有必要。语文教学应以思维训练为核心，发展学生言语思维能力。那如何在写作评价过程中，促进学生言语思维的发展呢？本文围绕写作"自评改""互评互改""师生互动修改"等多元评价方式，来谈促进学生言语思维生长的实践做法。[2]

一、在写作主体的"自评改"中发展言语思维

叶圣陶老先生说过:"文章是学生写的,最有权利批改的是学生,把评改作文的自主权交还给学生。"学生不仅是写作表达的主体,也是批改的主体。教师只有尊重学生的主体性,才能充分激活学生写作修改的主动性。言语生成的过程,就是言语思维的过程。在学生"自评改"的过程中,不仅可以激发学生的课堂主体地位,也可以促进学生思维的生长、发展和提升。

自我评价,梳理文章思路。我们引导学生在写作完成之后,围绕写作训练的主题要求,用简洁的语言口头或者书面对自己的文章做个自我评价。自评的过程是围绕"我"的创作思路、创作过程的一些思考轨迹来说或来写的。比如:我写了什么、我如何写的、我写得怎么样、我的作文亮点是、我写作过程的困惑是、我需要大家帮助的是……自我评价思路。

自我修改,修正行文思路。学生自评后,我们会继续引导学生根据评价量表的维度,对自己的文章进行细致的修改,修正写作思路。例如:以下是"说名道姓"的评价量表。

【评价量表】

表1 "说名道姓"写作自我推荐评价量表

序号	评价项目	评级标准	分数
1	姓名的含义	准确性	
2	姓名的故事	生动性	
3	姓名的寓意	深刻性	
4	我对姓名的理解	启发性	
	总分		

注:评价标准都按照五个层级赋分:无、不符合、基本符合、符合、非常符合,分别对应1分、2分、3分、4分、5分进行量化。

学生在对标"评价项目""评价标准"后,自主发现文章的问题,及时修正修改行文思路和内容。

写作复盘，呈现修改思路。写作复盘，就是要求学生把自己的创作过程或修改过程用自己的话描述出来，进一步发现自己写作过程中的问题，进一步完善写作思路。

王馨宁同学在修改完"说名道姓"后写了这样一段话：

这篇文章的"出炉"可谓是一波三折啊，前前后后修改四次，一开始文章可生硬了，感觉像几个糖葫芦散在地上，让人抓不到重点，摸不到头绪。读起来的感觉就像是父母给予的一堆含义，没有自己的理解。更没有有趣的故事去串联名字的含义，缺少诗文去丰富文章，因此文章有些单调。

后来根据老师指导，重新修改了文章的过渡，就好比用一根竹签把糖葫芦串在一起了，承上启下，让文章读起来流利，通畅。又想出了好多以前学过的诗文和自己的小故事丰富文章，增加实际生活和自我感受，让文章内容丰富多彩。冰糖葫芦串好了，文章也就这么出炉了！

感觉这次创作的过程收获最大的就是：对自己的名字，有了更深层次的认识，同时也学会了。从这般不起眼的事物中，去发现闪亮的道理。除此之外，还学会了过渡串联、诗文故事结合等写作技巧。

馨宁的这段"写作复盘"完整地呈现了她的写作修改思维变化的全过程，在自我修改和自我复盘的过程中，学生的言语思维一直处于持续的激活状态。

二、在小组"互评互改"中发展言语思维

读同伴的文章，就好比在和同伴进行对话和交流，就是理解同伴语言中的思想。在自主互评的写作评价过程中，每个小组成员都要思考：小组评价的标准、小组评价的分工、小组优秀的推荐和小组问题文的修改等。思考如何评价、修改组员文章时，也促进自己对文章写作的思考。因此，

放手让学生自主互评作文不失为一种行之有效的方法。

交流讨论中拟定评改标准。要想学生更好地参与到文章的评改过程中去，就要敢于放手让学生根据作文题目的要求，拟定评改标准。以上"说名道姓"这篇文章的评价量表，就是在组长和组员们的交流讨论过程中产生的。有了文章评价的标准，后面的互评的过程就会有依据有方向，从而提高评改的效率和效果。

拟写修改建议。在评改过程中，发现同伴的作文存在的问题，及时地圈画并拟写修改建议。在拟写修改建议的过程中，也是学生的思维最活跃的时候。他必须首先想清楚优秀文的样子，才可能帮同学把这篇存在问题的文章修改好。所以说整个参与修改的过程，也是学生言语思维发展与提升的过程。

拟写优秀文推荐理由。在评改过程中，发现优秀文章，要及时地拟写推荐语，在班里交流展示，给其他组员欣赏佳作的机会。拟写推荐理由的过程，也是锻炼学生把评价量表和组员文章的优点结合起来，并清晰地表达出来的思维过程，这个过程同样是锻炼学生的多方面的综合素质和能力。以下是"五组"组员写的推荐语。

【小组推荐语】

组员一：文章开头使用诗句来引出名字这个主题，富有诗意。文中多处使用诗句，使文章十分文雅。详略得当，有层次，结尾呼应了开头也升华了主题。

组员二：角度独特，由自己名字引发自己的感悟，看起来不空洞。文章有自己的灵魂，不受普遍文章思路约束，写出了自己的风格。

组员三：三个看似不关联的道理，其实可以将它们连接到一起，正是作者想表达的三种境界，刚强坚韧（内心）——德艺双馨（作为）——宁静淡泊（有强大的内心，有所作为，最终才能达到宁的境界，内心世界的宁静）。看文章的同时，也明白了很多人生的道理。

这三位小组员，分别从不同的视角给王馨宁同学的文章写了推荐语。结合推荐语，其他组员再欣赏馨宁的文章的时候，会更加清晰什么样的文章才是优秀文。

学生是写作评价模式中最重要的主体，学生充分且有效地参与写作评价，除了能调动学生写作的积极性，还能实现学生对其写作认知活动的自我意识、自我监控和自我调节。自主互评法，不仅能激发学生的小主人公小老师形象的上线，还能够让学生从作文批改中，发现别人写作中的优势和不足，从而吸取经验，总结和分析相关的写作规律，同时有针对性地提高自己的写作水平，促使思维更快地成长和进步。

三、在师生互动式评价的过程中发展言语思维

新课标强调："应充分发挥语文课程评价的多重功能，恰当运用多种评价方式，注重评价主体的多元与互动，突出语文课程评价的整体性和综合性。"教师、学生是师生互动型写作评价模式中两个重要的元素。学生的主体作用发挥好的同时，教师的主导作用也不能忽视。

在"教师复批讲评"中寻找再提升的空间

学生分组互评互改，难免出现学生点评的片面性。所以教师要发挥教师的专业优势，进行复批，来弥补学生评改的不足。老师复评的时候，主要关注学生作品中的创新思维、发散思维、逆向思维、辩证思维、批判性思维的呈现，在有提升空间的构思、表达等方面，提出进一步修改意见，为学生的二次修改指定方向。

在"学生二次修改"后，师生感想小披露

在学生第二次修改之后，对于选出的在言语思维方面产生了新的闪光

点的学生习作，我们采用班内展示、微信公众号展示、"望花路"文学社展示等形式来激励学生，并和学生一起对比修改前后文章的不同。以下是"说名道姓"作文第二稿修改后的一个师生感想小披露。

▲师生感想小披露▲

师：大家阅读了文章修改前和修改后的稿子对比，有什么收获和感悟吗？

生1：我感觉修改后添加了"段首语"。"先说说我的姓""再说说我的名""还要说说我的字"，使得文章主体条理更为清晰，层次感明显增强。

生2：对部分语句的先后顺序进行了调整。在说"名"部分，首先对"承谕"两个字进行解读，使行文更加符合语言逻辑，更加自然，也更加生动有趣。

生3：对部分语句进行了润色。在说"字"部分，首先增加了"有名有字，也是我的家庭文化的传承"，解答上文的设问；其次对"程""余"两个字分别进行强调，既是与"承谕"两个字的区别，又表达了美好的愿望，使内容上下相辅相成。

生4：对标点进行了修改，使标点符号应用更加规范，文章格式更加丰富。

师：大家说得非常好。记得第一节课上栾承谕讲自己的故事的时候，讲的比写的要生动很多，看来说和写还是不同的。希望对照着我们的评价量表和同学们的修改稿子，大家能找到让自己的作文更加精彩的路径。

这段师生交流感想小语段，是通过对栾承谕的"说名道姓"这篇修改文和原稿的一个对比，产生的写作经验的梳理。相信在这样的师生互动评改的过程中，学生的写作动力、修改热情、写作能力都会有不同程度的提升。

叶圣陶先生指出："训练思想，就学校课程方面说，是各科共同的任务；可是把思想、语言、文字三项一贯训练，却是国文的专责。"也就是说，在语文学科中思维品质与言语品质的提升是同步进行的，是相融共生的。在写作前的言语思路导图的评价，写作后的习作评价，写作评价量表的设计评价，佳作展示评价等多元评价和反馈的跟进下，学生的写作能力和言语思维才能有实实在在的提升。总之立体、多元的写作过程性评价，为学生提供了最适合于思维发展与提升的写作途径。

注释

［1］中华人民共和国教育部．义务教育语文课程标准（2011年版）［S］．北京：北京师范大学出版社，2012.

［2］傅蔚．写作评价的内涵、类型与特点研究［J］．现代教育科学，2010（8）.

【附】

多维范例，搭建从"说"到"写"的桥梁

——以《学写寓言故事》为例

杨海龙

【摘　要】 作文教学的过程其实就是学生书面语言的建构与应用的过程。多维范例可以为学生提供从口语到书面语的支架，使得学生的文章创作水到渠成、顺理成章。作文教学过程中，我们可以以教师的引导语、同伴的思路、名篇佳作为范例，为学生搭建从口语到书面语的支架。本文尝试以七年级上册第六单元的作文教学《学写寓言故事》为例，探索为学生搭建多维作文支架，建构书面语言的有效路径。

【关键词】 语言的建构与运用　作文教学　多维范例

口头为语，书面为文。"说"与"写"是密不可分的。将自己的所思所想以文字的形式表达便是作文。然而，在实际写作过程中却发现，学生"说"时有千言万语在嘴边，提笔却不知从何写起。从"说"到"写"之间，仿佛有一道难以跨越的鸿沟。作文教学过程中，我们可以尝试呈现多维范例，用教师的引导、同伴的思路以及名篇佳作搭建起从"说"到"写"的桥梁，使得作文写作成为水到渠成的事情。

一、教师引导，搭建立意的桥梁

意在笔前。文章情节的构思、语言的雕琢都是围绕立意展开的。然而在实际写作过程中，立意却是学生容易忽略的环节。有些同学尚不知自己要表达什么就开始动笔写作，有些同学边写边找立意，有些同学在文章结尾处强加立意。这些写作习惯往往会造成作文立意不清、主题不明的问题。因而，在作文引导课上，引导学生立好意、立清意，是极为重要的。

叶圣陶先生曾在《国文科的目的》中提到"要养成习作能力，第一宜着眼于生活和发表的一致；说明白点，就是发表的必须是自己的意思或情感"。文章的立意应来源于学生生活中真实的思考。以《学写寓言故事》的作文引导课为例，教师结合生活实际的引导语帮助学生打开了立意的思路。寓言乃寓理于言，往往借助故事来表达生活中的思考和道理。立意是寓言故事写作的灵魂。在《学写寓言故事》的作文引导课的课堂上，教师提出了以下问题"回顾成长的过程，反思学习生活，有哪些人、事、现象让你感到愤怒，感到委屈，有所启迪？从中你得到了怎样的感悟？"面对这样的问题，学生最初可能会感觉到困惑，无从下手。教师结合生活实际加以引导："最近，班级有一个同学被老师批评了，觉得没脸见人了，跟老师哭诉。但是老师却从其他同学那里了解到，同学们早已经忘记了这件事。这让老师感悟到，谁也不是世界的主角。去做自己认为对的事情就可以，没必要太在意其他人的看法。"随后，老师利用屏幕展示了班级里经常会听到的话。如"其实我一开始也想报名的""我还没想好哪""他可真幸运""我来帮你"等。

随着一句句平常随处可听到的话的出现，同学们仿佛打开了话匣子。有些同学说道："我就总感觉自己没准备好，不敢去尝试。但是那次错失运动会的事儿让我意识到永远没有准备好的时候，先去干就完了。"有些同学说道："我们总是感叹学霸的幸运，但看到他背后付出了我们所没有付出的努力，我感悟到真的是越努力越幸运。""班级中有些同学总是帮助别人，他的人缘也因此特别好。这就是赠人玫瑰，手有余香。"顺着老师的思路，还有些同学联想到有些同学的"凡尔赛"，从而感悟到"做人要低调"；有些同学联想到"键盘侠"，从而生发出"做人要善良"的感悟；有些同学联想到"默默付出的小组长"，从而生发出"在平凡的岗位上也能闪出耀眼的光芒"的感悟。

面对一个无从下手的问题，教师结合生活实际的引导语引领着同学们顺着这个思路和方向，生发出许多令人惊喜的感悟。作文最为重要的是说自己想说的话，表达自己的思想。因而，观察生活、寻找立意一定是写作开始的第一步。教师的源于学生生活实际的引导给了学生思路，但又不限制学生的思路，搭建起了立意的桥梁。

二、同伴思路，搭建构思的桥梁

有了明确而清晰的立意，接下来便是借助故事表达立意的过程。在构思的过程中，我们可以借助同伴的思路，引领学生围绕同一个立意展开讨论，形成思维的火花的碰撞，搭建起构思的桥梁。

在《学写寓言故事》的教学过程中，有一组同学想要表达的立意是"越努力，越幸运"。围绕这个主题，学生小组展开了讨论，并列出了思维导图，分别探究"努力"和"幸运"的表现。在同学们的集体智慧下，大家总结出努力可以体现为"勤奋""坚持""奋斗""惜时""积累"……幸运可以体现为"进步""收获""认可""成就感""满足感"……一番讨论后，概念性的"努力"和"幸运"有了具体的表现。同学们分别提出了"勤奋练习便能够有所进步""坚持做一件事就会收获成就感""抓住每一分钟奋斗就会获得他人的认可"等一系列的构思思路。在此基础上，形成了"百灵鸟勤奋练习歌唱成为鸟中之王""小兔子坚持锻炼身体，收获了健壮的肌肉，敏捷的步伐""小狼抓紧时间刻苦练习捕食，最终成为健壮的头狼"等故事构思。

在大家的讨论下，同学们的思路越来越开阔。有同学提出还可以从反面进行立意，即通过阐述"不努力就会不幸"来证明"越努力越幸运"的观点。采用之前同学们讨论的思路，大家总结出"不努力"体现在"颓废""堕落""放弃""放纵""浪费时间""麻木"……"不幸运"体现在"失去""无力感""达不到目标""沮丧""悲伤"……在此基础上，产生了"颓废便会失去所在意的事情""放弃则达不成目标""浪费时间便会产生无力感"等思路。在初步构思的基础上，发挥想象设置故事主角，形成了"蚂蚁无所事事，颓废沮丧，最终失去了自己的名誉""小河在距离大海最后一公里放弃了前进，无缘汇入大海""陀螺不想再忙忙碌碌，停止了旋转，最终失去了自己的特性，像是垃圾一样落了一身灰"等具体行文思路。

此外，还有同学采用质疑的方法进行构思。"真的越努力就会越幸运吗？""方向是不是比努力更重要？""错误的努力会不会适得其反？"从而产生了"棕熊在冬天努力寻找食物却被冻死在寒风里""蝉在盛夏努力歌唱却招来大家的厌烦""小鸟不顾实际情况努力练习飞翔，却命丧险峰""小猫懒洋洋的却意外享受了暖阳和春风"等独特构思。

同伴交流中产生的思路往往能够起到比教师下水文和名家范文更好的

激发作用。因为同伴之间的交流是畅通的、平等的、无压力的。同学们在你一言、我一语的交流中思维越来越活跃，思路越来越开阔，搭建起了构思的桥梁。

三、名篇佳作，搭建精改的桥梁

叶圣陶先生说过"写作重在锻炼语言习惯"。作文修改的过程，我们应"听人家的语言，读人家的文章""特地留意人家怎样用词，怎样表达意思，留意考察怎样把一篇长长的语言顺次地说下去"。在文章修改的过程中，我们可以为学生提供相关名篇佳作，引导学生将自己的文章修改得更加精彩，搭建起从作文到佳作的桥梁。

以《学写寓言故事》的评改课为例，在学生完成了寓言创作的初稿后，我发现学生创作的寓言出现了不够生动、情节过于简单等问题。针对此问题，我为学生提供了《龟兔赛跑》《亡羊补牢》《穿井得一人》三篇经典寓言，引导学生对自己的寓言故事进行修改。

《龟兔赛跑》运用生动的语言描写和动作描写，生动形象地塑造了骄傲自大的兔子和坚持努力的乌龟，在风趣幽默的对比中阐述了"不可轻视他人"的哲理。反观学生创作的寓言，大多是叙述，缺少生动细腻的描写和应有的波折。仿照《龟兔赛跑》中生动的对话，学生对自己创作的寓言故事进行了精心修改。

修改前：

蜂与蛇

蜂和蛇交朋友。他们相约一起去江对岸看风景。

蜂伏到蛇的背上。蛇游了一阵，体乏无力，一会儿浮，一会儿沉，蜂怀疑蛇要害自己，便叮了蛇。

蛇失去了朋友，而蜂失去了生命。

修改后：

蜂与蛇

蜂和蛇交朋友。

蜂说："我想过江去看看对面的风景，可是我的力量不足以飞到对岸。"

蛇看着蜂失落的表情，说："你伏在我背上，我带你过江。"

一蜂一蛇便这样游到江中。蛇游了一阵，体乏无力，一会儿浮，一会儿沉。

蜂有些害怕，心想："我如此信任你，你不会要害我吧？"

看着波涛汹涌的河面，蜂越想越害怕："都说蛇蝎心肠，早就说不能和蛇交朋友。"

蛇依旧奋力地游着，根本不知道蜂已经脑补了一出大戏。忽然蛇感到背上一阵刺痛。

蛇忍着巨痛骂道："你为何要叮我？"

蜂奄奄一息地趴在蛇背上。

蛇担心蜂会掉落水中，游得更加平稳缓慢了。

当蛇忍着剧痛把蜂带到对岸，却发现蜂已经死了。

蛇失去了朋友，而蜂失去了生命。

以《龟兔赛跑》为例，该同学在自己的文章中融入了细腻的语言描写和一波三折的构思，让寓言故事更具可读性。此外，以《亡羊补牢》为例，同学们习得了"因果相关"的行文思路；以《穿井得一人》为例，同学们习得了夸张的手法。好文章都是在反复斟酌修改中形成的。在修改的过程中，名篇佳作可以担当起从"文章"到"好文章"的桥梁，为同学们提供优秀的样例和实用的方法。

初学作文之时，我们可以为学生搭建从"说"到"写"的支架桥梁，让学生作文的写作成为顺理成章、水到渠成的事情。这个桥梁可以是教师的引导语、同伴的构思或者是名篇佳作。桥梁这端是学生脑子里的千头万绪中口头的千言万语，另一端是巧妙绝伦的构思，生动形象的语言。

参考文献

［1］李燕．作文课堂"言语化作文"初长成［J］．新作文（初中版），2011（9）．

［2］中华人民共和国教育部．普通高中语文课程标准（2017年版）［S］．北京：北京师范大学出版社，2017．

［3］叶圣陶．怎样写作［J］．新课程教学（电子版），2020（17）．

［4］叶圣陶．国文科的目的［J］．语文建设，2019（8）．

［5］张群英．建构主义理论在初中作文教学中的运用［J］．课程教育研究，2016（9）．

基于文化传承与理解的言语化作文教学实践探究
——以"天坛研学"的写作指导为例

刘 旭 李 燕

【摘 要】本文依据特级教师李燕老师言语化作文的理念,以"天坛研学"为例进行写作微课程实践探究,通过言语互动、言语导图及多元评改等方法引导学生进行言语化写作思路的梳理,促使学生关注文化、理解文化、传承文化,从而落实"文化的传承与理解"这一核心素养。

【关键词】天坛研学 言语化作文教学 文化传承与理解

语文学科核心素养是学生通过学科学习而逐步形成的正确价值观、必备品格和关键能力。其中"文化传承与理解"指的是学生在语文学习中,能继承中华优秀传统文化,具有理解、借鉴不同民族和地区文化的能力,以及在语文学习过程中表现出来的文化视野、文化自觉的意识和文化自信的态度。那么,如何在研学课程中有效地践行文化的传承与理解呢?以下是笔者结合"天坛研学"写作实践活动做的一些探索。

一、天坛研学——亲近文化

(一)天坛研学写作微课程资源开发的背景

2016年11月,教育部等11部门联合推出的《关于推进中小学生研学旅行的意见》将研学旅行纳入中小学生的课程体系中,引起了社会、学校、家长、学生等各方的关注。研学旅行要求学生走出学校和课堂，走进自然和社会，在研学旅行中感受祖国大好河山，感受中华传统美德，感受革命光荣历史，感受改革开放伟大成就，从而实现语文教育立德树人，培养学生文化自觉与文化自信的目的。

北京作为首都，文化资源极其丰富。其中有着600多年历史，作为世界遗产和中华文明象征的天坛，延续了历史文脉，传承了文化精髓，在文化自信、首都建设、国际交往中发挥着"金名片"作用。学校组织学生进行天坛研学实践活动正是一次让学生多角度了解天坛，增强文化自信的绝佳机会。

在此背景下，笔者依托学校组织的研学活动，进行了"天坛·回声"写作微课程资源开发，尝试通过言语化作文教学将研学活动与课堂教学相结合，促进文化传承。

（二）天坛研学课程的组织和实施

课程实施是保证研学课程质量的重中之重。"天坛·回声"写作微课程是在学校"北京中轴线文化"的主题引领下设置的子课程，分为行前、行中和行后课程。行前课的主要内容为：学生通过上网查找资料等途径了解天坛相关介绍，知晓研学过程中的学习任务并做好小组分工等。行中课主要是体验式学习。学生通过在天坛听一听、走一走、看一看，触摸历史，触摸文化，身临其境去感受天坛文化的厚重，体味到历史文化的温度，从而受到文化熏陶。行后课程指研学结束后学生回到学校的评价课程。笔者此次天坛研学的行后课程设置为"天坛·回声"写作分享课。

二、言语实践——理解文化

文化的理解与传承只有在生活交际中才能落地生根，开枝散叶，只有在书面表达中才能薪火相传，推陈出新。离开了口语交际与书面表达谈文化的传承与理解只能是纸上谈兵，南辕北辙。

（一）言语互动引导学生关注文化

《义务教育语文课程标准（2011年版）》要求："写作要有真情实感，力求表达自己对自然、社会、人生的感受、体验和思考。"如何将研学过程中学生们的真实情感用文字呈现出来，这就需要老师的引导和同学之间的互相激发。

课堂伊始，我设计了"你言我语说天坛"教学环节，引导同学们回想"天坛"都给你留下哪些深刻的印象。孩子们一下子就打开了话匣子，你一言我一语地争先分享自己的研学感受。

笔者将学生作文的选材和立意归类，让学生来进行比较哪个更符合这次的题目要求：

表1

选材	立意
团队合作，互帮互助	团结、友善
勇于承担责任，比如制订小组计划等	责任意识、勇于承担
描述建筑及景色	感受美景
感受建筑艺术及文化	感叹古人智慧、工匠精神、传承文化
看到文物古迹被破坏	保护文物
……	……

选材没有高低之分，但立意有深浅之别。所以笔者追问道："你写的这些事，如果不是在天坛，在其他地方有没有可能发生呢？"同学们马上意识到，像团队之间互助友爱、克服困难的事件，在任何一次集体活动中都有可能发生，这就使"天坛研学"这一特定事件失去了价值。

接着教师再引导学生思考：天坛的作用是什么？天坛在今天的价值又是什么？这也是学生在研学中所探索的。天坛中每一处建筑的布局、结构、色彩等都体现着与"天"文化相关的元素，不仅体现了设计者的智慧，也体现了古人对天人合一思想的追求。基于此，此次研学的文化层面就挖掘出来了：我们要探索这种建筑艺术的奥秘，要体验中华一脉相承的天人合一文化，除了探索和感受，最关键的是我们还要将这种文化传承下去。

言语展示是构成课堂的重要部分。将研学体悟的言语展示成果转化为写作内容，写的是学生对于天坛文化的独特的、真实的感受。通过"你言我语说天坛"环节的分享，引导学生绘制言语导图梳理写作素材，能够有效帮助理清写作思路，促进逻辑表述。

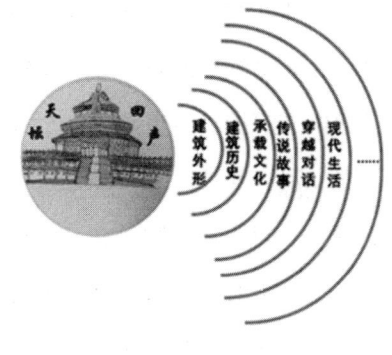

图1

（二）多元评改助力学生加深文化理解

言语化作文教学一直倡导多元评改，关注批后延伸，充分激发学生主动意识和进取精神，让学生在自主评改、互评互改、写作复盘中不断提升写作能力。

1. 借助评价量表，自评自改

《学科能力标准与教学指南：初中语文》中指出："将'情'与'理'的结合作为提升学生作文品质的一个重要方面。"学生此时选择了有关天坛的事件，也体会了天坛所蕴含的文化，可是在作文中，如何引导学生将景物描写、事件叙述与文化感受巧妙地结合呢？我们要给学生搭建支架，给出指向文化立意的作文评价量表，让学生有抓手。

表2

内容/情感		结构	语言	立意
围绕"天坛"确定写作方向，内容明确，思路清晰	能够结合自己的研学体验，有独特的感悟，"观"和"感"联系紧密	写景（物）与叙事相结合，详略得当	层次清晰，语言通顺流畅	综合运用视角变化、多感官、联想与想象和记叙、描写等表达方式	能够通过具体描写，写出对天坛文化的独特体悟

2. 采用生生互动，互评互改

互评互改时，先让习作者朗诵习作，谈自己的构思，再听取其他成员对自己文章的评改意见。学生针对他人的评点发表自己的意见，可以为自己的作文辩护，也可谈作后得失启示，让学生感受到交流的平等，并让他们在互读、互评、互改和比较中不断将思维引向更深处，提升作文的文化立意。下面是一位同学在交流后写下的收获：

我这次写作的选材也是有关天坛的。读完孙钰棋同学的文章，再读自己的，我觉得索然无味了。听了孙钰棋的评改收获后，我也一下子明白了自己文章的问题——缺少文化味，仅仅是将看到的景（物）进行罗列而已，没有进行深入思考，缺少老师所说的纵深感。

3. 鼓励写作复盘，自我反思

一篇文章是不是写完之后就结束了？事实并非如此，文章并不是一次性就可以写好的，还要有一个不断修改的过程。而完成文章修改之后的复盘也同样重要，它是一个不断提升自我的过程。下面是一位同学写作复盘的节选：

……除了这个宝贵的意见之外，我这次写作最大的问题就是所看、所感与所思没有紧密结合，导致读起来就像说明文一样。老师教导写文章最重要的是"我"，一定要有自己的独特的、真实的感受或思考，可以是情思，也可以对自身、对历史文化发出思考。有了体验、有了思考，文章一下子就变得丰满了，有意义了。

三、言语成果——传承文化

学生研学不能仅仅停留在研学期间，更不能"只旅不学"。研学结束之后，同学们很有必要进行回顾总结，将研学期间的所见所闻、所思所想转化成各种形式的研学成果，从而更进一步落实核心素养。此次"天坛研学"写作微课程的实践，是一次通过"言语成果"落实"文化传承"的有益尝试。

本次天坛研学后学生化身"文化小使者"，利用多种渠道传播天坛文化：积极提交研学手册和作文，集结成册并取名《天坛·回声》；录制研学体验视频，发布到学校公众平台和微信朋友圈；举办"讲好天坛故事"演讲比赛；开展"遇见最美天坛"文创作品征集活动……学生用实际行动宣传天坛，保护天坛，传承天坛文化。

四、小结

语文学习不只是语言文字的简单累积，更要有民族文化的认同和传承。本文尝试从亲近文化、理解文化、传承文化三个方面梳理如何借助研学课程和言语化写作教学促进学生的语文学习，丰富学生语言积累，增强学生文化自信，拓展学生文化视野，从而提升学生对于文化的传承和理解能力。

参考文献

［1］中华人民共和国教育部．普通高中语文课程标准（2017年版）［S］．北京：北京师范大学出版社，2017．

［2］顾卫．由说到写——浅说初中语文课堂中学生言语展示的深度利用［J］．中学教学参考，2021（16）．

［3］李燕．作文课堂"言语化作文"初长成［J］．新作文（初中版），2011（9）．

［4］李革．基于语言建构与运用的言语化写作实践探究——以"自成长"主题演讲稿的写作指导为例［N］．语文报（初中教研版），2022（463－464）．

［5］赵景欣等．中华优秀传统文化传承与学生发展核心素养研究［J］．中国教育学刊，2016（6）．

［6］张坤炽．语文"研学后教"课堂教学的思考与实践［J］．语文教学通讯，2013（12）．

【附】课堂直播——研学·天坛回声

天坛回声

北京市陈经纶中学分校望京实验学校　刘旭

冬至那天，怀着崇敬的赤心，迈着矫健的步履，我们一起走进了历经六百多年风云变幻的天坛。古往今来，悠悠岁月，天坛有着数不清的历史与文化。走进这座宝藏之地，探索悠久的传统与故事，让时间沉淀下来，便是此次研学的意义。

一、言语思路——你言我语说天坛

刘老师：我知道同学们为此次天坛研学之旅做足了准备，又是查资料又是做攻略，忙得不亦乐乎！现在，请大家闭上眼睛，在悠扬的音乐声中，静静回想一下，天坛都给你留下哪些深刻的印象。

播放音乐：《天坛回想》

李庆轩：听着这音乐，我脑海中第一个想到的就是当我踏着神道走向天坛的皇穹宇的时候，我真的感觉天坛的神圣威严顷刻间弥漫着左右，想象着当时祭祀大典时的场景，心中不自觉地也开始紧张起来。

葛思博：我很喜欢天坛，这已经是我第三次去天坛了。我喜欢那里沧桑的松柏，喜欢那空旷庄严的氛围，更喜欢祈年殿那深蓝色琉璃瓦的屋顶。

孙钰棋：我第一个想到的也是我最感兴趣的地方——圜丘坛。我们都知道那里是皇帝冬至日举行祭天大典的场所。祭天是古代的重大祭祀，起源于上古时期，通常由"天子"主持，以此来表达对于上天哺育万民的感恩以及保佑国家风调雨顺的愿望。大家可以想象一下，在寒冬腊月的凌晨，皇帝带着皇室宗族和文武百官，在圜丘坛祭天大典上冻得瑟瑟发抖……

秦紫菡：我觉得提到天坛，大家一般都会想到祈年殿。祈年殿绝对算是天坛里的一个360°无死角的明星建筑，因为不管你从哪一个角度看，祈年殿长得都一样，圆圆的、一圈都是门，打开后四边都有穿堂风，而且就连殿内的柱子都和四季、日月、时辰有着千丝万缕的联系，所以我最感兴趣的就是祈年殿的构建原因和它的文化意义。

杨凡：要说最有趣的地方，那肯定是回音壁了！到了那里，我就迫不及待地"啊"了一声，然后赶快跑到另一面墙去听，果然听到了，太神奇了！

范梁壹：我感兴趣的点有点特殊。鼓楼和钟楼是一对如影随形的亲兄弟，往往都会同时出现，比如北京的钟楼和鼓楼，再比如西安的钟楼和鼓楼。那么，为什么天坛里只有钟楼，而没有鼓楼呢？难道是因为它曾经存在过，然后被外力摧毁了？！

刘老师：哦，你还提出了自己的疑惑，这点值得表扬。也感谢以上同学的发言。同学们对天坛的兴趣和了解真是让老师惊喜，不知道同学们发现没有，以上同学的发言大都在关注天坛的哪个方面呢？祈年殿、圜丘坛、回音壁、钟楼……

学生：建筑。

图 2

刘老师：没错！那还有没有同学有其他方面的思考或感悟，能和同学们交流一下吗？

金韩蕙：我关注到今天来天坛的人特别多，有老人、有小孩、有中国人，也有外国人。整个公园里充满了欢声笑语，有的人在唱歌，有的人在用乐器合奏，有的人在踢毽子……天坛以前是皇帝祈祷五谷丰登的地方，现在却变成了人们娱乐的场所，到处是一派繁荣昌盛的景象。

图 3

韩金樑：此次研学是我第一次真正走进天坛，我就特别想知道，当古代人脚踏这方土地，仰望星空的时候，他们都在想些什么呢？

欧珺：肯定是敬畏啊！第一，这里是帝王祭天的神秘禁地，是祈求日月星辰、云雨风雷之神，来年能风调雨顺、五谷丰登的地方。第二，天坛有太多地方表现出古人对天地的敬畏，比如"天圆地方""天坛走一走，处处都是九""天人合一"……这些都体现出古人的敬畏之心。

刘老师：说得真好，我们不仅关注建筑，还关注到建筑背后的文化意义，有的同学还和现代生活做了联系。

黄子菁：我对天坛的敬意，是站在祈年殿前的时候，达到了前所未有的高峰，那种震撼，是你不亲身到达就无法感受的，与在电视上、手机上，所见到的截然不同，你无法想象这所有的一切，都是古人在没有任何大型机械的帮助下建造完成的。简直太震撼了！

郭鑫鑫：我听着《天坛回想》这首曲子，脑海中想到的就是这个神圣的地方，曾经被八国联军的铁骑践踏。我们多灾多难的民族，终究为天坛烙印下无法磨灭的屈辱历史。只是不知道那些外来侵略者，有没有被天坛的美震撼到。我觉得有些心痛。

刘老师：郭鑫鑫同学想到了那段屈辱的历史。的确，城市是有生命的，老建筑就是城市的记忆。一座座建筑是城市发展轨迹的记录，是城市文化气质的体现，正是由于它们的存在，我们才得以更加真实地与历史对话。

周佳怡：一闭上眼睛，我的脑海中就立刻想到祈年殿在阳光的照耀下，美丽的琉璃瓦显得那么的辉煌。我不禁惊叹古代劳动人民的智慧！

陈希：对，我特别赞同周佳怡的想法。我看到天坛，或者说一想到类似天坛这样的拥有悠久历史的古老建筑，我觉得我就会肃然起敬。我记得我在前期查找资料的时候，看到肖复兴先生的《天坛六十记》，其中有一段话我给大家读一下："我步入天坛，因为我希望生活得有意义，我希望活得深刻，并汲取生活中所有的精华，然后从中学习，以免让我在生命总结时，才发现自己从来没有活过。"当时，我就想起咱们在七年级时候一起读过的《我与地坛》那本书结尾处那段动情的文字,我也给大家读读:"太阳,他每时每刻都是夕阳,也都是旭日。当他熄灭着走下山去收尽苍凉残照之际,正是他在另一面燃烧着爬上山巅布散烈烈朝晖之时。"我也不知道为什么,反正我就觉得这两本书,这两位作家,这两个建筑,都特别相似。

刘老师:听到同学们的发言,我特别高兴。我发现同学们在交流中不仅关注建筑本身,还有很多同学有意识地将思索延伸到建筑背后的文化、历史、传说等等,通过这样的连接去表达自身对于历史、自然、生命、文化的认识和感悟。那同学们看一看,我能用这样的思维导图来呈现我们这次言语化思路吗?

(多媒体呈现)

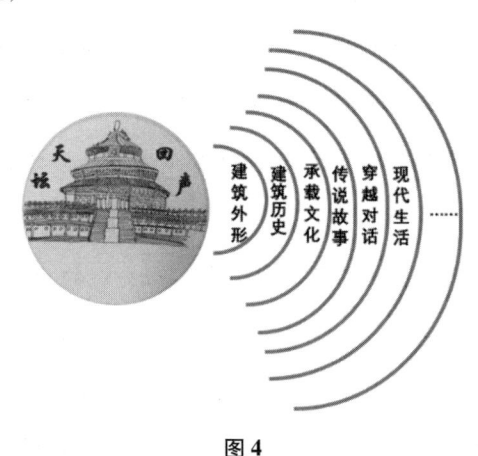

图4

二、 言语成文——你读我品共赏佳作

圜丘情思

北京市陈经纶中学分校望京实验学校　孙钰棋

①我漫步在天坛幽静的小路上,脚步越来越轻,生怕打破这里的宁静。路的两旁是茂密的柏树林,中间是绿得发青的石砖地。

②拾阶而上,我来到了巨大漫长的丹陛桥。举目望去,天空一片蔚

蓝，万里无云，北面就是高高耸立的祈年殿。这里就是明清两代皇帝祭祀天地之神与祈祷五谷丰登的圣地——天坛。

③天坛，我已去过多次，曾瞻仰过恢宏的祈年殿，也曾惊叹于回音壁的神奇巧妙，但众多景观中令我印象最深的，还是一进南门就能望见的圜丘坛。

④若从天空俯瞰，圜丘坛外有两层围墙。近者为圆形，远者为方形，蕴含着中国古代哲学"天圆地方"的思想。围墙上的琉璃瓦不像故宫，皆采用代表皇权的黄色，而是选用了像晴日里天空一样湛蓝的颜色。方形围墙和圆形围墙间有一炉八缸。一炉，是为祭祀时烧贡品用的燔柴炉；八缸，则是八个硕大的铜缸，堪称镂空的精美艺术品。

⑤圜丘坛坛面，由汉白玉覆盖，看上去一尘不染。当你走到圜丘坛第三层的中心时，就会看到一块圆形的巨石——天心石。围绕着天心石，一共有九圈石板。第一圈有九块，最后一圈有九九八十一块。"九"，是最大的阳数，即天数，象征着"天"至高无上的地位。

⑥每次登临圜丘坛的时候，只要踏上一个台阶，便感觉人又升高了一点。一步步走上去，就如同一步步走上天界；每登一个台阶，就离天空又近了一点；每登一个台阶，就离喧嚣的闹市又远了一点。耳畔的嘈杂渐渐消退，灵魂却愈飘愈高，我感到世界变得前所未有的宁静和渺远……我不禁想到，明清两代的皇帝都在这圜丘上向天帝祷告，以求护佑。昔日的帝王是何等之尊贵，然而他们江山永固的美梦却终是被历史的车轮一步一步碾碎了。

⑦良久，站在圜丘坛上回顾历史的我渐渐回过神来，向西瞭望，看到北京城中轴线上的通衢大道上车水马龙，满目是一派繁华的现代都市景象。我站上圜丘坛中央的天心石，仰望着天空，心想："身为一名21世纪的中学生，对天，应该有着怎样的情感呢？""敬畏。"没错，我应该怀有敬畏之情。我们敬畏天，就是敬畏自然，就是敬畏规律，而这，也就是民

心所向啊！

⑧当我走下圜丘坛，双脚踏上平实的土地，感受到方才的情思渐渐归拢于心。便再转头看看这圜丘坛，心中默默想着：下次再来，不知它又会带给我怎样的震撼呢？

【评改收获】

"写作要严谨""所看、所感与所思要紧密结合"这两点，是我在修改《圜丘情思》的过程中，指导老师留给我印象最深的教诲。

写文章不严谨，是我的一个大问题。比如在文章第一段，我写到"一进门就能望见圜丘坛"，而我究竟是进的哪个门呢？这会让读者产生疑惑。为了找准方位，老师让我重温研学路线，还画了一遍地图，最终明确我们是从天坛的南门进入的。随后，老师又提出问题："'这里'是哪里？'正中央'是哪里的正中央？'两边'是哪里的两边？"老师告诫我说："我们要养成写作严谨的好习惯，话说出来一定是有依据的，不是随口说出来的，每句都要仔细琢磨再下笔。"

老师还提出我写作存在逻辑问题，有的段落与上下文毫无联系。的确如此，我确实有这样的问题，经常不提前构思，想到哪儿写到哪儿，在段与段之间，也不注意承上启下，导致文章很混乱，缺乏条理。

以后我要重视列提纲，理清思路再动笔。

除了这个宝贵的意见之外，我这次写作最大的问题就是所看、所感与所思没有紧密结合，导致读起来就像说明文一样。老师教导写文章最重要的是"我"，一定要有自己独特的、真实的感受或思考，可以是情思，也可以对自身、对历史文化发出思考。有了体验、有了思考，文章一下子就变得丰满了，有意义了。这一点，大家可以读一读文章的最后三段，也一定会有和我一样的感受。这方面，老师建议我要多读一读梁衡的散文。有了如此丰富的收获，我今后的作文一定会有所提高。

【小组推荐理由】

同学一：从南门进入天坛后，小作者直奔本次写作的主题——圜丘坛，这与题目"圜丘坛情思"相呼应。接着按照俯瞰圜丘坛、登临圜丘坛、回望圜丘坛的写作思路进行写作，思路清晰，过渡自然，感情真挚。

同学二：文章的语言优美，生动细腻，采用多种表达方式，有描写有议论，将所观、所感与所思紧密结合，比如"耳畔的嘈杂渐渐消退，灵魂却愈飘愈高，我感到世界变得前所未有的宁静和渺远……然而他们江山永固的美梦却终是被历史的车轮一步一步碾碎了"。这几句增添了文章的文采，也引发了我的思考。

同学三：我这次写作的选材也是有关圜丘坛的。读完孙钰棋同学的文章，再读自己的，我觉得索然无味了。听了孙钰棋的评改收获后，我也一下子明白了自己文章的问题：没有写出"我"的真实思考和感受，仅仅是将看到的景（物）进行罗列而已。所以我特别喜欢文章的6、7两个段落，文章有了老师所说的纵深感。

【评价量表】

表3

组员姓名	内容/情感		结构		语言
	围绕"天坛"确定写作方向，内容明确，思路清晰	能够结合自己的研学体验，有独特的感悟，"观"和"感"联系紧密	写景（物）与叙事相结合，详略得当	层次清晰，语言通顺流畅	综合运用视角变化、多感官、联想与想象和记叙、描写等表达方式
评改收获					

三、言语修改——互评共改再提高

天坛匠心

北京市陈经纶中学分校望京实验学校　黄子菁

在衰落遗失的边缘坚守，在快捷功利的繁荣里坚持。

——题记

①"天坛处处皆玄妙"，我对这句话早有耳闻，但还从未去过。天坛里面的学问太大了。从选址到布局，从建筑到细部设计，如同一篇文章，有实写，有象征。（开头这句引用特别好，"处处皆玄妙"便处处都能体现匠心，既扣题又体现中心，妙哉！但转笔却未能将对天坛的期待之情写出来，建议在语言上下功夫，恰当增加形容词、副词等的使用，让文章更加生动）

| ①"天坛处处皆玄妙"，我对这句话早有耳闻，却始终未有机会一睹它的风采。终于，冬至这天，我跟随我们的研学小组，来到了久已向往的天坛公园。 |

步入天坛，我径直走到天坛的核心——祈年殿前。祈年殿，是明清两代皇帝在此祈求丰年风调雨顺的地方。祈年殿的建筑设计，处处藏有玄妙。

②这个建筑高32米，比故宫太和殿还要高。古人以数字"9"为最大阳数。按照古尺丈量，祈年殿是九丈九尺九寸九分九。寓意为无限向天空伸展。祈年殿建在三层汉白玉须弥台基上，台基数，栏板数等，一定是阳数，是三、五、七、九

| ②这个建筑高32米，比故宫太和殿还要高。抬头仰望，祈年殿高耸入云。坛顶的蓝色琉璃瓦，与湛蓝色的天空相呼应，熠熠生辉。古人以数字"9"为最大阳数。按照古尺丈量，祈年殿是九丈九尺九寸九分九，寓意为无限向天空伸展，让我感受到了天的崇高与神圣。 |

的倍数。中央四根贴金彩画大柱，象征着一年四季。另有大红柱子，内外各十二根。内部的意为一年十二个月，外面的代表的是一天十二时辰，内外共二十四根柱，寓为一年有二十四节气。所有柱子加在一起二十八根，代表二十八星宿。如果算上穹顶的八根小童柱，正好三十六根，意指三十六天罡星……③

> ③处增加：这些柱子单作为建筑构件，却全都蕴含着中国的文化和哲学思想，真可谓匠心独运啊！

（本段的中心较明确：祈年殿的构造体现匠心。但基本全是说明性文字，没能将所观、所感与所思结合起来，语言缺少生动性。建议增加描写句，写出"我"了解到祈年殿建筑构造的独特之处时的情感）

④殿内地板的正中央是一块圆形大理石，带有天然的龙凤花纹，与殿顶的蟠龙藻井和四周彩绘金描的龙凤和玺图案相呼应。仔细观察，你便会发现，龙纹色深，角、须、爪、尾俱全；凤纹色浅，嘴、眼、羽毛可辨。相传这块大理石上原来只有凤纹，殿顶藻井内的雕龙常常飞下来和凤做伴，因称"龙凤呈祥"石。多美的传说啊！我听得意犹未尽，更感设计者的匠心独运。印象中身边的导游讲到这里的时候，眼睛里也闪烁着激动的光芒。

> ④正想得出神，耳边突然传来导游的声音，原来是提醒大家抬头欣赏精美绝伦的藻井。只一眼，真的，你就会被震撼：不必说那设计精巧的两层斗拱，也不必说那美轮美奂的天花图案，单是那龙凤浮雕就令我痴迷极了。

（此段承接上一段，继续向读者展现祈年殿另一"玄妙"之处——藻井，但缺少过渡。另外，文章的开篇写到"天坛处处皆玄妙"，所以建议再对天坛其他"玄妙"之处进行罗列，这样也能体现文章的详略安排。增加⑤）

> ⑤另起一段：由此，我又想到了神奇巧妙的回音壁，新奇精妙的双环亭，古色古香的长廊和巧夺天工的圜丘坛……

行至此处，闭上眼，看历史的车轮滚滚碾过风起云涌的朝代，辗转回到明代，天坛初建时。⑥是工匠们用着当时并不先进的工具，经过数个日夜的构思，用古尺丈量尺寸，用木梯一步步攀上数十米高的建筑，用画笔一笔笔勾勒出柱子上的图案，用刀具设计一组组榫卯部位……你就会由衷地发出赞叹！你就会由衷地感到自豪！祈年殿内的构造，无不体现着深深蕴藏的思想内涵：天圆地方的朴素天文观、敬天祭天的主题思想；无不凝练着我国古代工匠与设计师的智慧与匠心。

⑥增加：想象着

天坛的匠心精神也传承至今。传统技术和匠心得到了传承。60岁的王震华，在一次偶然的机遇下，他对父辈所流传下来的精湛技艺濒临消逝感到无限惋惜，在五年重复单调的光阴里，他用全榫卯结构复刻了天坛祈年殿。他是匠人，也是犟人。在他的手中，天坛又一次绽出无限光芒，又一次见证了匠心的传承。

⑦任沧海桑田，匠心不改，芝兰盈袖，匠心依旧。

（以议论结尾，回扣中心，简短有力，如果增加抒情性语句，会使文章余韵无穷）

⑦夕阳西下，我已踏上归途，是时候与天坛告别了。回头一望，一抹阳光照耀在祈年殿的穹顶上，更添神秘之感。我挥一挥衣袖，不带走一片云彩。

▶师生感想小披露◀

刘老师：我们先来请黄子菁同学和大家分享一下最初的写作思路。

黄子菁：这次天坛研学带给我的震撼还是挺多的，比如宏伟的祈年殿，漫长的丹陛桥，还有早在小学课本上就了解到的神奇的回音壁，但我觉得不能面面俱到，所以我就决定瞄准写作对象——祈年殿。接着，我就按照老师的引导去思考祈年殿为什么会给我留下这深刻的印象，在和大家的交流中，我渐渐确定了写作的中心——匠心。然后我就进行选材，看看祈年殿哪些地方最能体现匠心。

刘老师：好的，感谢黄子菁同学的分享。这段分享其实呈现了她从选择写作对象到确定文章中心再到围绕中心进行选材的过程。其实，这是我们每个人在动笔写作之前，都应该想清楚的过程。这样才能让我们的文章中心明确，思路清晰，也就做到了评价量表中的第一点了。现在，请大家结合评价量表以及黄子菁同学的改前和改后的文章，分享一下你的收获和感悟。

生：我读改前的文章时，有一种感觉，就是想一目好多行（生笑），有点枯燥（很多同学表示赞同）。然后再对比看改后的文章，我觉得更吸引人，有对建筑细致的描写，引用传说，也有想象等，从语言上更像散文了，也就是关注到了评价量表的最后一栏。

生：我觉得改后的文章做到了评价量表中的"能够结合自己的研学体验，有独特的感悟，'观'和'感'联系紧密"这一点。如果没有这些"感受"，文章当中缺少"我"，就只剩下对建筑的介绍，那岂不是就像是一篇说明文了？

生：我说说详略方面的收获吧。我看改后的文章在第⑤处增加了一小段，虽然只有短短的三十多个字，但我觉得就是这段让文章的详略一下子就清晰了。我的文章也存在这个问题。

生：我最喜欢改后"不必说那设计精巧的两层斗拱，也不必说那美轮美奂的天花图案，单是那龙凤浮雕就令我痴迷极了"这句，因为有熟悉感，我记得在学习《从百草园到三味书屋》这课时，老师让我们用这个句式造句。

……

师：交流激发思考，评价促进提升。希望同学们能够通过对照量表自评自改和小组评议，不断打磨自己的文章。

四、 群文展示——互读互赏共提升

（一）学生优秀作品片段

我们双手合十，心中默默地许下愿望，祈祷着，祝福着，好像我们的感情与天坛融为了一体，和这个经受时间的考验的巨人在一起，同呼吸，共命运，精神也自然扎了根……落日的余晖洒在曲曲折折的古树上、石砖上，好像披上了一件天子的金光闪闪的圣衣，在微风中自由飞舞的金黄的叶子，一片接着一片，形成了一场"雨"，说笑声、京剧声和沙沙声此起彼伏，构成了一篇完美的乐章……

天坛！我多想留住我对你的美好回忆啊！我多想再一次静静地感受你的美好啊！天坛！不愧是我精神的归宿啊！天坛！

——北京市陈经纶中学分校望京实验学校　范梁壹

就这样，我兜兜转转地走了不知多久，仿佛它有着神奇魔力吸引着我。望着身后的祈年殿，我的心中又多出了一种别样的情愫。殿顶的上方，仿佛还能看见一只潇洒的金龙和优雅的银凤在天空中缠绵飞翔……不尽的思绪，刚刚在秋季里留下岁月的痕迹，在立冬之时看到了春色在阑珊中大步向我们走来。

——北京市陈经纶中学分校望京实验学校　梁秋凝

我沿着丹陛桥正中央的神道，徐徐走向祈年殿，想象着我走过了一年四季——春、夏、秋、冬。苍翠如前的松柏在讲述他见证过的明清兴衰，风中飘荡的银杏叶在永无止境地起舞，而天坛，则唱着一首又一首历史的歌谣。我知道我走的不是汉白玉，不是那石板，我走过的，正是历史的春秋，是中国历史变迁和中国文化底蕴之所在啊！

——北京市陈经纶中学分校望京实验学校　王小晗

教师点评：语文新课程标准提出："学会多角度地观察生活，丰富生活经历和情感体验，对自然、社会和人生有自己的感受和思考"，强调的是落实到写"自己的感受和思考"。自己的，即"我"的。是的，作文，应该要有"我"。这三篇片段描写，或想象或写实，或抒情或议论，但都没有脱离"我"的感受及我的思考，这一点是非常值得肯定的。

【附】

立足生活从情感点出发培养初中生作文选材能力的实践探索

——以"幸福2班"为主题的写作为例

李 革 宋妍妍

【摘 要】针对初中生作文选材的研究文献已经非常丰富，而且研究者们基本能够达成共识："热爱生活，观察生活，从生活中取材。"但是在实际的作文教学活动中，师生对作文选材问题的困扰却一直没有得到解决。写作前学生依然会为写什么苦恼，虽然在被逼迫的情况下完成写作，往往又是言之无物的习作。学生普遍会把问题的矛头指向快节奏、单调的、重复式的生活，认为这样的生活导致写作时无话可说，只能漏洞百出地编造。本文以学生熟悉的班级生活为立足点，通过言语化活动探寻，用"情感"建立生活与写作的联系，指导学生从中找到可以用于写作的"点"，从而提升初中生的作文选材能力。

【关键词】立足生活 情感点 作文选材 幸福2班 言语化作文

作文选材，对于语文教学来说是一个非常老的话题，但是也是作文教学中一直困扰师生的问题。笔者借助知网进行调查有关作文选材的研究文献，最早可以检索到20世纪80年代的研究资料。不仅有对作文选材的重要性的论述，还有对源自生活的作文选材的证明，甚至还有对中考优秀作文的选材分析……由此可见，针对初中生作文选材问题的研究已经非常丰富，但是在教学实践中作文选材依然是学生写作的困难点，主要是不知道写什么，或者是大脑中想到了一些碎片化的材料，又不知道如何建立起联系。这主要是由于作文选材关系到学生的生活体验和个性化理解的问题，是无法一概而论的。所以到现在也很难找到一个放之四海皆准的方法能够快速提升学生的选材能力。另外，作文选材又是学生写作的关键，是一个无法回避的难题。学生没有可写的内容，能力再强，老师教的方法再有效，也不可能写出好文章来。部编版初中语文教材也关注到了关于作文选材的问题，在七年级上下册共用两单元的写作教学来解决写作选材的问题，分别是七上第一单元"热爱生活，热爱写作"和七下第四单元"怎么选材"。这两单元的写作指导中都用相对大量的文字论述了"写作的材料源自生活"的问题[1]。并且对于"基于生活选择作文素材"，无论是语文教师还是学生都能够达成共识，但是具体怎么基于生活选择作文素材，学生并不能真正掌握要领。为了更好地了解学生的困难点，笔者针对初中一线语文教师和初中生做了有关作文选材的调查。

一、 初中生作文选材现状调查及分析

初中生缺少高中生的思维深度，又比小学生的见识面广、理解能力强，在写作中有他们的独特性。尤其是选材上会比小学生的选材广，但是又缺少高中生小中见大的睿智思考。笔者在作文教学中发现，审完题后大多数初中生能用只言片语说出自己想要写作的内容，但是又缺乏深度的思考，提起笔又觉得无话可说，无字可写。为了更深入地了解学生产生这种状况的原因，笔者分别针对初中语文教师和初中生进行了问卷调查。

（一）针对初中语文教师的调查及分析

本次共对教学一线的 158 名初中语文教师进行了调查。在问卷设计时，考虑到学生喜欢写作绝对不是一个纯主观性的问题，因为没素材可写的学生喜欢写作的概率是比较低的，所以通过对学生是否喜欢写作的调查能间接推导出学生选材能力。笔者通过调查结果的分析发现：学生

对作文写作的喜欢程度调查中只有12.66%的教师认为学生喜欢写作，87.34%的教师认为学生对写作的态度一般或者不喜欢。而教师们对学生不喜欢作文的原因的判定也是选材问题，其中77.99%的教师都认为"选材"是学生不喜欢作文的首要原因。这与78.48%的教师认为作文教学中最重要的环节是"指导学生从生活中找到写作素材，让学生有内容可写"保持了一致。同样作文选材问题也恰好是教师在作文教学中最头痛问题，有42.41%的教师苦于学生的作文"选材没有新意"。远远高于结构布局、细节描写等方面。

5.您觉得作文教学中最重要的环节是什么？ [单选题]

选项	小计	比例
指导学生从生活中找到写作素材，让学生有内容可写	124	78.48%
写作技能写作技巧的指导	13	8.23%
选材构思立意的指导	21	13.29%
本题有效填写人次	158	

图5　教师认为作文教学中最重要的环节调查数据

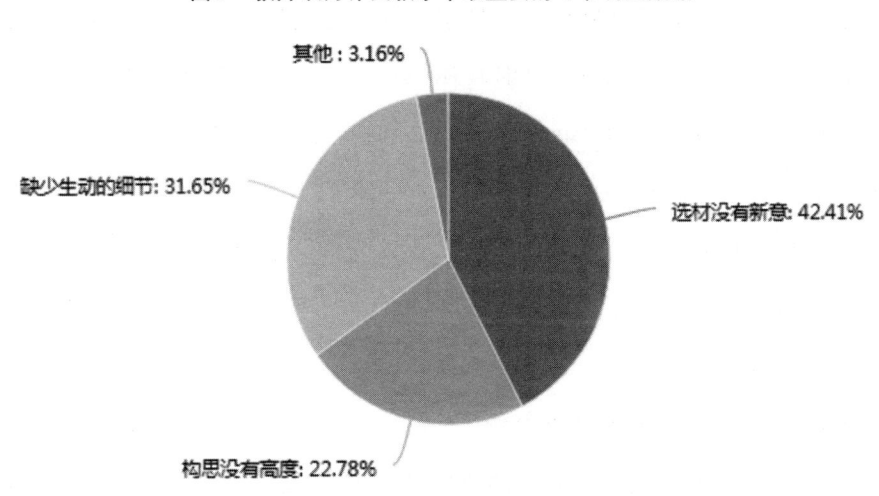

其他：3.16%
缺少生动的细节：31.65%
选材没有新意：42.41%
构思没有高度：22.78%

图6　教师在作文教学中最头痛问题的分析

如果以上调查可以突出作文选材的重要性和学生选材能力较弱的事实，那么对学生作文中素材与生活的关联程度的调查，就可以分析作文选材存在问题的原因。在158名教师中，有55.06%的教师认为学生日常作文中的素材与生活有点联系或者一点联系都没有。

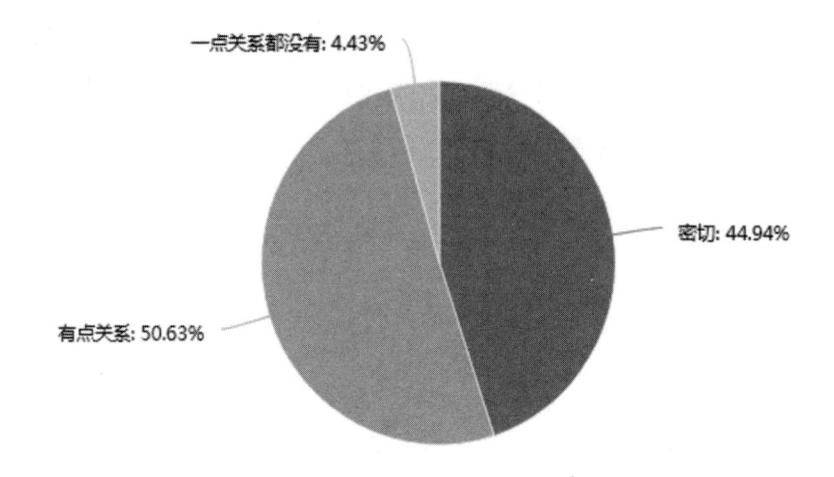

一点关系都没有：4.43%
密切：44.94%
有点关系：50.63%

图7　学生日常的作文素材与生活的联系紧密度调查分析

从教师问卷的调查结果可知：在教学中，教师们苦于学生选材没有新意，与生活的联系紧密度还不够强。这调查数据和分析都证明以往关于作文选材的研究，无论是平时写作"作文的选材在很大程度上决定了作文的质量，并且直接影响作文的可读性"[2]，还是考场作文"作文选材一直是令学生头痛的事，尽管师生都非常重视，但是考场上，学生仍然是苦思冥想而不得法。最后不得已，只能草草了事。作文时，怎样才能选取自己熟悉，又让阅卷老师认可的材料呢？"[3]这些就教师的角度来看都是正确的。

（二）针对学生的调查及分析

同样在针对学生作文选材问题的调查，依然先对学生喜欢写作情况进行调查。75%以上的学生都不喜欢或者直接讨厌写作。这点与学生调查的结果分析基本一致，同样可以间接推测出初中生作文选材能力需要提升。

但是对学生的调查出来的数据与针对教师调查出来的数据个别地方还是会有些差距。比如针对学生日常作文素材与生活的关联度这一调查却与学生自我认识不一致。90.07%的学生认为自己的作文与生活有密切的联系。学生认为平时在写作时是有很多想法的，就是无法用语言表达出来。笔者就调查结果对个别学生进行跟踪采访发现，其实学生在写作选材时也会很关注生活，也会在审完题后，试着从自己有过亲身体验或阅读体验的经验中寻找可以用于写作的事情。"当然，能写到作文里的事，还应该是有趣的、有意义的或者能给你留下深刻印象的。"[4]

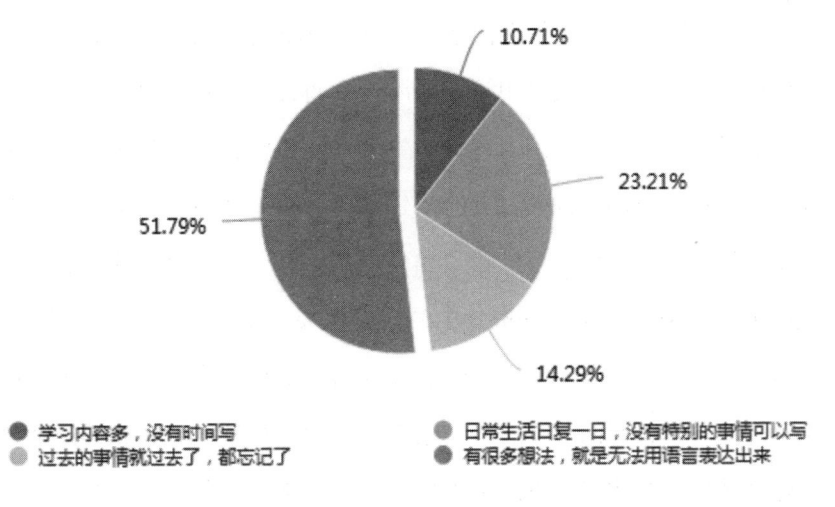

图8 学生对自身选材问题的数据分析

但是真实的情况是学生一看写作题目啥也想不到，或者想到的也都是写过很多次的老素材。甚至有些素材都是从小学三年级开始写，写到现在已经无话可写，毫无真情的素材。这样就会导致在考试评分中分数会越来越低，并且学生这样的作文选材状况只会恶性循环下去。不及时引导他们到生活中去寻找作文素材，学生的写作兴趣和写作能力都无法得到改变和提升，更不可能在学生写作教学中形成良性的发展态势。依据数据分析，无论是对学生的作文写作还是教师的作文教学，作文选材的重要性都非常突出。所以要解决学生的作文选材困难的问题，不是教师告诉他们"热爱生活，观察生活，从生活中选材"就可以解决的，这需要语文教师依据学生的个性化的生活体验进行系统化的指导和训练。笔者在作文教学实践中探索从指导学生捕捉学生言语中的情感点出发，帮助学生以情感为纽带建立起生活、思考和写作的思维路径，并在学生感兴趣的活动中引导学生将素材转化成文章。

二、培养初中生选材能力的实践探索

虽然在部编版初中语文教材七年级上册第一单元写作教学中已经明确指出："写作就是生活中与人沟通、交流、分享信息的一种方式，就像我们平常说话一样。写作就是用笔来说话。"[5] 可是学生写作时作文选材问题依然不容易解决，主要是因为它是学生个性化生活体验的呈现。笔者发现同样发生在班级里的一件事，有的学生虽然没有直接体验，但是能够写出一篇很不错的文章，但是事件的"始作俑者"却只能生动地讲过程，一拿起笔就无从"说"起了。分析其中的原因主要是学生能不能将"情感点"放入事件之中，所以只要学生能够捕捉到写作的情感点，再习以为常的素材也是能够写出精彩的。在这里，笔者所谓的"情感点"特指的是能够激发写作者情感的写作点，可能是源自生活中闲聊的一句话，或某一个特殊的人，或一件不平常的小事。

（一）学会捕捉言语中的情感点

要想让学生学会在生活中捕捉到这种写作的"情感点"，必须满足两个条件：一要跟学生多聊天，了解他们真实的生活和心理活动；二要让学生心中充满正能量的情感。这两点都离不开老师对学生进行言语化的引导，并且是非常重要的一个过程。整个过程恰好能够借鉴特级教师李燕老师对"言语化"作文的理论研究成果。

1. 引导学生言语化活动

师生言语化的过程就是写作思路打开的过程，是不能忽视的。所以教师要引导学生多参与言语化活动，但是这种言语化的活动不是完全等同于"闲聊"，而是有目的地引导学生在话题下"聊"。

班级里有一名学生寻求笔者的帮助，他特别希望为自己的弟弟写一篇文章，可是思考很久怎么也找不到可写的内容。笔者就与这名学生进行了一次围绕"写什么"的"闲谈"，尝试着帮他找到写作的"情感点"。言语化活动中他的一句"我弟弟是我花一块钱从门头沟寺庙里求来的"引起了笔者的情趣。于是就引导他沿着这一"情感点"展开，他写得很轻松，而且在区模考中获得了高分。

这次教学实践让笔者更坚信：在与学生"闲谈"的言语化过程中捕捉学生的"情感点"，对于作文的选材和写作有着非常重要的作用。对于已经有丰富情感的学生来说，捕捉到这样的一句富有情感的一句话、一个人、一件事的"情感点"是比较容易的，但是如何让所有学生都能捕捉到这样的"情感点"引发了笔者的思考。

2. 赋予学生生活情感色彩

但是学生内心缺少"真情"，那么"实感"也就无从谈起。所以想要让学生捕捉到更多的"情感点"，就必须为学生创造富有情感的生活情境。让学生无论站在哪个角度都能发现生活的"美"。

所以笔者立足学生熟悉的班级生活，赋予了2班班级生活的情感色彩，让他们觉得单调枯燥的学习生活充满"情感点"。笔者在学生言语活动中捕捉到一个沉默的男生说："在这个班级我觉得很幸福。"于是"幸福2班"就产生了，从此以后学生的言语中的"话""人""事"都被赋予了"幸福"的情感色彩。这些富有情感色彩的"话""人""事"都成了作文选材的出发点。学生朋友圈里发了"班魂"两个字，练习"双摇"，老师微信中回的一句"放心，有我在"，替全班收集200多个矿泉水瓶盖班级的人，班级"幸福小本"……经过师生的言语化之后，都被写进"幸福2班"的故事中。苏霍姆林斯基的"只有能激发人情感的教育，才是真正的教育"依然适用于作文教学，可以理解为"只有能激发人情感的素材，才能写出好文章"。

笔者尝试以"幸福2班"赋予学生班级生活的情感色彩，并沿着这条主"情感"，引导学生去捕捉班级生活中的"幸福"的小"情感点"，用以丰富自己作文素材的积累。

（二）以情感为纽带联系生活与思考

虽然"情感点"来自学生自身的生活体验，能够捕捉到丰富的"情感点"是基础，但是学生写作选材的工作并没有真正完成。因为这时的"情感点"在学生头脑中还都是一些碎片化的存在，需要形成一条思维线。所以教师要以情感为纽带建立与生活和思考的联系。

1. 情感连接生活素材串

虽然初中生的写作内容也还比较单一，但是"一人一事，一事一情"的写作内容已经不太能够有效地落实初中生的写作要求。如果想增加自己作文的可读性，还必须学习教材上课文中"多角度刻画人物"等，亦或者需要将事情的来龙去脉在行文过程中解释清楚，那么这就需要聚焦在同一个"情感点"的多个写作素材。

学生捕捉到"放心，有我在"这句富有情感的话后，笔者引导学生联系生活或者将这句话带入真实的生活情境中，最后学生以轻松和感激为情感纽带复盘了整个事件的发生过程：

该生从自己担忧体检时被同学们嘲笑身上因过敏而留下的黑斑开始，到体检前一晚上鼓起勇气在微信中向老师寻求帮助，再到面对体检开始前半个小时"神秘失踪"的老师而产生的心理活动，最后"有惊无险"地结束体检和老师语重心长的寄语"别人的嘲笑固然可怕，但是自己心中的胆怯才是成长过程中最大的绊脚石"。

因为有了这份发自内心的"轻松"和"感激"，学生能够将事件的来龙去脉完整、清楚、富有情感地连成一条"思维线"。在这条"思维线"上，不仅有老师说"放心，有我在"的情境，还有自己身上产生黑斑的原因，甚至还有体检前找不到老师自己担忧的心理活动，以及顺利体检的过程和最后的思考，这一系列的事件就可以形成以情感为纽带的素材串。该生还能够在文章结尾写下了自己有深度的思考："拯救你心里的脆弱永远都不可能是别人，只能是你自己。"

2. 情感激发深度思考

有深度的思考往往是提升立意的重要前提，但是有深度的思考不是一蹴而就，一朝一夕就能实现的。不仅需要教师通过言语化活动多给学生展示自己的思考路径的形成，更需要学生对生活中素材有思考的愿望和热情。

富有情感的学生会更愿意思考生活，更能感悟到生活的"真""善""美"，会对素材有深度思考。不仅能容易将碎片化的情感点，串联成为思维线。因为写作本来也是将学生"众多的碎片化的思考内容"体系化、思维化的一个过程。一次小的种植体验学生拟写了一个富有深度思考的题目"等待"，并将自己对生活的深度思考写进了作文里。

在人生的道路中，想要见到独特的风景，往往需要等待。在这煎熬的等待过程中，也许还会有人对你的嘲讽和打击。可你能等到独特的成功。这是一次小小的种植体验让我真切地体会到的。

……

就在我们都垂头丧气时，那花生终于长出了一点点小芽，努力地顶开了最后一层土。终于在我们等待中花生萌芽了。"我们的花生发芽了，快看!"一时间花生发芽登上了我们班级的"头版头条",大家争先恐后地围观种植箱,欣赏那丝丝绿意。

等待中虽然会产生消极的情绪,这就需要我们拿出无畏的勇气与坚定的毅力去克服,带着希望不断努力。我想这应该就是班主任为我们选择种花生的目的吧!

生活在2班这个集体中的学生,都能够以"幸福2班"这个大的"情感点"出发,能够形成很多条关联生活和自己思考的"思维线"。这些写作素材都会被记录在素材本上,也即完成了素材库的建设。甚至"幸福2班"的学生还会交流分享自己积累的素材,因为聚焦在相同的生活空间,同学的素材也经常会激发自己的思考,所以他们不断地在丰富自己的作文素材库。对于作文素材积累,2班有一个专用名词——"幸福小本"。张晨露在对上海优秀中考作文的研究中发现"在选材方面,要建立素材库,拓宽选材渠道"[6]。笔者对选材方面的实践探索基本与此相同,由此可见这种做法应该是有效的。

(三) 师生"同文异构"兴趣中化"材"成文

"我手写我口"的兴趣还不足以激发大部分学生的写作愿望。开展师生"同文异构"活动,也即师生就"幸福2班"里发生的同一件事,分别完成作文。"幸福2班"正式成立的一年内,笔者与个别学生"同构"或与全班学生"同构"共完成了15篇文章。

不仅可以师生"同文异构",还可以师生互评。在与学生共同完成"自成长"的主题演讲时,班级里作文写得很好的一个学生就非常严厉地指出老师的题目不对,要与同学们保持一致。笔者写"班魂"这篇文章时,也被发朋友圈的"当事人"指出部分细节描写失真。不仅是笔者所带的班级里的学生喜欢写作"幸福2班"里发生的事,还影响到了隔壁班的学生。

文件图标列表：

- "班魂".docx
- 等待 段思晨.docx
- 放心，有我在(高子涵).docx
- 那些年我发过的动情的通知.docx
- 入团演讲稿(改).docx
- 我被青春撞了一下腰.doc
- 我们班的落花生.docx
- 我们班的新语文课代表——孙成男(李革).docx
- 我们的2班.docx
- 我与口罩的斗争(李革).docx
- 我愿意再一次被收买+胖福童.docx
- 写给家长的一封信.docx
- 语文课代表(开宛辰).docx
- 张恕—自我介绍(李革).doc
- 自成长是幸福(李革).docx

图9

我们学校里几乎没有不知道"幸福2班"的人。我认为不仅是因为2班卫生干净，同学团结，更因为只要听到"2班"心里都会感觉暖洋洋的。

前些天体育课，2班几名特别喜欢打篮球的男同学，在操场上练习扣篮。其中一位同学可能是由于身高的限制，无论费多大力，就是摸不到篮板。只见2班的这几名同学聚拢商量了一会儿来到篮球架下，一顿比画和扣篮尝试之后，突然听到他们齐喊"幸福2班，起"。随着声音，我看见这堆人群中有一个人被高高托起。我定睛一看，这不就是那位怎么也摸不到篮板的同学吗？下面托着的就是2班那几个常一起打球的男生。另外一名同学递过来一个篮球，原本迷茫的他立刻心领神会，接过球直接扣篮。

上完体育课，虽然有些冷，但经过2班教室门口时，我心里总觉得暖洋洋的。

三、小结

本文针对作文选材问题进行调查分析，并尝试从"情感点"到"思维线"再到"表达成文"在实践中探究提升学生的作文选材能力。不仅能够解决学生作文时不知道写什么的问题，而且还能够让学生的文章能够在写作之前就充满情感色彩。虽然此刻的立意还不会很高，但是绝不会写成"流水账"。再加上师生"同文异构"的趣味，这样不仅解决学生不愿意写，没东西写的问题，而且激发学生对写作的兴趣和提升学生作文的选材能力。

注释

［1］教育部组织编写．义务教育教科书 语文 七年级 下册［M］．北京：人民教育出版社，2016.

［2］孟玮玮．初中作文选材教学的优化创新［J］．作文成功之路（作文交响乐），2021（32）.

［3］王勤．作文选材与学情分析说略［J］．中学语文教学参考（下旬），2021（18）.

［4］教育部组织编写．义务教育教科书 语文 七年级 上册［M］．北京：人民教育出版社，2016.

［5］教育部组织编写．义务教育教科书 语文 七年级 上册［M］．北京：人民教育出版社，2016.

［6］张晨露．上海2015—2019年中考优秀作文研究——以"上海市初中毕业统一学业考试作文评析"中的作文为例［D］．上海师范大学，2021.

【附】 课堂直播——源于生活的写作

幸福2班

对外经济贸易大学附属中学　李　革

写作其实就是"生活中与人沟通、交流、分享信息的一种方式"，也就是用笔来说话。在与学生交流中，学生觉得写作最困难的问题就是：不知道写什么。同样教师在判阅作文的时候，最头疼的也是言之无物的文章。深入剖析原因是因为学生在写作时找不到合适的写作素材。选择一个好的写作素材，学生写作就已经成功一半了，所以写作素材是非常重要的。但是学生常这么抱怨：每天都是起床—到校—学习—回家—作业—睡觉，一直重复这种单调的生活，找不到写作素材。好像学生抱怨得特别有道理，无奈之下写作只能靠编，编得漏洞百出，好不容易写真实生活了，又出现雷同。其实不然，学生将自己每天的生活高度概括了，没有仔细观察和用心体会，只是没有发现生活中到处都是可以写作的素材。基于李老师班主任和语文老师的双重身份，利用自己和学生共同生活的班集体为基地，带着2班的每一个学生实现一次源于他们幸福生活的写作之旅。

一、言语思路——你言我语来选材

李老师：昨天经过两位现任语文课代表提议，孙成男本人同意，全班同学投票一致认同，我们班新增补了一名语文课代表，主要负责语文作业收发。晚上李老师写了一篇小短文记录一下这件事，现在读给大家听。

学生们：李老师，为什么你总有写不完的事情？并且好多事都是发生在我们2班的，都是我们亲眼或亲身经历的啊？哎！我们怎么……反正我是想不到可以把它们写成作文！我们每天都和您生活在一起，可是我们却不知道写什么。（学生说什么的都有，但是总的问题就是苦恼不知道写什么）

张恕一：对啊，李老师，为啥增补语文课代表这么一件小事儿，怎么都能写出这么一大篇文章呢？真是厉害……

李老师：哦，我能理解成你是在赞美我的文章吗，我的语文课代表？（面带微笑）

张洛嘉：大家听到李老师作文中有一个与孙成男独配的一个词了吗？（突然开口的张洛嘉提示大家去思考）

开宛辰：幸福。

董予泽：幸福。

王一冰：幸福。

王键飞：幸福2班。

（几乎异口同声）

高子涵：对对，幸福2班……

邢　政："幸福2班"就是孙成男，孙成男就是"幸福2班"！（有点起哄）

学生们：邢政，别起哄……

李老师：（示意大家停止，把注意吸引到老师身上）其实，邢政看似开玩笑的话，却找到了作文选材的奥妙。（此刻的邢政开始有点得意）因为李老师从"幸福2班"出发选择了很多素材完成了文章。这里有"与黑板魔怔的高子涵"，"有弄坏了厕所门却勇于担当的'TF男孩组合'""两个尽职尽责的卫生委员""敢跟李老师'叫板'的李怡锦""5月20日你们那句'老师您相信光吗'的表白""为大家筹集200多个瓶盖的曲鹏睿""黑板上倒计时的段思晨""被'逼'上运动赛场上的开宛辰""我与张恕一关于口罩斗争的故事""我们班花生的故事"……

开宛辰：（突然打断老师）李老师，你是不是想说要观察生活，好多作文书中都这么说过：要观察生活，好的作文素材就在生活中。我懂，但是我怎样观察生活，才能有丰富的素材来写作呢？

李老师：哈哈……（李老师被开宛辰着急的表情逗乐了）大家听出来了宛辰的着急了吗？相信她私下里没少读作文书，她又是我们班最擅长写作的姑娘。连她都为写什么而发愁，那么看来作文选材的问题困惑大家很久了，是吗？

（大家纷纷点头表示同意）

开宛辰：（更着急了）李老师，您快别卖关子了，快告诉我们怎么才能做到，该怎么观察生活？

李老师：李老师不卖关子，也不观察生活。李老师想让大家"热爱生活"，只有热爱生活才能有源源不断的写作素材，因为我们的写作源于我们对生活的思考。想要深刻思考生活，就必须先热爱生活。大家还记得你们升入初中的第一次作文课上，李老师给你们的内容吗？你还能想起什么只言片语？

（好多人都已经不记得，只有聪明的张恕一翻阅了笔记和课本）

张恕一：快翻书，在哪呢？（喃喃自语）对，对对……就是"热爱生活，热爱写作"（发现的乐趣激发了他，有点恨不得马上跳起来手舞足蹈的样子）

李老师：对，"热爱生活，热爱写作"，只有先热爱生活了，我们才能发现更多的写作素材啊，有了写作素材我们可能急切地想把它们变成文章，这不就爱上写作了吗？

王一冰：可是要怎么热爱生活，怎样才算是热爱生活啊……（小声地与周边同学交流）

李老师：我听到一冰的疑问了（王一冰一脸惊讶，李老师微笑示意她不用紧张），这也恰好是李老师今天想解决的问题。要想热爱生活就要带丰富的情感生活，这些情感可以是我们的喜怒哀乐，总而言之都能汇集到"幸福2班"里。

开宛辰：李老师，"喜怒哀乐"与"幸福"不矛盾吗？

李老师：不矛盾，"喜怒哀乐"是我们作文的感情点，它们可能来自别人的一句话，也可能来自我们生活中的一件事，也可能是来自一个人。富有情感的一句话、一件事、一个人都可能成为我们的作文选材点，这一切都源于我们在2班感受到的幸福，写出来的文章也是"幸福2班"的见证。所以不矛盾。

（沉默许久的董予泽突然开口）

董予泽：我懂了，孙成男之前说过的那句"我们的班级是一个幸福的班级"就是一句富有情感的话，最后就成了李老师的选材点。

李老师：嗯嗯，真厉害，给你一个大大的赞……

王键飞：噢……我们的"幸福小本"（发现新大陆一样的快乐），"幸福小本"是用来记录作文素材的。

李老师：对的，李老师用"幸福2班"赋予我们班级生活中的每一句话、每一件事、每一个人的情感，让大家在热爱2班的班级生活中，找到自己写作的那句话、那件事、那个人。每日书写"幸福小本"的主要目的是让大家用一点时间去回忆和思考，找到这一天的情感点，记录下来不断充实我们的作文选材。

李老师：我们可以用一个简单的思维路径图，绘制"幸福2班"作文选材的一般思路。

图10

二、 言语成文——你读我品共赏佳作

手

对外经济贸易大学附属中学初二2班　张恕一

"孩子们，下楼跑操了！"

"唉，能不能不跑啊……"我在下面小声嘟囔。"那估计不行，走吧。"他拉起我的手，跟着大部队下了楼。

换作以前，我肯定不会说出这种话的。这一学期体育课的运动量比上学期翻了将近一倍，从上课练到下课，休息时间少之又少。我这种文弱书生，每次上完体育课可都是瘫如烂泥，走路时双腿像是被灌了铅一样重，迈不开步，还带着胀痛——这种情况能持续好几个小时。

每下一节台阶，大腿就打一次颤，身子也就颤悠一次。"好怀念以前盼望上体育课的日子啊……"只可惜，这种日子早就到头了。

出了教学楼，进了队，就跟着队伍开始跑了。每踏一步，这两条腿都胀得慌，也疼得慌。"呃……"我的眉头皱起，始终无法舒展，步子也慢了下来。前面的人逐渐和我拉开了距离，一点，一点，又一点。"得赶紧追上才行！"我使劲强迫自己迈开双腿，加快步履。"啊……"我的眉头紧锁，脚下步伐也不太稳健，打了个趔趄。

等我再次抬起头的时候，队伍好像已经离我远去，我不再有追上的机会。"追不上了吗？那就这样吧……"我叹了口气，低下了头，打算按照自己的速度跑下去。"别低头，快跟上！"他拉起我的手，向前拽了一把。我抬起头向前看，队伍原来就在我眼前，没有离我远去，也没有远在天边，而是近在咫尺，就在我的眼前。

我就这么跟着队，咬着牙，硬挺着跑了四圈。

"最后一圈了，想冲刺的就冲刺，不想冲的就继续跑吧。"

"走，陪我再冲个二百米！"他转头看向我。

"别，我可没劲冲了。"我拍了下大腿，"这腿可酸得很啊。"我抬起头，无奈地冲着他笑了笑。

"别这么说，走吧！"他向我伸出了手。

"那我可就不跟你客气了！"我抓住他的手，往后一拽，借着这股劲，右腿向后一蹬，便跑了出去。"你怎么这样啊！"他埋怨着，但是脸上却挂着笑容，随即也噌的一下跟了上来。

这一圈，我跑得很吃力，但也很畅快，他全程领先我跑完了这一圈。

到了终点，我抬头看向他，他也低头看向我，他笑了，我也笑了。时间仿佛凝结在这一刻。这样就好，不如说这样就是最好的。

这只手是我那天坚持下去的动力，但也不止于此——班里有太多只手了。我的身体与每一只手的碰触，都能感受到一丝暖意。久而久之，我也自然愿意把手伸出去回应他们了。我想，这就是2班这个集体该有的样子吧。

【小组推荐】

推荐理由1：写作素材源于生活中的"一次带跑"，腿疼得受不了不想跑步时，一只"手"给了我莫大的助力，写作材料真实且富有情感。

推荐理由2：题目就用"手"简单点明了他要写作的内容，并用其贯穿整篇文章，可以说"手"就是文章的线索。

推荐理由3：作者在最后一段，由一个人的"一只手"，写到2班这个群体中的"每只手"，提升"幸福2班"这一主题的立意。

【评价量表】

请填写下边的"自我推荐"评价量表，依据我们总结出来"幸福2班"的选材思路为自己和小组内容的文章打分。

表4 "幸福2班"素材写作自我推荐评价量表

序号	评价项目	评级标准	分数
1	源于生活的人（或事或话）	真实性	
2	拟写的题目	新颖性	
3	一句素材	富有情感	
4	获得启迪	明确性	
总分			

注：评价标准都按照五个层级赋分：无、不符合、基本符合、符合、非常符合，分别对应1分、2分、3分、4分、5分进行量化。

其中一项低于3分的请重新选材；每项都达3分以上且总分为15分以上请修改；每项都在4分以上且总分为17分以上请展示。

【写作复盘】

在学校跑操、体育课、腿疼、同学间的帮助和鼓励，这一切好像都是很日常的生活，是重复性事件且零散地分布在每日生活中，看起来既不新奇又无意义。在以往我是不会想到能把它们写到作文中，就算是写也一定会写成流水账的。

李老师给了我们一个富有情感的写作主题——"幸福2班"，我就特别想写被同学帮助后的那种幸福感。沿着这条思路我想到了近日自己腿疼时一个同学对我的鼓励，想到了腿疼又关联到了体育课、放学后的跑操……乱糟糟的事情都跑出来。想到李老师教我把这些重复的、零散的事情用情感编织在一起，就能写出好文章的方法。我试着用"获得同学帮助的幸福感"来统领这些事件，就有了一个整体思路，写自己腿疼的原因和跑操时的困难，最后写同学对我的帮助和鼓励。

虽然明白了这篇"幸福2班"主题的基本写作的思路了，但是我觉得还缺少一个能贯穿文章的情感寄托。后来，想到了跑操时同学伸出手要拉我的细节，加上我常在生活中听说"伸出援助之手""有困难了大家搭把手""我们心连心手挽手"，"手"好像就是这种积极、团结、向上的情感，于是就决定用"手"做题目和线索。

【老师推荐】

"幸福2班"的样子不仅在我们2班的每一只"手"中，它带来的"暖意"不仅温暖了我们自己，也温暖了其他班级的同学，大家想听听初二1班郎乐陶眼中的"幸福2班"的样子吗？

我们学校里几乎没有不知道"幸福2班"的人。我认为不仅是因为2班卫生干净，同学团结，更因为只要听到"2班"心里都会感觉暖洋洋的。

前些天体育课，2班几名特别喜欢打篮球的男同学在操场上练习扣篮。其中一位同学可能是由于身高的限制，无论费多大力，就是摸不到篮板。只见2班的这几名同学聚拢商量了一会儿来到篮球架下，一顿比画和扣篮尝试之后，突然听到他们齐喊"幸福2班，起"。随着声音，我看见这堆人群中有一个人被高高托起。我定睛一看，这不就是那位怎么也摸不到篮板的同学吗？下面托着的就是2班那几个常一起打球的男生。另外一名同学递过来一个篮球，原本迷茫的他立刻心领神会，接过球直接扣篮。

上完体育课，虽然有些冷，但经过2班教室门口时，我心里总觉得暖洋洋的。

（对外经济贸易大学附属中学初二1班　郎乐陶）

三、 言语修改——互评共改再提高

我们班的语文课代表	修改及点评：
对外经济贸易大学附属中学初二2班　开宛辰 我们班的语文课代表有两个，而负责背诵的男语文课代表让我印象深刻。 （选材源自2班的语文课代表张恕一，真实） 第一次注意到他时，是在班级自我介绍的时候，他的满头卷发十分特别，再加上眼里有一种莫名的冷傲，让人不敢靠近。①<u>虽然他的个子不算特别高，但总会给人一种压迫感。</u>那时他自我介绍的PPT讲的居然是游戏，再加上他的语速非常快，当时全班吓得大气都不敢出。 但后来，有一天老师忽然说要请他当语文课代表，而且是李老师"三顾茅庐"诚恳邀请他。这让他在我心中的地位忽然就从谷底爬到了山峰——我曾经一直以为他是那种"小混混"式的学生。②<u>在这之后，我对他的敬意油然而生。</u> 最让我印象深刻的还是我找他背《春》的时候。我抱着语文书在他面前排队等着被检查背诵。只见他坐在椅子上，目光漫不经心地扫视着四周，这让我不禁担心他有没有听同学背课文。他"噔"的一下从椅子上③<u>蹿</u>起来，右手扶着桌面，敏锐的目光紧盯着背书的同学，左手指向背书的同学手中的书，飞快地说道："少了一个字，'野花遍地是'，而不是'花遍地是'。"他的吐字好像机关枪一样"突突突"，再加上扣字十分仔细。这时，只见他对那位可怜的同学挥挥手说："拜拜，回去重背，再排队吧。"我看着他的目光心里直发毛，对自己将要背的课文越发没信心了。④<u>不知道为什么站在他面前就会有一种莫名的压力。</u> 轮到我了，课代表先生还是像刚才那样坐下，依然是先前的冷傲。我错字时，他的眉头立刻锁在一起，我急忙纠正，好赶在他的"机关枪"扫射前躲过去。他的眉头稍稍松了一下。背完后，他给我的名字后边打上钩。我回头看后面一列长长的队伍，又看见课代表的眼睛炯炯有神地注视着下一个要背书的人，并绅士地伸出手示意道："背吧。" （在2班生活中，寻找到有关张恕一的三个片段，由浅入深地写印象不断加深的过程，清晰可感） 每个课间，我一抬头就能看见语文课代表和他身后长长的队伍。像是一条贪吃蛇一样，课代表去哪，"贪吃蛇"就追到哪。而课代表也不厌其烦地用他的"机关枪"给每个人纠出错误。 这位语文课代表带给全班同学很大的压力，让大家害怕，但是对他的敬意却是发自内心的。因为他自己每篇文章都背得特别熟，很厉害，并且在检查我们背诵时也尤其地负责。他给我留下了极深的印象。 （选材源于生活，真实；情节层层推进，清晰合理；能够围绕"语文课代表"的负责组织材料，详略得当）	①有点"先入为主"了，可以将第一次见面的情形叙述完整之后，再做出评价，会更好一些。 ②情感的转折太快，到此应该只是对他的印象有点扭转，还不能达到"敬意油然而生"的程度。所以建议修改成"在此之后，我对他的印象有所改变。" ③"蹿"这个动词用得非常好，把语文课代表对同学的背诵错误零容忍，恰是他负责任的表现。 ④在词句后可以适当加入一些心理描写，用来突出语文课代表的严厉负责对我产生的"压力"。例如可以增加："我心想：'难道这个课代表是个神人吗？'这大概就是李老师'三顾茅庐'的原因吧！我越发敬畏他了。"

【对比讲评】

这篇文章取材于我们2班的背诵课文的日常生活，内容真实且情感真切。而且能够采用欲扬先抑的手法进行总体构思。先回忆了初识张恕一的感觉，又略写了他被老师"三顾茅庐"请来做语文课代表，最后详写一次背课文的经历，非常合理。另外，小作者在描写上下了不少功夫，一些动作的描写是比较生动的。

但是在细节的处理上还要注意处理好写作时的视角和认知时的视角的问题。比如在第①处就会出现第一次见面情形的认知视角没有叙述完整，中间毫无提示的状况下就穿插了对人物的评价（是站在写作时的视角来评的）。针对这点可以再读《从百草园到三味书屋》，理解学习鲁迅写作时的"大鲁迅"和"小鲁迅"的视角及转换。在写情感转换的过程中，要注重词语的准确适用，确保情感随着事情的发展层层推进。比如②处，直接就把情感拔到了"敬意油然而生"，转变太突然，层级不明显。建议重新回忆和整理写作思路，这样不仅让写作视角能够更清晰，情感转变的过程也能够轻松把握。

【作者思路再现】

经过互评共改后，我重新梳理了自己写作这篇文章的思路：文章起源于张恕一那句"少了一个字，'野花遍地是'，而不是'花遍地是'"。当时就觉得他太严了，可是大家却没有一个人不服气，这一定是因为他的责任心打动了大家。于是就回溯他是怎样当上语文课代表的，以及他给大家留下的深刻第一印象。逆着将事件推理了一遍后，就按照认知张恕一的过程由浅入深地完成写作。

四、言语群文——精彩片段+老师下水文

【精彩片段】

我愿意再一次被收买

对外经济贸易大学附属中学初二2班 胖福童

在家长的逼迫下才决定和老师谈一谈，经过和老师的谈话，我终于明白，老师并没有收买任何人。最后老师说："我经常问，你坐这儿看得清吗？你还记得吗？"我猛然想起，原来老师把我们每一个人都装在了心里，而不是我想的收买。但其实老师用的是对每一个人的关心收买了大家，老师用对我的客观评价收买了我的妈妈。老师一直也在收买我，只不过我没有发现罢了。

和老师的谈话进行得特别愉快，对于老师的收买我也表示很希望被老师永远收买。现在想一想，被老师收买肯定是一件很幸运的事儿，为什么我以前就没发现呢？我很开心，被李老师一次又一次地收买。未来，希望李老师可以经常收买我。

有意义的语文课

对外经济贸易大学附属中学初二2班 邢 政

一天前我们安排了一场在语文课上的"表白"。就连老天也眷顾我们，5月20号那天正好有一节在1点到2点的语文课，正好可以来一个"5201314"的表白。我已经幻想到那个成功的场面了，我承担准时准点成功打断老师讲课的任务。

上课之前大家都用信任的眼光看向了我，那个时候感觉自己是"全班的希望"，距离13点14分还有3分钟，我的手心已经开始不停地冒汗了，心中无比紧张，生怕把这次的"表白"良机给毁了，如果失败了后果不堪设想，到那时候我就是千古罪人了。马上到点了，我奋力地举高我的手，

但是老师没看见，这时候救星出现了，他直接起立说："老师您相信光吗！"我很有默契地说："今天是5月20日，时间是13点14分，我们想对您说：'李老师我们爱您！'"

擦亮黑板

对外经济贸易大学附属中学初二2班　高子涵

中午，我就自告奋勇地告诉老师，我想擦黑板，我觉得曲鹏睿擦得不好，老师说："这事我可决定不了，你得让全班同学决定，你要不上讲台跟同学们说一下吧。"

我上了讲台，我先擦了一遍，然后跟同学们说："同学们，你们看，哪块黑板擦得亮？"同学们说："右边擦得好！"我说："左边的黑板是曲鹏睿擦的，右边的黑板是我擦的。那以后就让我来擦黑板，可以吗！"同学们异口同声地说："好。"那个时候我感受到了一种擦黑板的责任感。我心想我一定要把这个黑板擦得乌黑锃亮，让它能当一面镜子照。从此以后，只要一下课，我就第一个冲出教室去投抹布，为的是能让我多擦几遍黑板，让黑板变得乌黑锃亮。

我很自豪、很幸福，因为我为班级做出了贡献！

双　摇

对外经济贸易大学附属中学初二2班　王一冰

每月学习一项技能是2班的幸福，虽苦也甜。面对这月学习"双摇"的目标，有时真的很累，也想偷会儿懒。我看向其他同学，目光在董予泽身上停止了，绳子快速摇动，仿佛寻不到绳子的踪迹，汗水打湿了鬓角，一组结束后，他露出满意的笑容，仿佛在说："我征服了双摇。"在午休时，许多人都在班里休息，但在太阳底下，看见了董予泽的身影，和平常一样认真的表情，努力提高着跳的个数。

放学后的练习让大家都逐渐掌握了双摇这项技能，这个过程，不简单，但在李老师的陪伴和鼓励下，同学们的互帮互助下，大家都学会了双摇。

【总体点评】

"幸福2班"的故事在对外经济贸易大学附属中学2020级2班组建的那一刻开始。最初的想法是希望能够用语文老师的学科特点记录这个班级30名孩子初中三年成长的精彩瞬间，作为毕业礼物送给他们。后来，几乎班里每一个孩子都参与进来了。一词本就富有情感，带着这份来自"幸福2班"的情感，他们用自己的笔记录下2班的每句富有情感的话，每件富有情的事，每个有情的人，便是源于我们生活最真实、最动情的写作。"幸福2班"精彩的瞬间不只这些，每天他们都有新发现，新体悟，新书写，"幸福2班"的故事会一直继续下去。

【老师下水文】

"班　魂"

时隔多年，再次当班主任，少了很多功利之心，多了些许情怀。我不在乎是否有人当面或背后不看好我做班主任的言辞。既然接了班，就应该干出来个样子，一个自己心目中的样子。

我无数次问自己，心目中的班级是什么样的。也许因为想法简单，或是自己的才学不足，所以并不能描绘出理想班级的样子。于是我就试着用几个关键词做了班级的目标"团结、担当、友善"，可能这正是我为人处世的一种理念的呈现吧。

直到在开宛辰的朋友圈看到了"班魂"这个词，让我感动于这个班级的成长。回想起建班初，生病的身体拖着这群顽皮的孩子以及他们背后的30个家庭，实在扛不起了，最后的一点耐心被孩子们磨完了，我特别想撂挑子不干了。

班级建成后的一年，当我反问我们2班"班魂"是什么时，开宛辰很快地在评论区写下了"团结"二字。虽然早已料定，但是看到这两个字，心中还是有点小激动。激动之余沉淀下来的就是感动，晚上等孩子睡着了，爬起来写这篇文章。

"团结"的班魂由开宛辰提出应该也是必然的，我清楚地记得以小组为单位排座位时，我们的规定是组长有优先选择座位或统筹安排座位的权利，但是她却是唯一一个让小组成员优先选择的组长。这样就导致留给她的是最后排的座位，她却欣喜得像淘到了宝似的，说她们组的同学都能坐在前边，能更好地学习，她们组下次能够有更大的进步。这是一个特别有集体观的女孩子，让人敬佩。

再细想好像这个班级有太多团结的故事要写，在班主任缺席的运动会上，他们也能够团结一心拿下团体第一的好成绩；红歌比赛我们能用最短的时间练习出最难转换的队形，获得了一等奖，并为班级争取到了参与学校"唱支歌儿给党听"的节目录制机会；一年八次的校级月量化考核中每月都能成为优秀班集体。

我越来越觉得这个班级中的每一个孩子都很重要，这个班级可以没有班主任，但是不能缺少任何一个人，因为他们都是"班魂"中不可缺少的一部分，是他们让2班的凝聚力越来越强。

感谢他们给了我一个幸福的2班。

【写作缘起】

我一直在写"幸福2班"的故事，由自己的笔记录这群孩子成长的每一个精彩瞬间。这篇文章源于一个孩子的朋友圈。那天在开宛辰朋友圈里看到了"班魂"两个字，有感而发。当时2班很多同学都在下方点赞和留言，我也在下方评论区留言，没想到的是引起了同学们的一顿讨论。因此就想把那一刻的幸福感写出来，于是就有了这篇文章。

指向审美鉴赏与创造的言语化作文教学实践探索
——以"北京冬奥精彩瞬间"写作指导为例

郝慕新 李 燕

【摘 要】本文借助北京冬奥会的精彩瞬间设定写作情境,进行言语化写作实践。通过话说冬奥会上的精彩瞬间激发学生审美意识;在发现的基础上,描绘印象最深的画面,丰富学生审美情趣;在言语化作文评改过程中提高学生鉴赏品位能力。笔者结合部编版初中语文教材七年级下册第三单元的写作要求——"抓住细节"进行作文教学设计。希望能够在实践中提升学生的写作审美鉴赏与创造能力。

【关键词】审美鉴赏与创造 言语化作文 "冬奥瞬间" 定格画面

《普通高中语文课程标准(2017年版)》明确指出:"审美鉴赏与创造是指学生在语文学习中,通过审美体验、评价等活动形成正确的审美意识、健康向上的审美情趣与鉴赏品位,并在此过程中逐步掌握表现美、创造美的方法。"[1]尤其语文写作教学在培养学生体验美、创造美、鉴赏美的方面有着重要的作用。目前的作文教学多是学生只顾写,教师负责评,但是缺乏对学生修改作文的有效指导。这样久而久之,不仅使学生写作热情渐渐退却,学生的审美能力亦随之固化,而且写作水平很难提高。在和学生们课下交流过程中,也常听到"太难了""不知道写什么""不知道怎么写"……在特级教师李燕老师的带领下,在多次的教学实践中我们尝试带领学生进行发现、追求和创造美的教学写作。《义务教育语文课程标准

（2022年版）》也要求："多角度观察生活，发现生活的丰富多彩，能抓住事物特征，为写作奠定基础。写作要有真情实感，表达自己对自然、社会、人生的感受、体验和思考，力求有创意。"[2]基于此，在教学课程设计过程中，着重让学生发现生活中的美。在"你有认真观看冬奥会"的问卷调查中，有35%的学生通过电视观看比赛，关注赛事。有50%的学生通过短视频新媒体等走马观花般了解冬奥赛事。有15%的学生未关注冬奥相关内容。在对学生的情况有了基本了解后，布置任务，回看冬奥赛事，并就自己印象最深刻的画面，制作手抄报，再现"冬奥瞬间"。

一、话说"冬奥瞬间"，激发审美意识

2022年恰逢冬奥盛事，笔者以精彩的"冬奥瞬间"创设写作情境，鼓励学生用写作记录"冬奥精彩瞬间"。首先通过师生畅聊冬奥精彩瞬间的言语化活动，激发学生的审美意识。

笔者通过学生绘画手抄报这一媒介引导学生选择瞬间的冬奥画面，多角度、深层次挖掘画面背后的内容。学生分享自己的手抄报并说"我选取的是冰墩墩，在奥运会开始后的这段日子，冰墩墩爆火网络。在这背后，我们看到的是国人对于冬奥的高度关注，同时，冰墩墩它又是敦厚、朴实、可爱的化身"。提到"冰墩墩"，激活了学生话说"冬奥瞬间"的热情。接着学生补充说："我还在电视上看到了它刻苦练习挑战花滑超高难度动作4A，活生生是灵活又努力的墩墩呢！"还有学生说"冰墩墩和志愿者互动跳舞的画面活泼可爱，感受到了国人的自信与活力"。学生们聊到"天才少女"谷爱凌的自信与学霸人生，聊到"一鸣惊人"的小将苏翊鸣的努力与拼搏，聊到"四朝元老"徐梦桃终得冠军的坚持不懈，聊到"花滑王子"羽生结弦虽败犹荣的超越自我，聊到"中国短道速滑队"的梦想与不易……就这样，学生们你一言我一语的尽情表达，丰富了冬奥的感悟

和体验，拓宽了写作思路。

通过教师的引导，并参与"冬奥瞬间"的畅聊，学生想说了，有话可说了，生生话题互补，让学生心中有所想，所想有所思，从而激发他们的审美意识。

二、描绘"冬奥瞬间"，丰富审美情趣

七年级学生在写作过程中要求学写抓住细节，"对人物、景物、事件等表现对象的细微刻画"[3]。教师引导学生抓住"细节"，紧扣细节多层次多角度描绘画面，这一过程就是培养学生对客观事物即"冬奥瞬间画面"的善、恶、美、丑所引起的个人不同主观反映，由此产生多样审美趣味，丰富学生的审美情趣。

教师从教材出发引领学生向"名家"学写细节。学生们找到鲁迅《阿长与〈山海经〉》中的内容，阿长把《山海经》叫作"三哼经"这一细节，就是这样一个没有什么文化的保姆，却心心念念着"我"最喜欢的书，细节虽小作用却大。学生描绘开幕式中《雪花》节目时，注意到东南角那只迷路的小鸽子，被同伴手牵手带回大集体中的细节，围绕这一细节，学生从描绘其中的画面，写作其中的寓意及自己情感的体验，抒发了自己和平统一的家国情怀。

教师剪辑了一段冬奥视频，包含多个画面，多个瞬间，请学生们认真观看。过后，学生们纷纷说，这个视频的核心是鲜艳的五星红旗，他们关注到那抹"中国红"。有学生如此描绘"开幕式中，五星红旗，手手相传，来自56个民族，上百个职业。那红色在人群中缓缓移动着，仿佛一颗跳动的心。五十六个民族，为冬奥助威，三百六十行，为冬奥加油。终于，五星红旗被几名军人托举着，来到了旗杆前，这是多少人日夜盼望的瞬间！我的眼眶不自觉地早已湿润"。在这一审美活动中，学生们紧扣真实、典型、生动的画面进行了细节的描绘，激发了学生的审美趣味。

通过教师的引领和素材的启迪，学生定格瞬间"一个动作""一个眼神""一声呐喊""一个微笑""一个拥抱"……有了直接的、感性的、深度的言语化叙述，进而丰富他们的审美情趣。

三、评改"冬奥瞬间"，提高鉴赏品位

评改是言语化作文教学的重要一环。最后在课堂上，以评价量表为基本维度，通过分小组学生间互评、他评、师评等多种形式，进行言语化评价，提高学生的鉴赏品位。

《义务教育语文课程标准（2022年版）》对于写作评改要求如下"根据表达的需要，借助语感和语文常识，修改自己的作文，做到文从字顺。能与他人交流写作心得，互相评改作文，以分享感受，沟通见解"[4]。言语化评价对于学生思维能力、审美鉴赏与品位的提升，都具有重要作用。重视评改写作，在评改任务下，生生共创评价量表，师生共同优化评价量表。课堂在生生互评，师生共评，评后再改的交流评改任务驱动下，在审美情趣的引领中，提高学生的审美鉴赏品位。

在课堂生成中，评价量表优化如下：

表1

冬奥"精彩瞬间"写作评价量表			
评改者：	被评改者：	总分：	
序号	评改维度	分值（8）	修改建议
1	选择画面，描绘瞬间		
2	定格细节，再现瞬间		
3	联系经历，体会瞬间		
4	语言连贯，表现瞬间		
5	联想创造，追求瞬间		

在评改任务的驱动下，学生积极参与，互相点评，不时发出感叹"我也存在这样的问题"。通过多维视角的评价维度，学生互相点评，在评改中，这种自然而然的生成即是自我鉴赏品位能力的提升。潘新和曾说"写作动力应是直抵人心的言语原欲，每个人都拥有言语原欲"[5]。写作有言语的内在动力，在此动力下赋予言语生命，每一篇作文都是一个鲜活生命。同样，笔者认为写作评改是在写作的基础上言语的二次生成与加工，在会写的基础上会评，会改，学生的写作能力与鉴赏品位自然可以达到追求美的境地。

四、小结

审美鉴赏与创造是重要的语文学科核心素养，对于学生知、情、意的全面发展具有重要促进作用，本文以指导"北京冬奥精彩瞬间"的言语化写作为例。写作前在借助媒介的条件下进行言语化活动，师生尽情畅聊言说冬奥"精彩瞬间"，激发了学生的审美意识；写作过程中引领学生从细节出发进行言语化创造，定格画面多角度展开言语写作，丰富了学生的审美情趣；写作后以评价量表为载体进行言语化评改，多维度评价视野中的生生互评，师生共评，评改结合，提高了学生的鉴赏品位。整个从"说、写、改"三位一体的教学写作路径下，形成了学生发现美、创造美、鉴赏美的情感进程，以期实现培养学生全面健康发展的审美鉴赏与创造能力。

注释

[1] 中华人民共和国教育部. 普通高中语文课程标准（2017年版）[S]. 北京：北京师范大学出版社，2017.

[2] 中华人民共和国教育部. 义务教育语文课程标准（2022年版）[S]. 北京：北京师范大学出版社，2022.

［3］教育部组织编写．义务教育教科书语文七年级下册［M］．北京：人民教育出版社，2017.

［4］中华人民共和国教育部．义务教育语文课程标准（2022年版）［S］．北京：北京师范大学出版社，2022.

［5］潘新和．潘新和与表现—存在论语文学［M］．北京：北京师范大学出版社，2016.

［6］李燕．作文课堂"言语化作文"初长成［J］．新作文（初中版），2011（9）．

［7］吴新梅．在初中作文教学中培养学生的审美能力［J］．中学教学参考，2011（25）．

［8］李革．基于语言建构与运用的言语化写作实践探究——以"自成长"主题演讲稿的写作指导为例［J］．语文报（初中教研版），2022（463－464）．

【附】课堂直播——"我的冬奥梦"

他山之石 可以攻玉

对外经济贸易大学附属中学　郝慕新

壬寅年的春节遇上了北京冬奥，当世界将目光再次对准北京，对于我们这些身在双奥之城的老师孩子们来说是一次难得的机遇，孩子们在未放寒假之时就兴奋地和我说："老师，08年奥运会的时候我们还未出生，这回冬奥会我们一定认真观看，太期待了！"因此，我们决定，以冬奥会为契机，以"我的冬奥梦"为主题，展开了此次课堂直播及课上写作与评改，在孩子们的笔下，是激动，是感动，是梦想，是信念，是自古英雄出少年的后生可畏。我们相信,"他山之石,可以攻玉",这次冬奥定会对他们的学习生活产生重要影响。

一、 言语思路——你言我语"聊冬奥"

郝老师:雪花隐去,圣火熄灭,北京冬奥会注定将会被载入史册,短短的16天给我们留下了许多难忘瞬间。接下来,请同学们结合自己所画手抄报,与大家一起分享给你留下深刻印象的冬奥精彩瞬间。

黄子烨:在观看比赛中,有很多瞬间都给我留下了深刻印象。14日,老将徐梦桃赢得自由式滑雪女子空中技巧项目金牌,四战冬奥,尽管伤病缠身,但这位31岁老将一路坚持,终得圆梦。15日,单板滑雪男子大跳台决赛中,小将苏翊鸣勇夺冠军,其他选手纷纷向他祝贺。从他们身上,我看到了无论老将还是小将,都体现出了运动员们身上的顽强拼搏精神。

郝老师:嗯,我们看到唯有梦想不可辜负。

李逸凡:2月5日,冰壶混合双循环赛,中国组合凌智、范苏圆不敌美国组合,比赛结束后两名中国选手将两盒冰墩墩徽章赠予对手,这个举动让美国选手十分感动,随后在社交媒体上表示"这是体育精神的绝佳表现",之后我国选手也收到了回礼。我在想,小小的徽章,连接着两国运动员友爱的互动,这份双向奔赴的爱,弥足珍贵。

郝老师:过去有"乒乓外交",今天有"徽章相送"。(同学们纷纷欢呼起来)

陈贝伊:我选取的是冰墩墩,在奥运会开始后的这段日子,冰墩墩爆火网络,在这背后,我们看到的是国人对于冬奥的高度关注,同时,冰墩墩它又是敦厚、朴实、可爱的化身。我还注意到它刻苦练习挑战4A的画面,活生生一个灵活的"小胖墩",我对它的渴慕真的是可以说"寤寐求之"啊!

图1

　　郝老师：谁不喜爱"冰墩墩"呢，老师也想实现"一户一墩"。（同学们七嘴八舌地炫耀自己已拥有）

　　胡鑫洋：开幕式二十四节气的倒数给我留下了深刻印象，一幅幅精彩绝伦的画面展开于我们的眼前，不仅让我感受到了文化自信，更被古人的智慧折服，更为这份中国式浪漫而兴奋。

　　郝老师：这是属于中国人独有的浪漫。

　　翟子洋：给我留下深刻印象的是开幕式中的和平鸽节目。起初，我以为这只是一次普通的"舞台事故"，当所有的鸽子聚集时，有一只东南角的小鸽子迷路了，她并没有回归到大部队中，而是一直在东南角站立，这时，一只鸽子见状跑来手牵手将它带回了集体中。后来，我上网查阅知道了这是一次来源于排练时的小插曲，被导演选中有意为之，我们看到这里"一鸽也不能少"的背后是国人对于和平统一团结的矢志不渝。

　　郝老师：我们都有一个共同心愿——祝愿祖国早日实现统一。

图 2

梁墨涵：我选择了两个精彩瞬间，第一幅画面是开幕式中的国旗传递画面，让我非常感动，五十六个民族各行各业的人们手手相传国旗，那一刻我热泪盈眶，我感受到我们的国家越来越强。第二个画面是冰雪五环破冰而出的瞬间，我认为这是奥林匹克精神的体现，而那块冰则是国际上普遍存在的隔阂或不太好的现象，五环破冰而出寓意着奥运精神会把这些隔阂化解，让世界充满爱。

郝老师：手手相传的不仅仅是那一面五星红旗，更是我们中国人骨子里的团结友爱。

何垌朴：在观看比赛后，我查阅了解到 17 岁奥运冠军苏翊鸣的奋斗历程，4 岁时开始接触滑雪，6 岁可以自如地在长白山滑野雪，当北京冬奥申办成功后，他立下了目标为国争光。于是，他训练更加刻苦，让我认识到了成功的背后离不开辛勤的付出。

郝老师：自古英雄出少年，只要肯努力，一切皆有可能。

李若昊：我关注的是 00 后小将谷爱凌挑战前所未有的高度，逆袭夺冠。男子自由滑金博洋尽管排名第九，但也创造了个人本赛季最高分，不拿奖牌论输赢，参与就是最好的开始，他们身上的拼搏进取是我学习的榜样。

郝老师：嗯，没错，金牌并不是唯一。

罗佳然：给我留下深刻印象的是我国自由式滑雪运动员谷爱凌在2月8日的决赛中，最后一跳以超高难度"1620"转体收尾，完美落地，在18岁的年纪能够在如此盛大的国际赛事上取得成功，是她敢于挑战自我，突破自我极限的勇气与担当。

郝老师：老师从同学们的分享中感受到了谷爱凌已经是你们新的偶像了！

郝老师：刚刚我们的同学们分享了许多难忘的精彩瞬间，或是自古英雄出少年的壮志凌云，或是老将坚持不懈终得圆梦的喜极而泣，或是不问输赢挑战自我的跨国友谊，或是诗情画意彰显文化自信的开闭幕式……都给我们留下了难以抹去的记忆。俗话说，好记性不如烂笔头，请用你们的笔写下这五彩的冬奥梦想，难忘的冬奥记忆，有趣的冬奥体验吧！

图3

二、言语成文——你读我品共赏佳作

我心目中的精彩奥运瞬间

对外经济贸易大学附属中学　初二6班　梁峻华

依依惜别的柳枝在鸟巢体育馆中出现，仿佛伴随着风一同舞动。伴随着16个日日夜夜的激情与泪水，离别的时刻最终还是来临。这届冬奥会为我们留下了太多的回忆。其中的遗憾、喜悦，都将被载入史册。

（一）开幕式名场面

2月4日的北京，鸟巢附近的封闭区外，人头攒动，又静寂无声。忽然，人们仿佛听到了什么，一齐欢呼起来。小小一片广场瞬间成为欢乐的海洋。我坐在电视机前，静静等待着升国旗的那一瞬间，来了，近了。五星红旗，手手相传，来自56个民族，上百个职业。

那红色在人群中缓缓移动着，仿佛一颗跳动的心。五十六个民族，为冬奥助威，三百六十行，为冬奥加油。终于，国旗被几名军人托举着，来到了旗杆前，这是多少人日夜盼望的瞬间！我站了起来，热泪盈眶，国歌在国家体育馆中回荡，也在我和每一个中国人的心中回荡。

（二）一鸣惊人的少年

他的眼前，是洁白的。洁白的雪场占领他全部的视线，仿佛这便是他的全部，他深吸一口气，闭上眼又睁开，心中已然平静。枪声响起，他便一冲而下。飞溅的雪沫、呼啸的狂风，都已如不存在般。一切跟训练时一样，滑行、起跳、反转、抓板……他凝视着一个又一个的陡坡，疑惑着，这是否便是他的人生呢？在一个个陡坡中攀登着，那之后，会遇到……最后一跳，他奋力一跃，在空中仿佛飞翔着。落地后，他握拳高呼、展臂大笑，拥抱自己的教练。他毕竟还是一个17岁的少年，也追逐着自己的梦想，我们和他一样，都有自己的梦想，追梦的路上，我们一直都看着前方。

（三）两个人的喜悦

15年的拼搏与付出，为的便是这一刻的绽放。到了，最后一个便是他们了，方才俄罗斯选手的动作几乎没有失误，他们只能采用更高难度的动作了。她看向他，眼神中充满了坚毅，15年的磨合，他们两个已如同一个人。音乐响起，他们开始了舞动，这是他们的汗水凝聚成的，更是他们的青春凝聚成的。托举、四周跳，一个个动作几乎完美，他们的舞姿飘飘，宛如那惊鸿与游龙。只有他们知道，这几乎完美的表现是建立在伤痛之上的。在此之前，他们的脚、膝盖、腰都因长时间训练而伤痛交加，然而中国离上次夺冠已有12年！当最终战绩公布时，他们抱在一起，流下了喜悦的泪水。我深深知道，这圆梦的背后有太多的汗水和伤痛，更有无数次咬紧牙关的坚持和为国争光的信念。

一切事物终将逝去，只留下美好的回忆在我们心中。无论是手手相传的拳拳爱国之心、少年得志的意气风发，还是老将圆梦的坚持不懈，都印证了国际奥委会主席巴赫所说："这是一届真正的、无与伦比的冬奥会！"

【写作复盘】

刚开始听老师说我们进行一次"我的冬奥梦"习作时，我内心有些困惑，我的冬奥梦是什么呢？当我再次回看北京冬奥会时，开幕式上、赛场上，甚至是幕后，都让我对于"我的冬奥梦"有了清晰的定义，这何尝不是我们所有人的冬奥梦，多年训练努力的运动员们今朝梦想实现，多少个日日夜夜无数幕后英雄们辛勤付出保障着奥运会的顺利闭幕，多少年我们的中华民族从站起来到富起来再到强起来有实力举办这样一次的全球盛会。

在上课时，看到老师给我们播放的开幕式手手相传国旗的视频使我更加震撼，之前在电视机前看的时候第一感觉就是认为导演这一创意太好了。前几天，我回看开幕式时，心中已经记住了这一个瞬间。今天上课，老师再给我们播放这段视频，我第三遍再看时，在与同学们的畅谈观后感受时，我的心情久久不能平静，这一瞬间不是我们所有人冬奥梦实现的表现吗？之后，我落笔如思泉涌，那一抹中国红在无数时刻照亮我们中国人前行的道路，那一抹中国红不就是我们的信仰吗？家门口的奥运会，对于所有中国运动员来说都是一次不同寻常的体验，对于初出茅庐的小将苏翊鸣来说可谓一鸣惊人，对于花样滑冰的隋文静、韩聪来说更是多年坚守终有所得，掌声的背后，是无数日夜的苦练与克服伤痛，这些瞬间在我的脑海中挥之不去，我借助文字记录这份感动。

老师经常和我们说"心中所想即可成文"，当我完成这篇文章，选择这三个瞬间所写时，这三个瞬间的画面在我脑海中久久停留，他们作为奥运的亲历者，我们作为奥运的见证者，他们带给我们的感动，带给我的影响是深远而巨大的，这就是我再次回顾我的写作内心的一些小想法。

【小组推荐理由】

同学一：我觉得文章描写生动形象，运用细节描写，定格画面，并使用了大量的动词进行了动作描写，使人如临其境，眼前仿佛展开一幅幅生动画面。

同学二：我觉得这篇文章对于多个画面进行了描写，将多个瞬间组合在一起，又有一个统一的主题贯穿始终，即如巴赫先生所说"这是一届无与伦比的冬奥会"，通过梁峻华同学细腻的笔触让我们看到了不一样的感动。

同学三：我觉得这篇文章线索清晰，详略得当，布局合理，在描写中适当地穿插了运动员过往经历，更有说服力，更有他自己的所思所想。

【评价量表】

表2 组内互评作文量表

序号	评改维度	分值（8）	修改建议
1	定格画面，描绘瞬间		
2	注重细节，生动描写		
3	结合经历，提炼中心		
4	结构巧妙，详略得当		
5	语言连贯，书写工整		

三、 言语修改——互评共改再提高

【对比讲评】

本文彰显了小作者一定的语言文字功底，立意深远，有自己的深刻体悟。同时，善于观察，描绘细节，能够就徐梦桃的夺冠描绘瞬间，打动人心。但文章结构安排上不够合理，详略得当还需要进一步安排，小作者用大量的语言文字描述冬奥会场馆的筹备与建设，而这些可以总结概括，着重突出典型人物的典型事迹，由一个人到一群人，甚至到整个中国人共同的"冰雪之梦冬奥之约"会更加有层次感。

▶ 师生感想小披露 ◀

师：同学们，我们通过两节课由冬奥聊起，由写到评再到改，你们对于日后的写作有何收获呢？

生1：我觉得审题非常重要，就像我们写作文时所列提纲一样，提纲有了，思路也就清晰，下笔自然会流畅。

生2：我认为在写作过程中细节描写很重要，没有细节的描写仿佛没有灵魂的人物，一切都是泛泛而谈，空洞至极。

生3：我觉得开门见山地写出文章的中心，然后围绕中心，选取典型素材，最重要的是一定要有自己的真实感受与启发，这样的作文才能打动人。

生4：通过这一次的写作评改课，我意识到好的作文需要反复打磨，在评的基础上再修改，再琢磨，真的和第一次写成的文章会有不同的感受。

生5：我觉得选材不一定多，而要精，在那么多的典型事例中所择最能为我这篇文章中心服务的才是好的素材。

师：通过刚刚大家的分享，老师欣喜于你们的成长之快，这样看来，写作文也并不是什么难事，只要留心观察，处处可下笔。"他山之石，可

以攻玉",希望同学们通过这次习作从运动员们身上学到顽强拼搏的精神,从习作评改的过程学到写作的真谛,从"心"爱上写作,一定能有更多的收获!

四、群文展示

（一）学生习作片段

"下面我们来看 17 岁小将苏翊鸣的表演,他作为即将出场的中国选手,无疑为场上的中国观众点燃了激情,他正在做最后的调试……"解说员声音虽然不大,但却充满力量,似乎是一种肯定,亦是对中国运动员的信心。

"镜头回到赛场,他已经示意,准备出发了,相信大家都很期待这位年轻小将的表现……"现场除了解说,鸦雀无声,大家都屏息凝神,拭目以待。镜头中,他擦擦雪板,身体微倾,开始滑下。加速,再加速！雪板在雪上飞速滑行,溅起无数雪花。他灵动自如,摇摆着,如同一只老练的雄鹰翱翔在属于自己的蓝天,仿佛可以感觉到他耳边呼呼刮过的风。

到达斜坡,他开始调整身姿,用最理想的姿态升空。"呼！"雪板腾空跃起,带着那只"鸟儿"飞向天空。苏翊鸣手抓雪板,摆动身体开始旋转。他身体前倾,如同一支利箭射向长空,似乎要划破空气；他舒展自如,如同一只雪燕在空中舞蹈,仿佛在同天空拥抱。一个个巧妙的旋转,在空中形成一条条优美的弧线。起飞,旋转,滑翔,下落,四个动作一气呵成,毫无拖泥带水。雪板落地,如轻盈的羽毛飘落水中,悄然无声。他的每个动作都做到了极致,毫无瑕疵,身体的每个部位都舒展到了极限。用如鱼得水四个字来形容,毫不夸张。

观众台在他落地的一瞬,便爆发出如雷贯耳的掌声,如同突然拔出了耳塞,脑海中似乎仍回味着他优美的身姿。"空中旋转 1800°,这是空前绝后的成功,真不敢想象,真是振奋人心！"解说员无比激动,"他已经提前锁定了金牌！中国！这将是中国单板滑雪的里程碑!!如此的精彩,他才十七岁，真是难以置信！"欢呼声，掌声此起彼伏，气氛推向了高潮。

——对外经济贸易大学附属中学　初二5班　马则原

图 4

2月8日首钢滑雪大跳台迎来了自由式女子滑雪的决赛，年仅18岁的谷爱凌也出战此次决赛，在经过前两跳，谷爱凌已经提前锁定了奖牌，她当然可以选择保守夺冠，可是在这个基础上，运动员可以挑战自我，突破极限。谷爱凌选择了后者，她调整装备，自信满满地出发，俯身冲下赛道，她飞了起来，在空中画出一道完美的弧线，在这短短几秒内，她接连做出好几个高难度动作，翻转十分轻巧，就像摆脱了重力一样，雪花在雪板滑过的瞬间纷飞，像是为她提前祝贺。她用力一跃，腾空，旋转，一套动作行云流水最后完美落地完成了1620的超高难度，全场都在为她欢呼，连巴赫主席都在为她鼓掌。她的眼里充满了自信、野心，与之匹配的是她的努力。

——对外经济贸易大学附属中学　初二5班　罗佳然

【亮点点评】

小作者多次转换场景，多角度描绘苏翊鸣决赛的过程，描写谷爱凌夺冠的瞬间，语言优美，中心明确，将画面定格在运动员空中表演的瞬间，动作一气呵成，描写细腻传神，眼前仿佛出现了这一幅幅精彩画面，令人回味无穷。

【附】

联想入情，言语成文
——以《落叶》写作指导为例
北京市陈经纶中学　杨海龙

【摘　要】 联想即由此事联系到彼事，由一件事联系到多件事的方法和能力。在写作中恰当地运用联想能够丰富作文素材，明晰写作层次，深化文章主题。本文以《落叶》的写作指导过程为例，论述了在作文教学过程中如何运用联想的方法帮助学生实现从口头语言到书面语言的跨越。

【关键词】 相关联想　相似联想　相对联想　言语化作文

由一件事物或想法迅速想到其他事物或想法的能力即联想能力。亚里士多德曾经提出，一种观念的产生必然伴随着另一种与之相似、相关或相反的观念的产生。我们在生活中随时随地都会产生联想。而初中阶段的学生思维发散、活跃，能够通过联想形成自己对事物独特的思考。面对一草一木，中学生可以联想到生活中点点滴滴的回忆和精力，抒发自己的感悟和思考，从而形成情理兼备的文章。在写作指导课《落叶》中，我为学生提供了有效的联想的方法，引导学生由一片落叶发散思维联想生活，形成了反映学生独特情感的文章。

一、由事及事，抒发自身感悟

当事物之间具有高度的相似性，大脑就会在二者之间形成联系，这种联想叫相似联想。学生通过事物的相似性，由一件事想到另一件事，由这一件事想到另一件事，从而引发一定的思考感悟，便是以相似联想构思作文的方法。

部编版语文教材中的选文《天上的街市》就运用了相似联想的方法："远远的街灯明了，好像闪着无数的明星；天上的明星现了，好像闪着无数的街灯"，即是由事物的典型形象而产生的联想。作者通过闪烁明亮的相似特点由街灯想到明星，由明星再联想到天上的街市。类似的联想方法我们可以用到作文构思中，例如在《落叶》的文章构思过程中，有的学生看到老师手里拿的落叶，想到了香山的落叶，从而想到秋天与家人爬香山的故事。有的学生通过老师手里的落叶联想到了纤长的柳树落叶、手掌形状的枫叶、椭圆形的行道树落叶，从而引发了不同的落叶有不同的美，恰如不同的人有不同的个性的思考。还有同学从老师手里的落叶，联想到早晨上学时候看到的落叶，想到路旁的落叶我们都不会多看一眼，但是老师手里的落叶却让我们深思，展览框里的落叶有无数人围观，从而产生了没有必要因为凋零而失落伤悲，只要在合适的位置上，落叶也有自己的光彩的感悟。

　　构思的过程中，学生从老师手里的落叶联想到不同地方的落叶、不同种类的落叶、不同场所的落叶，从而产生不同的联想感悟。相似联想可以运用在任何作文的构思中，学生可以采用思维导图的形式，从眼前的事物联想到头脑中相似的事物，从而进行感悟构思。积极主动地运用联想和想象有助于培养学生的写作兴趣，有助于培养学生创造性思维能力，有助于培养和提高学生的审美能力、审美情操。

　　二、 由事及情， 阐发生活哲思

　　任何事情都不是独立存在的，而是和其他事物存在着千丝万缕的关系。由事物的相关性产生的联想叫相关联想。写作是把对生活的感受，创造性地运用语言符号记下来。学生在作文构思的过程中可以通过不同事物的相关性，联想到丰富的素材，构成文章的不同部分，增强文章表达的连贯性和整体性。

　　教材中的《荷叶·母亲》就是用了相关联想的方法进行构思的。作者由眼前的荷叶护着荷花联想到家乡院子里的荷叶荷花，进而由荷叶保护荷花的特点联想到妈妈对孩子的保护。借助相关联想，我们由事情想到与其相关的事情，在丰富的素材事件中收获自己的思考和感悟。例如在《落叶》的文章构思中，学生由落叶想到操场的树木，进而联想到班级在操场点点滴滴的回忆。如在树下跑步的坚持、做操的欢快、互相鼓励的友情，从而产生自己的思考感悟。除此之外，还有学生通过落叶联想到自己曾在落叶下埋葬自己的宠物小猫，进而联想到小猫的出生、带给自己的快乐过往以及小猫的生病、去世，从而抒发自己对小宠物的思念。还有的同学通过落叶想到同样在落叶飘零的季节，自己住在医院，外婆给自己送来红烧排骨，从而感受到外婆对自己的浓浓的爱。

叶圣陶先生曾说过："心有所思，情有所感，而后有所撰作。"文章是大脑思考和思想情感相互发生碰撞的产物。每个学生的人生经历不同，生活际遇不同，由同一事物产生的联想自然不同。作文构思过程中，学生可以采用思维导图的形式，从自然、社会、生活中联想到相关的事件，在丰富的事件基础上生发出自己的思考感悟，从而阐发自己独特而有个性的思考。

三、由神及事，赞颂优秀品质

由事物外表的相似性而产生的联想引导学生由此事联想彼事，由一件事联想到多件事，从而抒发生活中的感悟。由事物间的相关性而产生的联想引导学生围绕事物联想到自然、生活、社会中的其他事情，阐发自己的生活哲思。以上两类联想是从事物外在特征而产生的联想，此外学生还会由事物的内在精神品质而产生联想，表达对优秀品质的赞颂。联想能力的培养，在于调动学生的记忆，让材料仓库中尘封的珍珠拂去灰尘，重焕光彩，并形成一条珠链，使其再现于学生眼前。

在《落叶》的作文构思中，有的学生通过落叶春生秋落的特点，感悟到悦纳人生的起伏风雨，进而联想到苏轼不断被贬，却坚强乐观地吟诵着充满才情和力量的词作。还有同学联系生物学的知识，想到秋天会落叶是因为大树要把仅有的养分供给树根，这样才能在寒冷的冬季保全大树的生命，来年春天才能焕发出勃勃生机，进而联想到动植物界有很多这样的"英雄"，比如《斑羚飞渡》中甘当踏板的斑羚，《昆虫记》中写的为了后代愿意被吃掉的雄性螳螂。其他同学在此同学联想的基础上进而联想到趴在火海中被活活烧死的邱少云，舍身炸碉堡的董存瑞，疫情时期冲在一线的防疫人员……他们都有一个共同的特点：都为了保全集体的利益而不顾个人安危。

构思过程中，学生由事物的精神品质进而联想到动植物界、社会生活中相似的人和物，表达自己对优秀品质的赞颂。此外，学生还可以通过相对联想，联想到没有适应时代潮流而产生的悲剧，不能面对人生起伏的落寞，在对比当中有所思、有所悟。学生通过事物的精神品质，联想到自然、社会、生活中相似的事情，从而生发出作文的立意构思。

联想思维是一切创造性活动的基础，联想思维有助于帮助学生发现更为广阔的空间，不论是对于文章创作还是对于素材的挖掘。初中阶段，正是学生发散思维形成自己看法感悟的重要时期。通过思维的发散，学生将相似、相关的事情联想到一起，产生自己的思考感悟并进行个性化的表达，从而增强作文表达的深度和广度，促进学生语文素养的形成和提高。

参考文献

[1] 王淦生. 联想在作文中的运用 [J]. 作文指导，2017（10）.

[2] 郭家灵. 浅谈作文教学中培养学生想象联想的能力 [J]. 学周刊，2019（14）.

[3] 李燕. 核心素养视域下的"言语化作文"教学实践研究 [J]. 语文报教研版，2022（3）.

[4] 吴建志. 从培养联想思维能力角度谈初中语文作文教学 [J]. 考试与评价, 2020 (9).

[5] 宋丽丽, 孔令卫. 浅谈作文教学中联想和想象能力的培养 [J]. 基础教育论坛, 2018 (33).

[6] 刘婉. 初中语文作文教学中培养学生联想思维能力的方法 [J]. 语文世界（教师之窗）, 2020 (12).

【附】 课堂直播——《落叶》

落叶纷纷，情思缕缕

北京市陈经纶中学　杨海龙

老师手拿落叶走进教室。

一、言语思路——你言我语说落叶

任务一：相似联想思立意

杨老师：看到雪花飘落，谢道韫想到"未若柳絮因风起"，这是由事物外在形象的相似产生的联想；看到"远远的街灯明了"，郭沫若想到"天上的明星"，这是由事物的典型特征相似产生的联想；看到院子里的荷叶庇护着红莲，冰心想到了母亲对子女的庇护，这是由事物的精神品质相似产生的联想。以老师手里的"落叶"为话题，你能联想到什么呢？

王佩珩：我一看老师手里拿的叶子我就知道这肯定是老师在操场捡的。这是咱们学校操场的杨树叶子，我来到咱们学校的时候它一定挂在枝头长得翠绿。咱们的广播操比赛、跑步、拔河比赛、合唱比赛、升旗仪式，它一定都是见证者。随着树叶飘落，咱们班级从刚开始的相见、相识到现在变得越来越团结。

孙佳裕：老师拿的这片杨树落叶是火焰形状的，但是梧桐落叶是手掌形状的，行道树的落叶是片状的，柳树的落叶是条状的……不同的落叶有不同的形状，但每一种落叶都有自己独特的美。在枝头的树叶有翠绿的美，落下枝头的落叶也有苍劲的美。恰如不同的同学，每个人有自己不同的特点，也有不同的美。我们不必羡慕任何人。

韩长焘：这片树叶如果是在操场，我可能都不会多看一眼。但是老师拿在手里，我们却联想到了过去的种种回忆。这就让我想到，我曾经参观过一个展览，其中有一个作品就是由落叶做成的。展览的纪念品里也有卖落叶画的，要好几十一幅哪。我就想到，其实只要在合适的时机，恰当的位置上，落叶也可以有自己的绚烂光彩。

刘逸晨：我想到了秋天的时候我和妈妈一起去香山看红叶，漫山遍野的深红、浅红，就像是油画家把油彩泼到了山上，真是美丽极了！难怪诗人说"停车坐爱枫林晚，霜叶红于二月花"。

陈金昭：我记得生物老师在课上讲过，之所以秋天会落叶，是因为大树要把仅有的养分供给树根，这样才能在寒冷的冬季保全大树的生命，来年春天才能焕发出勃勃生机。其实，每一片落叶都牺牲了自己，保全了大局。动植物界有很多这样的"英雄"，比如《斑羚飞渡》中的甘当踏板的斑羚，《昆虫记》中写的为了后代愿意被吃掉的雄性螳螂。

马婕：对，人类中也有许多这样的"英雄"。比如不愿暴露目标，趴在火海中被活活烧死的邱少云，比如舍身炸碉堡的董存瑞，比如在疫情时期冲在一线的防疫人员……他们都为了保全集体的利益而不顾个人安危。

吴雨萱：我看到这片落叶想到一句俗语："一叶落而知秋。"就是说，我们从一片落叶就可以推测秋天来啦。老师带来这片落叶也带来了秋天的气息。我想到，我们要善于观察，从生活中微小的变化能够感知到事物变化的趋势。

图 5

宁子成：看到老师拿的落叶，我联想到"黛玉葬花"。很多人看到落叶会感到悲伤，比如"无边落木萧萧下""常恐秋节至，焜黄华叶衰"。但是其实我们没有必要为了落叶的飘零而伤感。就像《紫藤萝瀑布》里写的"人和花都会遇到各种各样的不幸，但生命的长河是无止境的"。来年春天，操场上一定又是一片生机勃勃。

程诗淇：我看到这片落叶就想到了我的小猫。我们家的小猫——虎子——就是在一个落叶飘零的季节走的。那是我最喜欢的小猫了，我看着它出生的。但是有一天，不知怎么了，它蔫头耷脑的，还一直吐。我们本来想等天亮之后带它去医院的，却没有想到，在晚上虎子就死了……后来，我把虎子埋在了小区的花园里。我记得我埋虎子的那一天，也是不时地飘下一两片落叶。

王佩珩：程诗淇的故事让我想到四年级的那个秋天，我发烧住院了，没有办法回家。我一个人在病房里，看到落叶纷纷觉得非常伤感。中午的时候，我外婆给我炖红烧排骨送过来，我本来有些吃不下。但是妈妈说，外婆为了这碗红烧排骨，早晨六点多去早市买了排骨，回家炖了两个多小时。我吃着那碗红烧排骨，感受到了外婆浓浓的爱。我忽然意识到，很多时候，我们并没有那么悲惨，只是自己把自己锁在了悲伤的心情中，感受不到身边的美好和爱。吃完排骨，再看窗外的落叶便没那么伤感了。"落红不是无情物，化作春泥更护花。"

　　李旭然：我想到，如果叶子秋季不落，挂在枝头，冬季便会面对严酷的寒风冷雨。恰如人生，也有春夏，有秋冬。人生的高潮便是春夏，低谷便是秋冬。聪明人也如叶子一般，适应环境而变化，在人生的秋冬，韬光养晦，养精蓄锐。比如苏轼，在人生的春夏为民办事，兴修水利，兴办学校；在被贬的时候韬光养晦，吟唱着"日啖荔枝三百颗，不辞长作岭南人"。

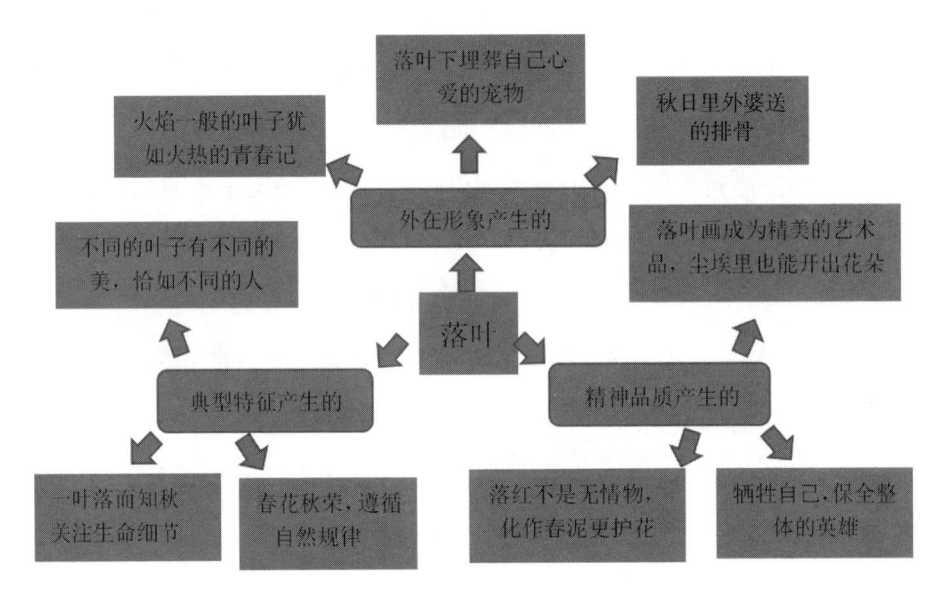

图6

　　杨老师：同学们的联想非常丰富，有的同学根据落叶的外形将落叶联想成火焰，有的同学从落叶的精神出发联想到"化作春泥更护花"的人和事，有的同学由落叶这个场景出发联想到自己心爱的宠物的逝去，联想到自己曾经的一段经历。小小一枚落叶令我们思绪万千，我们不妨顺着思绪将自己的所思所想记录下来。完成后，大家在组内互相交流，推荐一篇供大家阅读学习。

二、 言语成文——你读我品共赏佳作

落　叶

北京市陈经纶中学　杨沐明

酷暑已过，凛冬未至。我坐在窗前看窗外秋风萧萧，树叶唰唰飘落。看着干枯的落叶纷纷飘落，我的思绪不受控制地回到了春天，顶雪而出的梧桐树芽……

记得那时，冬雪还未融尽，龟裂的树皮原本的褐黄色若隐若现；树干粗壮挺拔，这是雪遮不住的；树枝坚韧有力，并且它有第三种颜色——绿色。我努力地想要看清，那几点绿色究竟是什么，是什么能有如此鲜亮的绿色，如此富有生命力的绿色。"是新芽！"我在心中大喊。我被生命的力量震撼。

小叶芽慢慢长大，最后长成了数片巴掌大的梧桐树叶。还是在这年的夏天，我仍然坐在窗前，向外望去，梧桐树叶随风飘摇，发出"沙沙"的声响。在风中，它们随风摇摆。阳光变得调皮起来，一会从这个罅隙中洒下，一会儿从那个罅隙中洒下，好不快活！我观看着这场欢腾的盛典，心中因疑问而产生的迷雾也渐渐散去。我从树叶的罅隙中看太阳，看希望……这是生命的力量。

我的思绪慢慢飘回现在，窗外的树叶纷纷飘落，仿佛为地面铺了一层金黄的地毯。哗啦啦的声音给人凄凉的感觉，让人想到生命的流逝。坐在窗前的我蓦然流泪，或许是想到了渐渐衰老的祖辈。母亲看我又在伤春悲秋，拍拍我的肩膀说："明年春天又是一片翠绿啦！"

寒风中，干枯的树干依旧在微微颤动，但是我心中的阴霾渐渐散去。是啊！明年春天，梧桐树上还会再次布满新绿的梧桐树芽。我看着面前窗户中的自己，眼前浮现出一个婴孩的模样，那是儿时的我。我努力拉住时间的衣角，可却发现时间无形。我有点害怕，害怕死亡，害怕离开我爱的家人，害怕长大后的自己和现在不一样，可这种害怕终究是徒劳。想起梧桐落叶，我想我知道该怎样做了：以坚韧之力战胜困难，以生命之力开创未来，以坚强之力度过危难，以接受之力接纳必然。

我想我的一生也会像梧桐落叶的一生：遇到困难时以坚韧相对，参与竞争时以生命力相对，面对离别时以坚强相对，面对必须消化的痛苦时以接受相对。

【写作复盘】

看到老师手里拿的落叶，我就想到了我家窗外唰唰飘落的梧桐树叶。那棵梧桐树从我出生就长在我家楼下了，春生夏长，陪我度过了十三个年华。春天，梧桐树叶萌发出嫩芽儿；夏日，手掌大的梧桐树叶哗啦哗啦响；秋日，枯黄的树叶唰唰飘落；冬日，遒劲的树枝在寒风里颤动……无数个日夜，我坐在窗前看着这棵梧桐树发呆。我觉得人的一生像极了这树叶的变化。童年时期犹如树叶的春天，缓缓萌芽，渐渐成长；青年时期犹如树叶的夏日，奋勇争先，展现自我；老年时期犹如树叶的秋季，逐渐凋零，生命渐逝……曾经，我很害怕秋季的来临，害怕自己的亲人会慢慢老去，就像树叶凋零一般。有一次妈妈看我对着树叶发呆，劝慰我说：明年春天的树叶会长得更加蓬勃翠绿。听着妈妈的话，我心中的忧郁渐渐散去。是的，每一年秋季树叶都会落下，每一年春季也会再次长出翠绿的芽儿。我们没办法阻止时间的流逝和生命的逝去，但是我们可以珍惜每一分钟，充分发挥生命的价值，让自己无憾。带着这样的思考，我写下了这篇文章。

【小组推荐理由】

同学一：我觉得文章层次特别清楚，按照时间顺序写了春天、夏天、秋天的树叶的变化，以及坐在窗前的我的思考，让人读起来很顺畅。虽然文章读起来有淡淡的哀伤，但是却有着振奋人心的力量。

同学二：文章很有文采，用象征的手法，将树叶的一生象征人的一生。童年时萌芽，青年时成长，老年时凋零，从中感悟到珍惜时光、发挥生命价值的人生哲理。

同学三：作者感悟很深刻，把树叶的一生和自己的一生建立联系，从树叶身上汲取到了坚韧的力量、蓬勃的生命力和淡然的态度，有自己独特的思考。我们读起来很有哲理味道，引发人的思考。

【评价量表】

表3 "落叶纷纷，情思缕缕"评价量表

组员姓名	内容			结构	
	由"落叶"而联想到的故事叙述完整，语言流畅	综合运用比喻、拟人、排比等手法，从多个角度描绘落叶	能够从落叶出发，结合自己的生活实际，有独特的感悟	详略得当，能够围绕文章中心叙写故事情节	有自己的巧妙构思，如线索贯穿、首尾呼应、伏笔照应等
自我评价： 我做得好的： 我感到困惑的： 我可能会改变的：					

三、言语修改——互评共改再提高

<table>
<tr><td>

落　叶

北京市陈经纶中学　李沐恩

①风，来了，带来了大树上那绿茵茵的希望；风，又来了，留下了那金灿灿的落叶。春花五彩缤纷，夏阳光明灿烂，冬雪落落大方，我却偏爱这在秋风中大胆飞舞的落叶。

什么是落叶？无声地来，悄悄地去。春夏里，为大树增添一抹色彩，秋天中，随风而落，无私地为大树提供养料。捧起一片叶子，看，还带着几丝幽香呢。这些叶子，散发着清香的泥土味，多么清新啊，让我不由得喜欢上了落叶。乍一看，枯叶的样子并不怎么漂亮，干瘪瘪的，沾满泥土；仔细一看，纹路清晰，色彩缤纷，好像还有点春的生机呢。

风一吹，把叶子全吹起来了，瞧这些漫天飞舞的黄色精灵，我不由得感到了秋的气息是如此的浓郁。叶儿落了，无声无息地落了，又重新回到了大地母亲的怀抱。面对这些飞舞的落叶，心中不免有些寒意，沧桑之感布满心头。但再想想，落叶归根，为大地带来生机，为新的生命的孕育积攒了力量，这是一切生命的开始。（文章重点赞颂的是落叶"化作春泥更护花"的无私奉献的精神以及由此而联想到的"落叶"一般的人。落叶的幽香、纹路、生机不是写作的重点。应该略写）

叶，春清新空气，秋变作养分，落叶一辈子默默无闻，从古至今，经历了无数春秋，树叶的替换一轮又是一轮，便是落叶这种无私奉献的精神，造就了大树的新生！

落叶默默无闻，无私奉献。生活中的人又何尝不是这样呢？

②看，立在凛冽寒风中的清洁工，他们每天起早贪黑地干活。就是为了我们这样的晚辈能好好地生活。

看，站在马路中央的交警，他们每天管理着交通安全，不喊苦不怕累，因为他们是人民警察，保护人民的安全是他们的职责。

看，跑向抗疫一线的白衣天使，他们每天几乎不吃饭，不睡觉。为了防止可怕的病魔，再一次肆虐我们的国家。（清洁工、交警、白衣天使是社会上与落叶有着相同品质的人。应该详写其事迹并以巧妙的手法与"落叶"建立联系。参见修改示例②）

有落叶才有新一年的大树。有无私奉献的人们，才有我们今天美好的生活。③我们也要向他们学习，默默无闻，无私奉献，好好学习，天天向上，为家庭和谐，社会发展，祖国富强做出自己的一份贡献。（文章结尾升华很有高度，但是过多词语的堆砌略显突兀）

</td><td>

修改部分：

①1—3段修改：
秋风过，金黄的树叶舞着优美的步伐伴着凉风翩翩起舞。飘飘转转，一枚枚落叶最终还是回到了大地母亲的怀抱，化为一抔黄土，滋养着大树的枝干。这般默默无闻、鞠躬尽瘁，像极了生活中为我们默默奉献的人们。

②我看见，一枚落叶飘过清洁工的肩头。清洁工爷爷用颤抖的手将飘落的落叶扫成一堆，蹲下身来，一捧一捧地将落叶装进袋里。我跑过去想要帮清洁工爷爷一起装树叶，爷爷笑了一脸褶子："不用了，孩子！你快好好学习去。你将来是要为祖国做大贡献的。爷爷老了，不中用了，能做点儿什么就做点儿什么吧！"我羞涩地低下了头："不，爷爷。您现在就是在用自己的力量为社会做贡献啊！"难以想象，六七十岁的清洁工爷爷的手竟是这样强劲有力，一捧捧装着落叶。落叶的枯黄与清洁工爷爷手的沧桑竟有些相似。

③我们每一个人都是一片树叶，在我们幼小之时享受着大树的滋养。待我们沧桑之后，以自己的力量去滋养大树

</td></tr>
</table>

【对比讲评】

　　这篇文章立意高远，从落叶回归大地的场景联想到"落红不是无情物，化作春泥更护花"的诗句，进而联想到社会上如落叶般默默奉献的人。但是文章详略处理不当。小作者花了大量的笔墨描写落叶的姿态、纹路、生机，而这些与主旨"奉献"关系不大。真正与主旨相关联的落叶的特点是"回归大地，滋养树根"。

　　修改的过程，在描绘落叶的部分扣着"回归大地，滋养树根"的特点描绘，在对清洁工、警察、白衣天使的联想当中加入具体事件，同时建立这些默默奉献者与落叶的关联。仿照对"清洁工"段落的修改去修改"交警"和"白衣天使"的相关段落，让文章详略更加恰当。

▲师生感想小披露▲

　　师：大家阅读了文章改前和改后的稿子对比，有什么收获和感悟吗？

　　生1：我觉得我们在下笔之前应该想好文章的主旨是什么，这样才能围绕主旨构思文章。

　　生2：结尾的升华不能太生硬，应该和文章相关。

　　生3：描写的过程中，我们可以尝试运用比喻、拟人、象征等手法，让文章更有文采。

　　师：同学们说得非常好。大家觉得这样的一堂课下来，写作文还难吗？

　　生1：不难了。同学说了很多想法，顺着大家的发言去想，我也有了写作思路。

　　生2：修改大家的作文的过程其实我也有很大的收获。同学们的优点我会尝试运用在我的作文中。同学们作文中的问题也是我写作文常犯的问题，我会及时修改。

　　生3：我觉得评价表格特别好。我在评价小组同学作文的过程中就知道了好的作文应该是什么样子。我可以对照着评价表格先进行自我修改。

师：大家说得非常好。其实写作文并不难。口头为语，书面为文。其实同学们只要把自己想说的话写下来就是一篇作文了。对照着我们的评价量表和同学们的修改稿子，大家便能找到让自己的作文更加精彩的路径。愿我们出口成章，下笔有神。

四、群文展示

（一）学生习作片段

1. 时间是世上最宝贵的财富。树叶落地的声音，正是为人们敲响了警钟，告诫人们不要虚度光阴，一年又将要结束，剩下的时间不多了。

——北京市陈经纶中学　李梦洋

【亮点点评】

从落叶联想到匆匆年华的逝去和对时光的珍惜。朴实的语言蕴含着浓浓的哲理味道。

2. 我最爱的小猫——虎子——在这个落叶飘零的季节走了。簌簌的落叶伴随着我簌簌的眼泪落在虎子小小的坟堆上。虎子再也不会在我放学时跑来接我了，虎子再也不会在我的作业本上印小脚印了，虎子再也不会追着我的逗猫棒玩闹了……虎子的逝去让我更加珍惜其他的小猫崽。

——北京市陈经纶中学　程诗淇

【亮点点评】

小作者用排比的手法追忆了小宠物在世时的片段，可见小作者对虎子的喜爱。但是虎子的逝去并没有让小作者沉溺于悲痛，而是学会了珍惜。

3. 我仿佛看到了，秋风中的外婆踩着落叶来到菜市场，买上最新鲜的排骨。焯水、腌制，再用小火炖上两个小时。吃着这鲜嫩多汁的排骨，我感到暖暖的。我不该把自己锁在伤感中，而忽略了家人对我的爱。落叶依旧簌簌飘落，但我却有了继续康复训练的力量。

——北京市陈经纶中学　王佩珩

【亮点点评】

窗外簌簌的落叶本来让小作者感到悲伤，但是外婆的红烧排骨却让小作者感受到亲情的温暖。落叶依旧，但是作者心境的变化却有不同的感受。文章情景交融，写出了自己的青春感悟。

(二) 教师下水文

落　叶

杨老师

纷纷落叶飘零而下，仿佛为树林铺了一层厚厚的金黄的地毯。踩在松软的落叶上，发出的簌簌声将我带回了大学校园的杨树林。

还记得那年秋季，酷暑未消。我们在这里军训。休息的间隙，我随手拿起一片大树叶当扇子扇风。小黑看我汗水沾湿了头发，一路小跑去小卖部买冰棍儿。回来时笑得露出大板牙，明媚的阳光下举着两根五毛钱的冰棍儿。直到现在我还记得那丝甜，那份凉。

军训结束没几天，就是宿舍娇娇的生日。我们用树枝和落叶编织成皇冠，准备了水果和蛋糕，一起在这里办起了生日宴。虽然离家很远，但有着彼此的陪伴，大学四年从没有感觉到孤单……

也是在这片树林边，我们拍下了我们的毕业照。记得那天，娇娇仰头看着这满树的叶子，感慨道："咱们像不像这一树叶子，一起在这里成长。现在秋天来了，我们就要随风飘零啦。"小磊看氛围不对，站起身来说："说什么呢，咱们以后还是可以再相聚啊！""好！愿我们再相聚时翠绿依旧，潇洒如今！"说这话时，阳光透过树叶的间隙洒下来，形成一道道金黄的光柱。树叶外是湛蓝的天空和温暖的微风……

如今，很多年已经过去了。不知道大学校园的杨树是不是更加枝繁叶茂了。我们几个好朋友倒是聚过几次。大家都在自己的城市做着自己喜欢的一份事。还真如当初分别时所说的"翠绿依旧"。

有机会，一定再回到那片杨树林，踩一踩那松软金黄的落叶。

【写作感悟】年年岁岁叶子的飘落记录着年年岁岁的时光。伴随着落叶，我和朋友们曾经度过了最难忘的青春生涯，也结下了深厚的友谊。面对落叶的飘零，与其哀叹时光的流逝和分别的悲哀，倒不如以更加积极的心态面对。与朋友们分别后，我们也像落叶一般，化作春泥，在不同的土壤上发挥着自己的作用。我想，这就是青春的价值，人生的意义。

建构言语情景，提升思维能力

——以"学习缩写"为例

刘 昆 李 燕

【摘　要】本文依据特级教师李燕老师言语化作文的理念，努力探索言语与思维相融合的教学策略，努力构建多样式的言语情景，使学生在言语活动的实践中，提升言语思维。以部编版九年级上册第四单元的作文教学"学习缩写"为例，建构言语情境帮助学生了解缩写定义与类型；借助研讨教材内容，探究缩写的要求与方法；通过撰写缩写提纲、完成缩写习作、多元评价、赏析范文等言语活动，帮助学生梳理言语思路，内化缩写策略，提升思维发展。

【关键词】思维能力　言语情景　言语化作文　缩写

《义务教育语文课程标准（2017年版）》明确指出："在语文学习过程中的联系想象、分析比较、归纳判断等认识表现，主要包括直接思维、形象思维、逻辑思维、辩证思维和创新思维。思维具有一定的敏捷性、灵活性、深刻性、独创性、批判性。有好奇心、求知欲，崇尚真知，用于探索创新，养成积极思考的习惯。"[1]语文教学中的缩写需要学生能够有合理的提纲、合理的删减和补充增加内容达到语言连贯等，所以在缩写过程中对培养学生思维发展与提升方面有着重要的作用。目前的作文教学多是侧重对写人记事类文章的教授，对缩写文章的讲解有所欠缺，更缺乏有效的指导。长此以往会造成学生关键能力缺失，思维能力固化，写作能力难以提高的不良现象。在和学生们课下交流过程中，也能感受到学生对"缩写练习"的陌生，也常听到"不知道如何缩写"等困惑……在特级教师李燕老师"言语化作文"理论的指导下，在多次的教学实践中，我们尝试带领学生探寻缩写策略，提升思维能力的教学写作。《义务教育语文课程标准（2022 年版）》也要求：7—9 年级的学生"能从文章中提取主要信息，进行缩写"[2]。基于以上几点，在教学课程设计过程中，通过言语互动、多元评改、言语共赏等方法引导学生进行言语化写作思路的梳理，促使学生了解缩写形式、掌握缩写策略、提升缩写能力，从而落实"思维发展与提升"这一核心素养。

一、言语互动——师生对话，实现认知结构迁移

（一）言语讨论，了解缩写要求与方法

写作情境越真实，越贴近学生的生活实际，越容易激发学生言语实践的兴趣，越有助于学生呈现真实的言语实践能力。[3]为此，我在课前布置了一项作业，即班上准备召开一场"班级读书报告会"，邀请每个同学用缩写的方式介绍一下刚刚学习过的《故乡》一文，同学们在课下完成一篇《故乡》的缩写作文。

第二天课堂伊始，我出示了两篇较为短小的范文，同学纷纷对其进行了评价。同学们一致认为第二篇语言简洁凝练，有主要情节，概括得不错。而第一篇文章语言太过简练，情节不完整，没有加上杨二嫂，"我"和闰土的隔阂等，不能算是一篇缩写文章，只是故事梗概而已。

同学们做出的这些评价需要依靠直觉思维来进行，凭借直觉思维能够使我们直接地、迅速地把握作品的含义，确定某种写作角度，预见作品结果，使我们对于自己文章的价值和意义产生信心或认识到不足，从而明晰写作方向，提高写作积极性。接下来，我又顺势提出缩写的概念、类型。

```
                                    ┌─ 关注文章题目
                  ┌─ 一、尊重原作,在把握原文 ─┼─ 关注反复出现的词句
                  │   的基础上进行缩写      └─ 梳理原文行文思路
                  │
                  │                        ┌─ 叙事性文章:抓主要情节人物
   缩写的步骤 ────┼─ 二、保留主干,去其枝叶, ─┼─ 说明性文章:抓说明对象及其特点
   与方法         │   确定取舍详略          └─ 议论性文章:抓中心论点、分论点
                  │
                  │                        ┌─ 语言简洁凝练
                  └─ 三、缩写要做到语言流畅、─┼─ 语言准确生动
                      文意通达              └─ 结构完整性与行文逻辑性
```

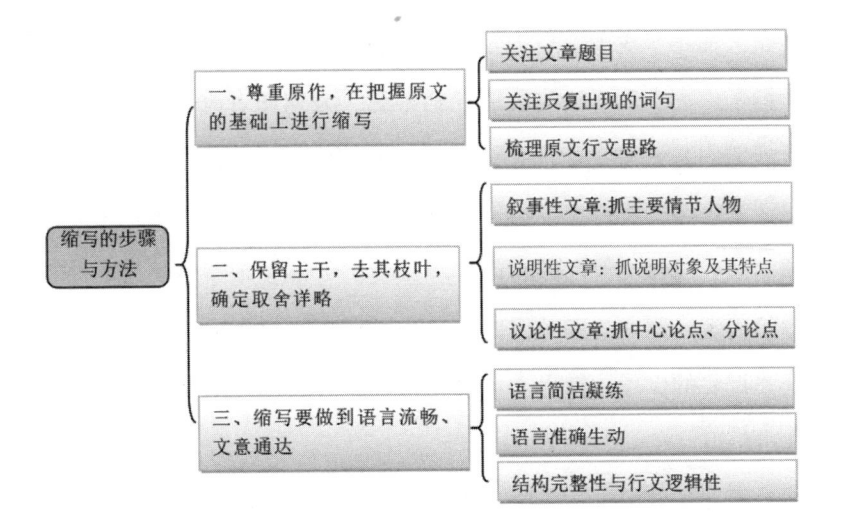

图 1

同时组织学生阅读教材中九年级上册第四单元"学习缩写"的相关内容，一起学习、探讨缩写的要求与方法。

（二）言语思路，明确缩写提纲和思路

知行需合一。我国现代女作家丁玲女士曾说："不练习，写作也是徒然。写不好可以再写，再写不好，又写，多练习就一定可以一次比一次写得更好。不要因为进展慢就松懈下来。"可见，只是了解缩写策略是不够的，我们还需动笔练习，多写多练。接下来我引导学生再次阅读小说《故乡》，利用刚刚所学的方法与技巧，尝试为本篇缩写列出提纲，进行缩写。

通过撰写提纲学生回忆并梳理了文章内容和主旨，明确了这篇文章是围绕故乡的变化展开情节的，文章主旨想表达的是通过闰土 20 多年前

《故乡》缩写提纲
重点强调：故乡变化的主要情节
1.渐近故乡（40字左右）
2.故乡见闻：人物变化
（1）和母亲的谈话（30字左右）
（2）回忆少年闰土（70—80字）
（3）杨二嫂出场（70—80字）
（4）会见中年闰土（200字左右）
3.离开故乡：希望是本无所谓有，无所谓无的。这正如地上的路，走的人多了，也便成了路。(100—120字)

图 2

后的变化，描绘辛亥革命后十年间中国农村衰败、萧条、日趋破产的悲惨景象，揭示广大农民生活痛苦的社会根源，表达作者改造社会、创造新生活的强烈愿望。缩写文章前，学生使用所学策略，细致思考，自拟提纲，理清了文章思路，再一层一层地往下写，心中有了图样，不但节省了时间并较顺利地完成作文。回顾写作过程，我们能够发现逻辑思维对于缩写文章主旨的确定、原文的删减保留、行文的构思、合理的表达等各个方面起到了至关重要的作用。使得文章思路清晰、表述严谨、从而增强文章的说服力和可信度。

叶圣陶先生曾说过："我们的作文教学，重言语思路激活。言语思维就如同机器的发动机引擎，推动着各项言语实践活动的开展。"[4]本节课开始，教师引导学生通过师生对话，生生对话，让学生在轻松的氛围下产生思维的碰撞，打开言语的思路，梳理言语思维，从而促进思维逻辑性的发展与提升。

二、言语评价——多元评改，助力思维能力提升

《义务教育语文课程标准（2022年版）》对于写作评改要求如下："根据表达的需要，借助语感和语文常识修改自己的作文，做到文从字顺。能与他人交流写作心得，互相评改作文，以分享感受，沟通见解。"[5]德国哲学家莱布尼茨说过："世上没有两片完全相同的树叶。"当然，在看完一篇文章后每个人心中都会有自己的言语化评价，通过自评、组内互评、师生共评、评后再改的交流借鉴评改过程，学生的思维品质渐渐提高。

（一）小组探究，制定评价量表

在缩写过程中，逻辑思维与形象思维交替出现，运用逻辑思维理清文章写作思路脉络，完成习作后，我们还需要对习作进行评改。如何将评价标准生动形象、简洁明了地表达出来，就需要形象思维的参与。小组学生

在明确缩写关键要素与评价标准后，能更有针对性地评价缩写文章，完善评价量表。在这个过程中，写作评价主体也由教师变为学生，教师是主导，学生为主体。转换写作评价主体，提高了学生修改兴趣，增强学生学习动力，帮助学生的形象思维品质迈上新台阶。

表1　缩写评价量表

序号	评价维度	星级评价	备注
1	尊重原作，主旨明确	☆☆☆☆☆	
2	结构完整，思路清晰	☆☆☆☆☆	
3	取舍详略，安排得当	☆☆☆☆☆	
4	语言凝练，准确生动	☆☆☆☆☆	

注：星级评价1—5级，逐级增加。备注中可以补充说明星级评价的原因、过程以及对文章的点评和修改建议等。

（二）生生互评，启发修改思路

在小组成员互相评改时，先让习作者朗诵习作，叙述自己的缩写思路，小组其他成员给出对这篇习作的评改意见，评改意见可以肯定其优点，也可以指出其不足。作者对于小组同学给出的评价可以虚心接受，亦可提出质疑。在互读、互评、互改的一轮轮言语情景中，将辩证思维不断引向更深处。在生生互评中，学生学习和掌握辩证思维，进行辩证思考，对不同的缩写文章，总结和归纳出自己独特的见解。下面是一位同学为习作作者写下的评语。

细读文本，情节清晰。通过这篇文章能够看出她是在认真阅读课文《故乡》的基础之上，充分研读课文，对于课文的整个情节内容了然于胸，然后才开始创作的，为后面的缩写打下了基础。

（三）写作复盘，自我反思创造

没有一件事情的完成是一蹴而就的，任何事情的成功都需要不断打磨、反复的修改。一篇好的作文也是这样，一篇文章写完后除了老师、同学可以帮忙评改外，作者自我反思修改也尤为重要。下面是一位同学写作复盘：我们都知道小说的三要素是人物、情节、环境。人物是小说的核心，情节是小说的骨架，环境是小说的背景。因此，我将全篇文章进行快速筛选，选择保留了原文的主要内容和故事情节。在遵从"留主干，去枝叶"的原则下，对原文进行压缩，从具体叙述变为概括叙述，运用原文重点词句概括主要内容，突出了原文的精华。这样既保留了原文的主要故事情节，又达到了缩写的目的。

通过不断地修改反思，可以发展学生思维的创造性。学生在写作复盘的过程中可以认识到现有缩写文章的不足，产生新想法新观点，能够摆脱固有的思想经验，经过创造性思维的缩写习作也更具价值。

三、言语共赏——尊重个性，构建思维表现平台

本课程的最后环节，教师展示两篇优秀作品，与同学们一起阅读、学习、分析写作亮点。下面是一篇学生撰写的优秀范文，同组同学点评写道：这篇缩写，清楚而又概括地介绍了小说故事情节的前后变化，尤其是闰土的少年时代和中年时期的对比，保证了小说主题思想与原文的一致性。对原文的次要人物和次要情节进行了概括和删减，原文中的环境、对话、神态等描写，都被大胆地删改，只保留了一些关键词句，如"我想：我竟与闰土隔绝到这地步了，但我希望我们的后辈不要像我们，又隔膜起来。他们应该有新的生活，为我们所未经生活过的。我想：希望是本无所谓有，无所谓无的。这正如地上的路，走的人多了，也便成了路。"既交代了故事的梗概，也很好地表达了鲁迅先生对未来的思考。

通过对精彩范文的言语品读、评赏活动，学生们不仅欣赏了优秀作品，而且能够更加直观地抓住其中的闪光点进行学习。通过把自己的习作

与优秀习作进行比较，促进学生的自我反省，强化写作复盘，培养高阶思维品质。以下是一篇学生优秀习作。

深冬时节，我冒了严寒，回到别了二十余年的故乡。这次是专为告别故乡而来的，所以本就没有什么好心情。

第二日清晨，我到了家门口。母亲和八岁的侄儿宏儿出来迎接我。母亲很高兴，和我坐着谈论家事。说着说着，就说到了闰土。

提到闰土，我的头脑中就闪出一幅月下刺猹的图景来。我认识那个刺猹少年闰土时，才十多岁。他的父亲带他到我家来帮忙，他告诉我许多有意思的新鲜事，带给我无穷的乐趣。

正说着，有人来了，母亲出去照看，我和宏儿聊天。突然听到一声尖厉的怪声。原来是以前开豆腐店的豆腐西施杨二嫂。此时的杨二嫂犹如细脚伶仃的圆规正生气地指责了我一通，顺便将我母亲的一副手套塞在裤腰里，出去了。

一天午后，闰土带着水生来了。他的外貌已经有了很大的变化，不是我记忆中活泼的闰土了。我很兴奋地叫他"闰土哥"，可是闰土却恭敬地叫我"老爷"，我似乎打了一个寒噤，我知道我们之间已经隔了一层可悲的厚障壁了。

我问他近况如何，他只是无奈地摇着头说非常难。我和母亲都叹息他的境况：多子，饥荒，苛税，兵，匪，官，绅，他都苦得像一个木偶人了。

又过了九日，我们该启程了。闰土带着五岁的女儿来送我，但我一直很忙，始终没有谈天的工夫。终于上船离开了故乡。

故乡的山水也都渐渐远离了我。我却只觉得气闷，又觉得非常悲哀。我想：我竟与闰土隔绝到这地步了，但我希望我们的后辈不要像我们，又隔膜起来。他们应该有新的生活，为我们所未经生活过的。

我想：希望是本无所谓有，无所谓无的。这正如地上的路，走的人多了，也便成了路。

在缩写中遵从"留主干，去枝叶"的基础上，对原文进行压缩，从具体叙述变为概括叙述，清晰简明地介绍了小说故事情节的前后变化，尤其是闰土的少年时代和中年时期的对比，保证了小说主题思想与原文的一致性。对原文的次要人物、次要情节和原文中的环境、对话、神态等描写进行了概括和删减，但也保留了一些关键词句，如"细脚伶仃的圆规""我想：希望是本无所谓有，无所谓无的。这正如地上的路，走的人多了，也便成了路"等语句，既保留了原文的风格特点，又达到了缩写的目的。

四、小结

教写作关键要教思维，因为学生作文"最大的毛病是思路不清。思路不清就是层次不清，也就是无条理"[6]。本课程旨在通过构建学生熟悉的言语情景，教会学生有效的缩写策略，帮助学生梳理缩写思路，训练言语思维逻辑。在提升学生的缩写质量的同时，让学生获得思维逻辑提升和创作成功的双重信心。

注释

[1] 中华人民共和国教育部. 义务教育语文课程标准（2017年版）[S]. 北京：北京师范大学出版社，2017.

[2] 中华人民共和国教育部. 义务教育语文课程标准（2022年版）[S]. 北京：北京师范大学出版社，2022.

[3] 李燕. 核心素养视域下的"言语化作文"教学实践研究[J]. 语文报教研版，2022（3）.

［4］叶圣陶．叶圣陶论语文教育［M］．郑州：河南教育出版社，1986：190-192．

［5］中华人民共和国教育部．义务教育语文课程标准（2022年版）［S］．北京：北京师范大学出版社，2022．

［6］朱自清．写作杂谈［M］．北京：北京教育出版社，2014．

论"言语化作文"指导下的初中议论文写作教学实践

李 革 李 燕

【摘 要】"写简单的议论性文章,做到观点明确,有理有据"是《义务教育语文课程标准(2022年版)》针对第四阶段学生明确提出的,且部编版初中语文教材中也有议论文写作教学内容的安排。但是现实却是议论文教学并没有得到足够的重视。最根本的原因还是议论文写作对学生语言运用能力的要求比较高。本文是在"言语化作文"理论的指导下进行初中议论文写作教学的实践探索,试图在言语活动中使学生清晰准确表达观点、有理有据地展开论证。

【关键词】言语化作文 议论文写作 初中 部编版教材 语言运用

学写简单的议论性文章被安排在部编版语文教材九年级上册,用"观点要明确""言之有据""论证要合理"三个单元的写作内容来落实《义务教育语文课程标准(2022年版)》中的"写简单的议论性文章,做到观点明确,有理有据"。议论性文章的写作无论是对学生思维能力、分析能力的训练,还是对于学生未来的发展都是非常重要的。作为初中生必须掌握的三种表达方式,议论文写作也是学生必须要掌握的。由此可见,在初中阶段对学生进行简单的议论文写作训练是非常有必要的。但是目前九年级的教学任务比较重,加上应试考试的压力,所以议论写作并没有引起足够的重视。老师们或进行简单的流程式的教学，或直接舍弃这部分写作内容。本文在探究其原因的基础上，在李燕老师"言语化作文"理论的指导下，尝试进行议论文写作教学的实践和探索。

一、初中生议论文写作现状分析

《义务教育语文课程标准（2022年版）》明确要求初中生要能"写简单的议论性文章，做到观点明确，有理有据"[1]。部编版初中语文教材中也用三单元的写作内容要求落实议论文写作。不仅如此，日常生活中发表自己对某一问题的看法，表达自己的意见，解决生活中的某些问题都需要议论性的表达。学生到了更高阶段的学习，最终学习成果也多会是以议论文的形式来呈现。所以议论性文章的写作对于学生的发展是非常重要的，"通过学习议论文写作锻炼学生思维能力、分析能力，有针对性地提高学生语文素养，创作有思想深度的文章"[2]。

但与此相对的却是议论文写作在初中阶段长期得不到足够的重视。根据笔者访谈和调查所知，直接原因是应试，根本原因是短时间内改变学生议论写作困难大。也有研究表明相似的调查结果："通过对学生问卷调查的分析与教师访谈结果的整合了解到议论文写作与教学中存在教师教法单一、忽视议论文写作、学生写作困难、兴趣不高以及师生缺乏反思意识等问题。"[3]

由于议论文写作教学位于部编版初中语文教材九年级上册，面对应试的压力和有限的教学时间，很多教师会减少甚至直接舍弃议论性文章写作这部分教学内容。因为这样做是不会影响学生的中考的。笔者调查了近两年全国各省市的作文题，绝大部分都不限文体，虽然有部分省份命制了写议论文的试题，但是也会以二选一的形式给出另外一个题目，学生可以选择写记叙文。比如：2022年湖南常德、浙江金华的中考作文题；2021年河南、浙江绍兴、山东临沂等地的中考作文题就是二选一，学生可以写记叙文，也可以写议论文。只要学生能够写好记叙文足可以应对中考。这样一来，为了能"高效应试"，学写简单的议论文就会被舍弃。

学写简单的议论文对于初中生来说，无论是明确表达观点还是有理有据地进行论证都是比较难突破的点。因为初中生的思维还达不到应有的高度，大部分学生看问题的角度还停留在对与错、是与非的认识阶段，很难对复杂的问题层次清晰地表达出来。另外，初中生对典型事件的积累量也比较少，种类不足。笔者在教学实践中发现，针对"青少年应该如何对待时下流行的各种电子游戏"这一问题，学生的表述不是"青少年可以玩游戏"就是"青少年不能玩游戏"，虽然态度明确，但是作为观点却不明确不具体。所使用的论据都是单一的道理论证，讲得空洞，甚至把电子游戏等同于上网、玩手机，概念不清楚。所以在此花费大量的时间和精力，也不一定能突破"观点明确，有理有据"。

笔者在分析原因的过程中发现，在生活中初中生，尤其是有点叛逆的初中生是最擅长口述简单的"议论文"的，因为不服气总需要给自己言行找到合理的"论据"，跟老师和家长抬杠时总需要"有理有据"地来表达。这与李燕老师提出的"言语化作文"理念相一致，可以将"口语交际和写作有机地结合起来，强调口语与书面语并重的作文写作模式"[4]。借用言语活动让学生先把观点"说"明确了，采用对话的形式让学生能够"有理有据"地"辩"明白论证过程。

二、在言语化活动中"说"明确观点

有了理论指导，就可以在"言语化作文"指导下，让学生先能够针对论题"说出"自己明确的观点。虽然在学习阅读议论的时候，已经带领学生在对比中发现议论文的观点，在语言表达上必须是一句表意完整的陈述句。学生阅读时能注意到这一点，但是学生说出的议论文观点或是表意不明确，或是不完整。所以必须创设言语化活动，让学生能够把议论文的观点"说"明确了。

首先，笔者借助部编版初中语文教材九年级上册第三单元写作中给出的言语活动：列举出一些表达观点常用的句式，并让学生根据提示将相应的语句补充完整[5]，可以是根据实际情况做出的判断，也可以是根据实际情况做出的推断，并在小组内将自己补充完整的语句"说给"搭档听。笔者发现借助这一言语活动，90%以上的学生能够"说出"自己的观点。但是能不能做到观点明确还需要经过言语评价。

……是……	·诚实是做人的基本品格。 ·青少年爱玩电子游戏是_____。
……要/应当/必须……	·人应当敬业、乐业。 ·人在困难面前必须_____。
……能够/将会……	·脸上常带微笑，能够让你更美丽。 ·勇敢面对困难，将会_____。

图1

在言语评价环节，笔者带领学生根据议论文阅读所学，制定了议论文论点明确评价量表。评价量表有五个维度，从形式，到内容，再到思想性和价值观上多方位进行综合评价。评价结果只需要从"是"或"否"正反两方面做出判断，学生容易做出评价的同时，也为下一步的修改明确了方向。需要修改那些评价结果是"否"的维度即可，修改到五个评价维度的评价结果都为"是"就算完成。

表1 议论文论点明确评价量表

评价维度	标准	评价结果（是与否）
围绕论题	与论题保持一致	
结构完整	必须表意完整，不能是词语或短语，至少主谓宾结构要完整	
句式正确	必须是陈述句	
内容明确	内容简洁清晰，有准确的动词，能有清晰的适用范围和极强的针对性	
价值取向	积极向上、符合社会主义核心价值观	

只给出言语评价的标准还不够，在学生修改的时候，还需要教师和同伴在言语活动中形成言语修改的思路，笔者总结了一下与学生形成的言语修改思路如下：

1. 思维要严谨，对论题考虑要全面；
2. 有怀疑精神，跟自己对话，多抬几次杠；
3. 写出观点后，反复大声读给自己和同学听；
4. 对写出的观点，进行反复删减，直到删减到不能再删为止。

经过言语活动把议论文的观点"说"明确，依据评价量表做出言语评价，并根据评价做出修改并形成言语修改思路。这就是在"言语化作文"理论指导下，学生学写简单议论文的实践过程，比传统的作文教学法更容易突破教学难点。

三、在言语化活动中有理有据地"辩"

初中生学写议论文难点不仅是观点明确，学生还苦于没有能够支撑论点的论据材料，不仅所用论据材料雷同，表达也千篇一律。在学写简单的议论文时，初中生不能根据论述的重点不同而灵活地对论据材料进行加工。分析其重要原因：一是，语言材料积累得少；二是，语言表达能力较弱，不能将自己已积累的有限的语言资源运用到议论文写作中。归根到底要想解决这一问题，需要在学生语言运用素养的培养上下功夫。

《义务教育语文课程标准（2022年版）》中明确地指出："语言运用是中学生在丰富的语言实践中，通过主动的积累、梳理和整合""能在具体语言情境中有效交流沟通"。[6]所以可以为初中学生设定具体的语言情景以达到有效交流沟通，从而丰富学生语言实践、语言材料的积累，可以在交流沟通的过程中对语言材料进行梳理和整合，从而化为自己的语言材料，形成自己的语言经验。在"言语化作文"理论指导下，可以通过师生对话、生生对话完成语言材料的积累和语言经验的形成。

在语言交流的过程中不仅能够丰富学生的论据材料，还能够通过对话不断地"辩"清楚自己的论据材料要点与论点之间的关系。因为议论文的撰写过程就好像是作者与读者之间在进行一场对话或辩论。读者不断地提出问题或质疑，作者就要尽量严谨地用论据反驳从而有理有据地进行论证。这种对话可以在积累论据材料的时候，采用启发式、讨论式，目的是让学生尽量多说论据材料。而在梳理论证思路时，采用辩论式的对话会更好一些，因为初中学生能够在与老师和同学的辩论过程中逐渐清晰自己的论证思路，且能够在论证的过程中将语言运用得更加严谨。

这样的言语活动需要多次进行，所以除了师生、生生之间的对话，还可以鼓励学生在撰写简单议论文的过程中自己与自己进行对话，尤其是辩论式的对话要反复多进行几次。完成简单的议论文后，最终采用"议论文写作评价量表"按照提出问题—分析问题—解决问题的思路进行评价和修改。

表 2　议论文写作评价量表

评价板块	评价标准	评价说明或举例	分数	得分
开头 提出问题	开头吸引人	用名言、典型现象或事例等巧妙引出论题或论点	3	
	解释题目或论题	需要解释的题目或关键词要解释	3	
	提出论点	有表意完整的陈述句表明论点	3	
中间 分析问题	段落有主题句	段落有总起句或总结句，表明层次	5	
	论据真实恰切	论据真实、典型，能证明论点	5	
	论据丰富多样	有多个论据，正反，道理论据与事实论据相结合	5	
	有论证方法	有两种以上的论证方法	5	
结尾 解决问题	能再次强调论点	有简洁的语言总结强调论点	3	
	结尾段有深刻含义	结尾段有能引起读者深思的内容	3	
	价值观正确	符合社会主义价值观	5	

"在写作完成阶段丰富作文的评价方式，引导学生在与他人的对话中了解自身不足。"[7]学生不仅可以在撰写简单议论文的过程中通过对话"辩"清思路，还可以依据评价量表在自我对话中完成修改。"将对话教学运用于初中议论文写作教学中，能够有效促进议论文写作能力的提升。"[8]采用这种言语活动让议论文写作能够展开有理有据的论证，还有其他研究者也有尝试。因此，在初中议论文写作教学中采用"言语化作文"的理论能够在师生、生生，甚至自我对话或辩论中有理有据地进行论证是有可行性的。

四、小结

初中阶段学写简单的议论文不仅能够训练学生的思维能力，而且还能够在学生完成论证的过程中培养学生的语言运用能力。学习撰写简单的议论文也能为高中学写议论文搭好梯子、铺好路，培养学生语文学科素养，助力学生可持续性发展，所以学写简单的议论文不应该不被重视。但是基于初中生学写简单议论文的"观点明确"和"有理有据地论证"两大困难，可以采用"言语化作文"理论指导学生在言语活动中"说"出明确的观点，有理有据地"辩"清晰论证思路。

注释

[1] 中华人民共和国教育部. 义务教育语文课程标准（2022年版）[S]. 北京：北京师范大学出版社，2022.

[2] 张欣乔. C市初中议论文写作教学现状调查研究 [D]. 吉林外国语大学，2022.

[3] 郭晨隶. 对话教学在初中议论文写作中的应用研究 [D]. 河南大学，2021.

[4] 李燕. 作文课堂"言语化作文"初长成 [J]. 新作文（中学作文教学研究），2011（9）.

[5] 教育部组织编写. 义务教育教科书 语文 九年级 上册 [M]. 北京：人民教育出版社，2018.

[6] 中华人民共和国教育部. 义务教育语文课程标准（2022年版）[S]. 北京：北京师范大学出版社，2022.

[7] 郭晨隶. 对话教学在初中议论文写作中的应用研究 [D]. 河南大学，2021.

[8] 郭晨隶. 对话教学在初中议论文写作中的应用研究 [D]. 河南大学，2021.

【附】

关于整本书读写结合教学的实践探索

——以《那些年我们一起创编的〈西游记〉》为例

李永华

【摘　要】"那些年我们一起创编的《西游记》"写作活动选择学生感兴趣的切入点，引导学生以专题形式梳理总结《西游记》曲折离奇的故事情节、丰富诡异的人物形象和诙谐幽默的艺术风格，并依据特级教师李燕老师的言语化作文理念，通过言语表达、言语成文、言语修改、写作复盘等环节，引导学生完成序列化的作文过程，加深对整本书的理解。

【关键词】创意写作　整本书阅读　读写结合

在《义务教育语文课程标准（2022年版）》中，整本书阅读作为拓展型学习任务群之一，突出了义务教育阶段整本书阅读在语文课程中的综合历练功能。其中指出："整本书阅读学习任务群旨在引导学生在语文实践活动中，根据阅读目的和兴趣选择合适的图书，制订阅读计划，综合运用多种方法阅读整本书；借助多种方式分享阅读心得，交流研讨阅读中的问题，积累整本书阅读经验，养成良好阅读习惯，提高整体认知能力，丰富精神世界。""那些年我们一起创编的《西游记》"创意写作课是基于整本书《西游记》所设计的项目写作活动，是对整本书"以写促读，读写共生"的名著写作教学的探索。

一、以写导读——以创意写作任务激活阅读兴趣

笔者认为一个具有思维深度的创意写作任务，既可以培养"读"的能力，又可以培养"写"的能力，以写作任务驱动学生读整本书，为学生搭

建了一条体悟作家思想和表达的通道，实现了阅读与写作的双向互动。为了激发学生的阅读兴趣，教师设计了如下写作任务：

唐僧师徒四人历经八十难，取得真经。观音掐指一算，少了一难，请你替观音安排一难，帮师徒四人功德圆满。

为了完成《西游记》故事创编任务，学生必须回到原著本身，重读，细读，精读，教师引导学生分析《西游记》的情节模式和语言特点，创作这个故事必须考虑到哪些要素呢？比如：故事如何开头，如何发展，如何结尾，妖怪有何来历，妖怪的模样，制造什么样的困难，唐僧师徒如何解决困难等。学生结合文本内容举例说明，你言我语，进行头脑风暴，提出观点。经过调查统计，对学生的发言进行归类，两个班级共有55位学生关注到文本的故事情节，有51位学生关注文本中的人物形象，有29位同学关注到故事的场景设置，还有23位学生关注到人物的对话语言。

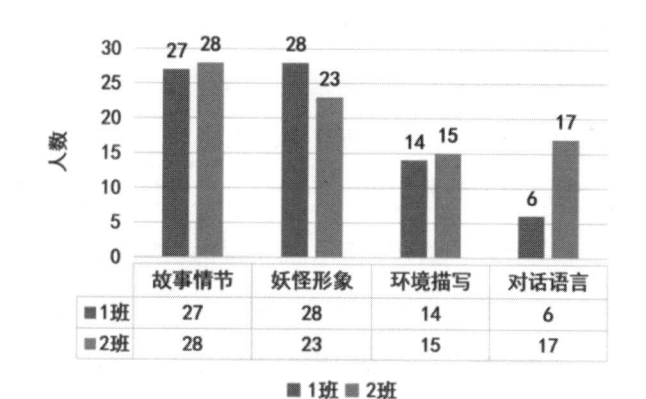

	故事情节	妖怪形象	环境描写	对话语言
1班	27	28	14	6
2班	28	23	15	17

图2　学生发言归类统计

老师由此将班级分为4个探究小组，结合原著内容进行专题探究，梳理《西游记》一波三折的情节模式、丰富诡异的妖怪形象、别具一格的环境描写、幽默讽刺的对话语言。课上学生展示专题探究成果，有的结合原著总结了《西游记》中出现的比较重要的妖怪，以表格的形式梳理了它们的外貌、性别、武器、技能、出身、结局等；有的选取最典型的故事以情节图的形式梳理了与师徒四人斗智斗勇的经过及结果；有的小组将《西游记》中的优美诗词做了分类整理，包括出场人物的描写、取经艰辛的慨叹，还有对风景、心情的刻画；还有的同学分享了人物之间充满趣味性的人物对话，尽显《西游记》幽默诙谐的语言风格。学生通过专题探究、展示总结、讨论分享后，总结《西游记》文本的特点，为接下来进行西游故事创编的任务做了有力的铺垫。

二、 以读促写——以阅读作为支架开发写作思路

笔者认为即使学生对写作任务有较大的兴趣度，要写出一篇优质的作文也不容易。因此创意写作教学要求教师能够提供范例进行指导，分解目标，从而降低任务难度。在"《西游记》创编"写作活动中，明确了《西游记》文本特点后，教师设计了"我的《西游记》故事创编构思纸"作为支架，带领学生一步步完成思维导图，分解创作难度。具体步骤如下。

第一步：设计妖怪名片

《西游记》中的妖怪大部分是动植物幻化而成，要么经过长期的修炼成妖，要么偷了某件神器快速成怪。他们的外貌、技能和品行言语都与本体特征相符合，比如能吐丝的蜘蛛精、能使毒的蜈蚣精、清雅的竹精、妩媚的杏仙等，其中还有许多妖怪是各路神仙的坐骑，比如如来佛祖的坐骑金翅鸟、太上老君的坐骑青牛精等，它们生猛异常，极难对付，需要神仙出手相助方才降伏。学生根据老师提供的支架材料，填写表格，设计妖怪名片，并为其作画，凸显生动感。如表所示：

表3

妖怪名字	性别	洞府	外貌	法器	技能	同伴	出身	性格	结局

第二步：设计故事结构

《西游记》是由一个个故事串联而成的，其故事之所以引人入胜，就在于故事情节跌宕起伏。人物的形象在小说的冲突矛盾当中逐渐变得有血有肉，人物的成长也在斗争和误会中成长起来。从整本书来看，大的情节结构分为：妖怪出场、双方交锋和妖怪结局，在交锋过程中又往往遵循一波三折的设计。如何设计构建一波三折的故事结构呢？

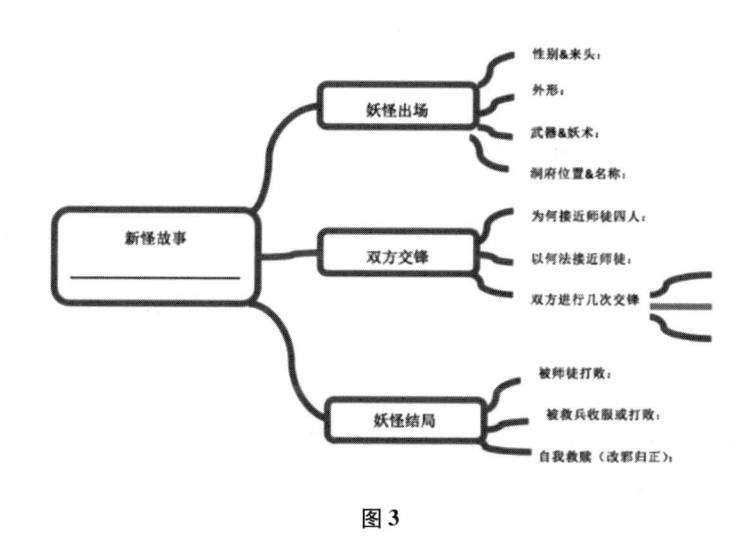

图3

教师以"三打白骨精"一章为范例解析双方交锋过程，一打时，唐僧肉眼凡胎，气愤悟空无故伤人性命，误会兴起；二打时，唐僧更加愤怒，要将悟空驱逐，误会进一步加深；三打时，唐僧直接一纸贬书赶走悟空，故事进入高潮。误会在"三打"中不断升级，每一次误会都推动着故事不断向前发展，使得整个情节生动曲折、扣人心弦。

第三步：构建故事场景

《西游记》中的环境描写与小说的内容关系密切，不可分割。别具一格的环境描写，分明的四季风物，在西游记中比比皆是，构建一个好的故事场景，进行恰当的环境描写，是故事中不可或缺的一部分。教师选取第六十二回《涤垢洗心惟扫塔 缚魔归正乃修身》中对一座城池的描写作为范例进行细致入微的分析，将帝王之所的"衣冠隆盛，人物豪华"和街上和尚"披枷戴锁、衣衫褴褛"的场景做对比，让学生感受到强烈的对比对情节发展的推动作用。

三、以评促改——以可视化工具加强写作过程指导

《义务教育语文课程标准（2022年版）·表达与交流》写道："要注重写作过程中搜集素材、构思立意、列纲起草、修改加工等环节，提高独立写作的能力。根据表达的需要，借助语感和语文常识修改自己的作文，做到文从字顺。能与他人交流写作心得，互相评改作文，以分享感受，沟通见解。"语文新课程标准要求学生要有对自己的文章或同伴的文章进行评价的能力，在《西游记》创编活动中，教师带领学生以小组为单位自制评价量表，从1.0版本到3.0版本，明确创编过程中的各种要素，包括故事架构、妖怪形象设计、语言打磨等，每一项标准都有对应的分数。

整个评价量表从内容制定和思维层级的发展由低阶上升为高阶，在这个过程中，评价量表帮助学生搭建思路，使学生对作文的目标更加清晰，教师也可以在评价量表中清楚地了解学生思维的动态过程。同时，通过使用评价量表，学生可以进行自我监测和诊断，清楚了解自己文章的优劣，进行初评初改，提高学生在评改活动中的参与度。学生互相修改、完善作品后，教师要和学生一起进行反思复盘，争取让大多数学生的作品通过交流、互评都有所提升。

综合以上，学生经历了写作前、写作中、写作后的完整写作流程，写作将不再是一次性动作，而是一个有梯度、有序列的过程。这个基于整本书《西游记》所设计的项目写作活动，将"以写促读 读写共生"纳入整本书阅读当中，通过写作能力的提升带动学生理解能力的提升，引导学生达成深入阅读的目的，是一次对整本书"以写促读"教学的有益尝试。

参考文献

［1］中华人民共和国教育部．义务教育语文课程标准（2022年版）［S］．北京：北京师范大学出版社，2022.

［2］教育部组织编写．义务教育教科书语文七年级下册［M］北京：人民教育出版社，2017.

［3］吴欣歆．初中写作教学实践指要［M］．北京：教育科学出版社，2016.

［4］周子房．以写促读的教学策略［J］．中学语文教学，2021（9）.

【附】 课堂直播——《西游记》故事创编

一、言语思路——你言我语"话西游"

中国古代最神奇的一本小说是哪一部？《西游记》当之无愧。奇幻、奇趣，小说通过大胆丰富的艺术想象，引人入胜的故事，创造出了一个神奇绚丽的世界。它在天上，也在人间，有奇妙的神仙，亦有市井的人间。

情境任务：唐僧师徒四人历经八十难，取得真经。观音掐指一算，少了一难，请你替观音安排一难，帮师徒四人功德圆满。

1. 分析《西游记》情节模式和语言特点

师：要完成《西游记》创编这个创作任务，我们需要从小说中找到你最喜欢的一个故事，分析其情节模式，包括如何开头，如何发展，如何结尾，妖怪有何来历，唐僧师徒如何解决等。首先先来分析下每个故事的开头部分，开头部分有什么特点？请同学们结合你最喜欢的一章来分享一下。

生：我觉着《西游记》的每一章的开头都接着上一回的内容，然后会用一首诗或者景色的描写来引入事件的发展。就比如第十回的"二将军宫门镇鬼，唐太宗地府还魂"，就是以一首诗引出后面的故事。

师：开篇的这首诗有什么作用呢？

生：有的是暗藏着深刻的道理，有的和即将发生的故事有关系。

师：我们总结下，《西游记》故事开头连接上回故事内容，有的通过一首诗埋下伏笔，或者通过西行路上环境描写引出新故事内容，极具浪漫的想象。接下来，妖怪该出现了。妖怪出场有什么特征呢？

生：有的妖怪它先化作人类的模样，然后欺骗师徒四人，这是一种比较有谋略的妖怪，就比如三打白骨精，她三次交锋都是化作不同的人类迷惑唐僧。第二种，我觉得就是直接以妖怪的身份面对师徒四人与其交锋。就比如书中三十五回的妖怪，直接上来就和孙悟空叫板。

生：妖怪出现的时候经常会对他先进行外貌描写，非常生动，比如：黄袍怪变化后的形象，"才如子建，貌似潘安"，气宇轩昂，俊美帅气。

师：妖怪出现时会对其外貌进行描写，生动形象，多为对偶句。那么妖怪出现后，故事情节又是怎样一步步展开的呢？你能结合你读过的故事进行分享吗？

生：《西游记》中的故事情节都很波折，在狮驼岭当中，孙悟空与妖怪进行了多次交锋，孙悟空是先得胜的，而妖魔却又将所有人都复抓了回来，孙悟空屡次脱身，救助师父。但当中就有一个不变的量，孙悟空永远都能脱身。正因为有孙悟空能脱身，他才能求救，他才能去自己施展神通，他才能自己去击溃妖精们。

生：比如在八十八、八十九回，黄狮精在天竺国下郡玉华县见到孙悟空三人的兵器存在铁匠那里，就把它们都盗窃走了，然后师徒三人到洞中夺回了宝器。

生：在《西游记》七十二回，盘丝洞的蜘蛛精伪装得十分美艳，哄骗师徒四人，当把唐僧骗入洞府后就暴露了自己的目的。

生：每次与妖怪斗争的过程都会有一个曲折的过程，有很多篇目对交战过程进行详细的描写，还写了妖怪使用的武器、特技和厮打的场面。

师：非常棒，妖精擅变化与阴谋，变化不同人设来接近唐僧；他们的目的也不一样，有的图财、有的贪生，那么每个故事最终的结局都是怎样安排的呢？

生：最后都是正战胜魔的结局，有可能是这个妖怪直接被打死，或者说他其实是某个神仙养的吉祥物之类，被手下留情给收了回去。比如说文殊菩萨的青狮、观音菩萨的金毛吼、太上老君的青牛。

师：好的，我们根据同学们分享的内容，一起总结了《西游记》的情节模式和语言特点，请同学们齐读一遍：

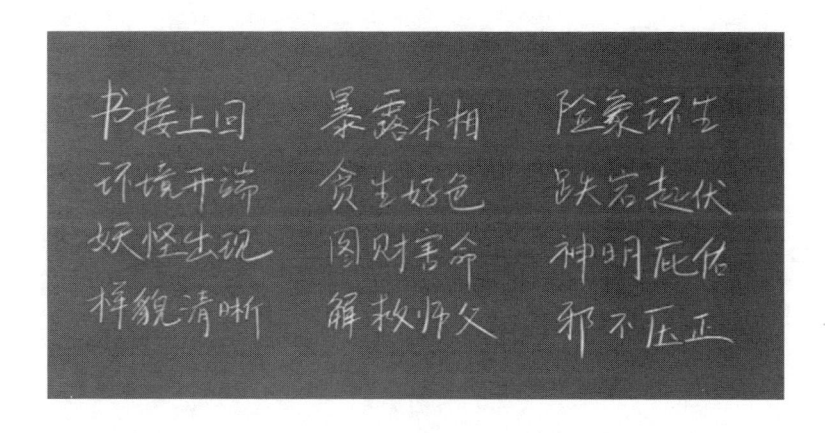

图4

书接上回、环境开端、妖怪出现、样貌清晰、暴露本相、贪生好色、图财害命、解救师父、险象环生、跌宕起伏、神明庇佑、邪不压正

2. 仿照《西游记》情节模式和语言特点增加一难

师：《西游记》的每一回都基本遵循这个模式，接下来我们回到课堂起初的任务：唐僧师徒四人历经八十难，取得真经。观音掐指一算，少了一难，请你替观音安排一难，设计一个妖怪形象，帮师徒四人功德圆满，下面请同学们完成思维导图，设置出"新怪故事"的大纲。

[图 5 思维导图]

新怪故事____

- 妖怪出场
  - 性别&来头：
  - 外形：
  - 武器&妖术：
  - 洞府位置&名称：
- 双方交锋
  - 为何接近师徒四人：
  - 以何法接近师徒：
  - 双方进行几次交锋：
- 妖怪结局
  - 被师徒打败：
  - 被救兵收服或打败：
  - 自我救赎（改邪归正）：

图 5

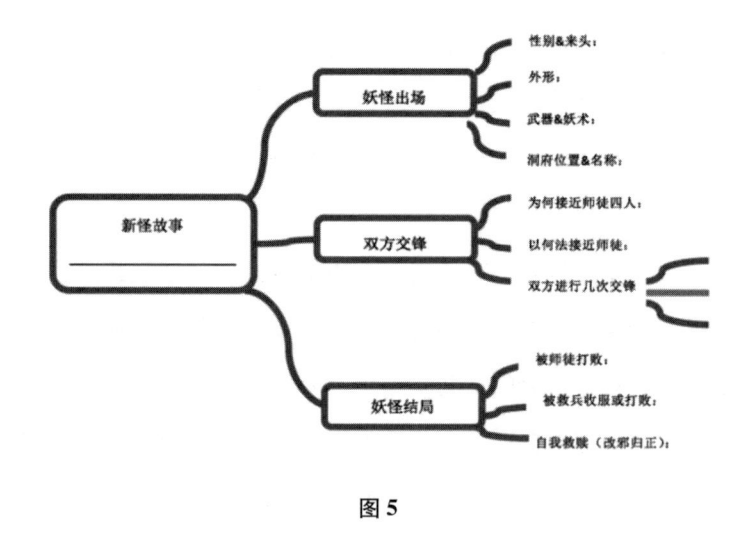

师：请同学们来分享自己的成果。

宋彦熹：

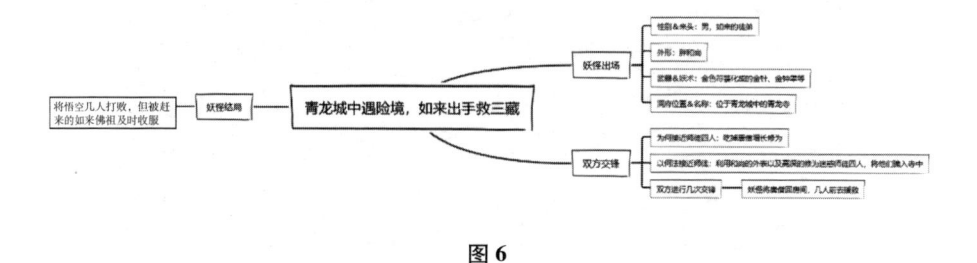

[图 6 思维导图]

青龙城中遇险境，如来出手救三藏

- 妖怪出场
  - 性别&来头：男，如来的徒弟
  - 外形：胖和尚
  - 武器&妖术：金色可幻化的伞针、金钟罩等
  - 洞府位置&名称：位于青龙城中的青龙寺
- 双方交锋
  - 为何接近师徒四人：吃唐僧肉增长修为
  - 以何法接近师徒：利用假的外表以及高超的修为迷惑师徒四人，使他们入寺中
  - 双方进行几次交锋：妖怪将唐僧困两间，几人前去救援
- 妖怪结局：将悟空几人打败，但被赶来的如来佛祖及时收服

图 6

我创作的这个妖怪是以玄武为原型。玄武，是中国古代文化的天之四灵之一，它五行主水，象征四象中的老阴。它的形象就是一只乌龟上面缠绕着一条蛇，又称龟蛇。

我构思这个故事的结构参考了三打白骨精的片段。首先这个妖怪先是化作人类的形象出现在师徒四人的面前，而在三打白骨精中，是孙悟空先识破了这个妖怪，但是我想让唐僧的其他徒弟也有用武之地，所以我这次让猪八戒先识破了伪装成僧人的妖怪。其次就是参考三打白骨精的一波三折的特点，妖怪多次出现在唐僧面前又假装被打死，把唐僧吓得战战兢兢。最后毕竟是因为大师兄的武功较高些，所以我让孙悟空一棒打死了妖怪。

我设计这样的结局就是把妖怪全消灭，被打死就是被消灭，就是邪不压正，正义也许会迟到，但永远会到来，不会缺席。

刘瀚泽：

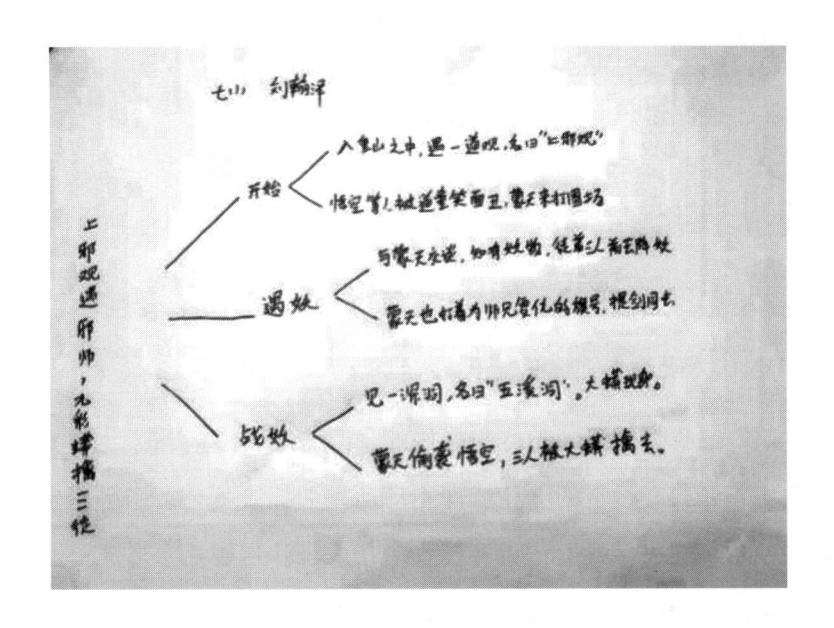

图7

我在我的文章中创造的妖怪名叫"九彩吞天蟒"，它是以现实生活中的一种蟒蛇为原型写的。这种蟒蛇在现实生活中的特点就是，它是蛇类中比较巨大的一个物种，它的身体非常的长。在我创作的文章里，我对这条蟒蛇的描述是女字旁的，也就是说，这是一条母蛇，她的外形是非常漂亮的，鳞片有九种颜色，她出场是直接是以蛇身出场的，所以没有武器，妖术的话，我认为她的行动速度是比悟空的筋斗云要快很多的。

我觉得我的故事情节设计遵循《西游记》原来的故事的走向，开头遇到妖怪，然后中间打妖怪，有一个曲折的过程，最后的结局就是妖怪的法力高强，悟空等人不敌，然后败走，去寻找一些神来帮忙，最终收服妖怪。

庄宜瑞：

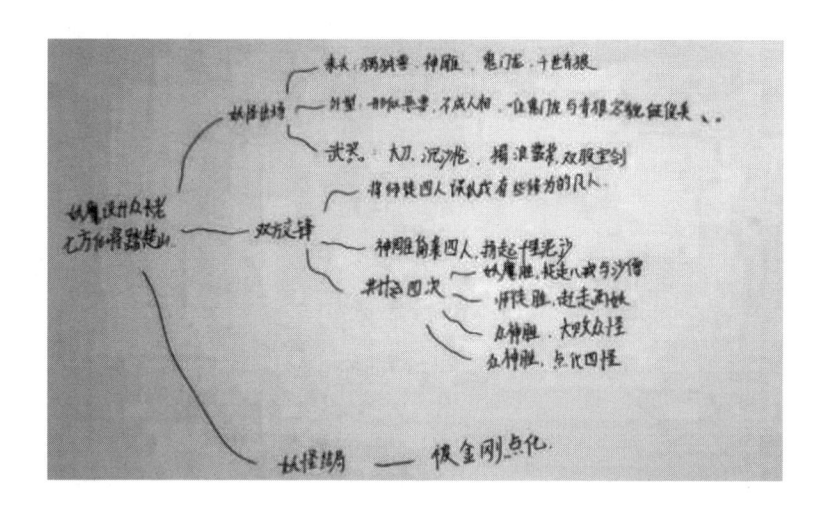

图 8

  整篇文章我是仿照狮驼岭去写作的，因为在狮驼岭当中，故事情节非常曲折，开头我设定的会让妖怪主动动先去抓走唐僧，引孙悟空、猪八戒与沙僧一起去寻找唐僧，再导致猪八戒与沙僧被抓，形成一个很完整的故事链，让故事更具可看性，最后孙悟空就会寻找妖怪进行报仇，也会带来帮手，这些帮手都是能够帮助孙悟空尽快地消灭妖怪，找回唐僧的。在整个过程当中，我也会努力地对打斗场面、妖怪样子做细节描写。在最后的结尾，我是主动安排了一个会让四位妖怪都改邪归正的一个情节，因为我相信我给妖怪的这个设定，就意味着他们是误入歧途，是一个神圣的状态，我不能让他们就这么轻而易举地丧生。我认为这四个妖怪，他们应该是可以进行改邪归正的，也是唐僧他在生命当中应该去点化的。

  这个故事当中的角色，我也选用了四个很神圣的妖怪角色，他们都是盘古开天辟地时的斧刃幻化成的，我设定的地点，灵感来自楚汉争霸的一个故事。

师：太精彩了！请大家给分享的同学鼓掌！今天的课只是为大家的写作打开思路，请大家继续发挥想象，根据自己的故事架构再补写一回。

二、言语成文——你读我品"赏西游"

莲花洞遇蘑菇怪　悟空棒打灵芝王

北京师范大学朝阳附属学校 初一（1）班　刘姗姗

话说师徒四人离开车迟国，来到一山下。只见此山：横看成岭，侧看成峰。横看成岭，万丈古崖若骨焚，千万峻岭似身殒；侧看成峰，通天山脊如神临，无数山峰仍有灵。那行者见此山脚下有一片山庄，便令八戒、悟净停止。只见行者道："师父，这山脚下有一山庄，待俺老孙去看看，化些斋饭来。"说着扶三藏下马来。八戒放下担子，席地而坐："累死俺老猪了。大师兄，你快去快回！"悟空听罢道："你个呆子，净想着吃，还不照顾好师父！"说着，转向悟净："定要照顾好师父，莫要让那妖怪将师父掳了去！"说罢，驾起筋斗云，腾空而上。

悟空行至半空，直向村庄而去，待他走后，一团黑雾徘徊附近。却见这黑雾中有一妖：冰肌玉骨颜，玉齿红唇笑。丹红薄纱衣，洁白内衬裙。脚蹬红纱鞋，头戴萧白钗、项戴朱红链，面着素洁纱。好一个美艳女妖，绝世容颜。她心道："早时听闻东土高僧是金蝉子转世，途中定会经过此地。若是吾能得其骨肉，定能得那永世容颜，长生万年。"想至此，她刮起阴风，乘乱掳走三藏。

悟空见远处突起阴风，暗道不好，连忙回赶，不料为时已晚，回归时，只见一片狼藉：树木皆尽倒，黄沙掩路深。毒蚀秋风萧，不见唐三藏。八戒、悟净倒在原地昏迷不醒。悟空忙掩住口鼻，心道："不好，此处毒蚀天地，想必师父定是被妖怪掳去了！"他叫醒八戒、悟净，道："师弟，师父呢？"二人悠悠转醒。悟净恐慌道："大师兄，不好，不好了，师父被一妖女掳去了，我忙想追上，不料，那妖女擅长用毒，放毒，我与二师兄便中了招，昏迷不醒，那女妖也带师父走了。"悟空一听，便慌了道："你们在这里待好，莫要让妖怪一起将你们掳去，我去去就回！"说着悟空便驾起筋斗云，追向那团黑雾去了。

悟空追着那女妖来到一个洞穴。只见那洞洞口刻着：不夜天莲花洞。石门紧闭，悟空见了，变成一只小虫儿，顺着门缝飞了进去。那女妖正因得了三藏而欣喜，在洞中大摆宴席。那女妖对旁边的小妖道："竹枝郎，漠北君，快去请两位大王来，就说吾得到了东僧之肉，请二位大王来品尝。"一位小妖听了之后，连忙出洞去向了东南方。

悟空突然在原地现形，举棒就打。"妖怪，还我师父来！"那女妖一惊，从身上抽了一条丝带，缠住悟空的金箍棒。悟空进退不得，松开了棒。两人交战了几十回合，女妖力不从心，也向东方奔去。悟空救出了三藏，一把火烧掉了莲花洞。

再看那女妖，一路狂奔，来到了东南方的药王谷内。她奔到那妖王座下，哭诉道："大王，刚才有个和尚，来到吾洞中，与吾大战一场，吾敌不住，便逃走了，不料那和尚，一把火烧了吾的莲花洞。请两位大王为吾做主啊！"一位妖王扶起了女妖道："哪个不长眼的和尚竟敢伤华铃，别哭，我去替你出气！"纱华铃破涕为笑："多谢大王。"

悟空叫来土地，问道："那女妖口中的大王，是何方神圣？"土地回答："爷爷，那大王是五年前来的。五年前，两个妖怪来到这里，占了小神的药神谷。这两个大王，一个有一长剑，挥剑之处，无处不生寒；一个有长枪，刺枪之处，便有龙咆哮之音，厉害无比！"突然听远方有一妖怪大喊："就是那和尚！"悟空一看，纱华铃在前边引路，后边跟着两妖王，一妖王持剑，一妖王持枪。两妖王听罢，冲向悟空。悟空忙举棒相迎。一持青龙枪，一持冰碧剑，直向大圣去。大圣举棒迎。所到之处，冰霜寒万里，龙吟震天地。大圣一棒震天地，妖王一招惊山河。八戒、悟净见师兄落难，连忙上去，合力迎去。战斗持续了很久，两大妖王节节败退，眼看妖王要被一棒打死。云中突然传来一声："大圣，手下留情。"原来是太上老君赶到。老君道："大圣，这两妖王本是我药圃中的灵芝王，五天前下界，如今，我带他们回天界。"悟空听罢："老头，你居然连灵药都看不住。"老君赔笑道："是是。"太上老君带妖王回到了天庭。悟空打死了纱华铃，一看，原来是一个毒蘑菇精。

师徒四人继续而行。

小组推荐：

刘姗姗同学这段对妖怪的相貌神态描写令我印象深刻，她仿照《西游记》原文诗词写出了妖怪的"玉齿红颜"和衣着的"丹红纱衣"，生动地塑造出一个花容月貌小女妖的形象。但"掳走唐僧"的过程却过于简洁，虽然用词得体大方，但还可以增加一些对妖怪施展法力的描述。

写作复盘：

首先，续写《西游记》题材的小说，内容要怪诞不经，才容易吸引读者注意，继续往下阅读。我设置了一个蘑菇精和两个灵芝精的角色，取材于同学送我的外号，红伞伞——一只能让人躺板板的毒蘑菇。

小说的故事性很强，因此要把故事写得一波三曲折，矛盾突出，让人沉溺在其中。我设计的情节仿照三打白骨精，先通过环境描写，让人感到神秘和诡异，预示出唐僧被妖精抓走的命运，为妖精出场做铺垫。后来又写蘑菇精战败，逃到灵芝精那里告状，引出妖精与悟空的第二次战斗。这篇文章不仅写出了我对神话的想象，在写的过程中更是融入了我对同学的感情。

三、言语修改——互评互改再提升

片段：鹿妖出场迷惑师徒的场面

唐僧忍着口渴，恍惚间竟听到了一声鹿鸣。本以为是幻觉，不料那鹿鸣由远及近，越来越清晰。忽然从树林间蹿出一头白鹿，那白鹿浑身雪白，神色慌张，紧接着又一匹狼从后面追来。唐僧见了，于心不忍，便让八戒将狼打死，救下了鹿。

八戒正前去看狼的尸体，白鹿趁沙僧不注意，妖风一吹，将唐僧连人带马，一同带进了洞府。（李柯蓉同学认为文段对白鹿的描写有些粗略，没有体现出妖怪外形的特点，且妖怪的出场交代过于简单）

片段：师父被抓徒弟三人初次会妖怪

于是悟空把金箍棒往耳朵里一塞，喊了声："土地！"一个人出现在了他们面前。悟空问："土地，我师父又被抓走了，可问这附近有什么妖怪？"土地说："这横断山脉啊，有一个妖怪，叫'竹笛'住在这山上。"悟空谢了土地，便飞到高空用火眼金睛一扫，看到了"横断竹笛洞"，于是叫来八戒、沙和尚，飞到洞口前，拿着金箍棒，一砸，就把这门砸开了。里面的小妖吃了一惊便乱了手脚，徒弟三人各显神威，对着小妖们就是一顿打，过了一会儿，死的死，伤的伤。这时悟空看见了一支竹笛滚了过来便伸手去拿，可是竹笛响起了音乐，徒弟二人立马昏死了过去，悟空强忍着睡意，看见竹笛变成了一个女人，最后昏了过去。

（庄宜瑞同学认为该文段描写不够具体生动，衔接不流畅，应当增加动作描写和神态描写，使情节更加灵动，人物更具个性）

片段：孙悟空杀妖被误会离开师父

只见眼前有一户人家，师徒四人便走进去，推门进去，见一老人，那老人问四人，你们看没看见我的大儿子和小儿子，唐僧说："见过，只不过被我那徒弟失手打死了，说罢，悟空走过来，一把抓住老人的手，说道："妖怪。"然后当头就是一棒，把老人一下打死，那老人瞬间现出了原形——一条蛇，"师父，你看"。但肉眼凡胎的唐僧根本不信这些，气得直接把孙悟空赶走了。孙悟空这次没有反驳，踩着筋斗云回花果山了。

（马睿林同学认为此处应该详写，点名唐僧是肉眼凡胎的这一弱点，更具体说明悟空的委屈）

片段：师徒四人与流沙河新妖怪的打斗场面

真乃是一个鲤鱼精。八戒、沙僧与其大战三百回合后，作势逃跑，欲将那怪引上岸来。那怪却也不追，径直回洞。悟空念避水诀下水探清师父位置，用瞌睡虫迷倒众妖后救出唐僧。八戒、沙僧再下水挑衅，那怪闭门不出，正在几人迷惘之时，灵吉赶到，将这条鲤鱼收走。此乃灵吉养育之物，平日听灵吉讲经多矣，跳出鱼缸下凡，成了祸害。（宋彦熹同学建议可以将打斗场景写得更精彩、更详细）

四、群文展示

题目：

姓名：崔颢瀛

片段：鲤鱼精出场

话说行者四众归程行至流沙河，于空中不慎跌入水中，经卷复湿，正在晾晒经卷之时，水中忽见一妖腾空而起，十分凶丑——

金甲金盔灿烂新，腰缠宝带绕红云。眼如晚出明星皎，牙似重排锯齿分。

足下烟霞飘荡荡，身边雾霭暖熏熏。行时阵阵阴风冷，立处层层煞气温。

沙僧惊曰："吾曾乃这河中之怪也，哪个妖精占了我的洞府？"遂欲与之交战，不料这妖掳走唐僧，回了洞穴。悟空叫来八戒、沙僧说："我水性不如尔等，尔等下水将其引出，我再与他交战。"八戒、沙僧潜下水去，但见一处洞府，上书两个大字"大洞"，八戒使耙筑门，厉声高叫："泼怪物！送我师父出来！"慌得那门里小妖急报："大王，门外有人要师父哩！"妖邪道："这定是那泼和尚来了。"教："快取披挂兵器来！"众小妖连忙取出。妖邪结束了，执兵器在手，即命开门，走将出来。八戒与沙僧对列左右，见妖邪怎生披挂。好怪物！你看他——

头戴金盔晃且辉，身披金甲擎虹霓。腰围宝带团珠翠，足蹬烟黄靴样奇。鼻准高隆如峤耸，天庭广阔若龙仪。眼光闪灼圆还暴，牙齿钢锋尖又齐。短发蓬松飘火焰，长须潇洒挺金锥。口咬一枝青嫩藻，手拿九瓣赤铜锤。一声咿呀门开处，响似三春惊蛰雷。这等形容人世少，敢称灵显大王威。

题目：无草山偶遇胖柴怪，行者八戒共降魔

姓名：刘庭萱

片段：孙悟空初遇胖柴怪

行者走不多时，忽见一大石洞，寒气逼人，悟空想乘凉歇一歇，只听传来粗气鼾声，他乃变幻作一小灰翅飞蛾，潜入洞穴门缝。但见那骷髅若岭，骸骨如林，腥臭难耐，行者心中一惊，害甚，一不小心现了原身，他刚要使筋斗云走，那怪大喝一声："你是甚么人？胆敢扰我美梦！"行者心中念道："既来之，则安之，待我老孙与他斗也一斗。"刚要抢棒，却被那怪的大掌拎起扔入一旁的炙肉炉中。只见炉中火是愈烧愈旺，还堆着人骨，噼噼啪啪地响，行者若再不想法子逃连毛都要被烧掉了。悟空念起咒儿，拔出一小撮毫毛，顿时变出一个大水瓢，把火扑灭了。悟空趁那怪睡时逃了。

题目：上邪观遇邪师，九彩蟒擒三徒

姓名：刘瀚泽

片段：徒弟三人与九彩蟒战斗的场面

见那大蟒，蒙天双拳紧握，举剑便劈。一剑斩去，草木尽拦腰截半，却无法伤那大蟒分毫。林中忽然又飞出一只妖精，定睛一看，原来是这五溪洞中的蛇虫成了精，前来助这妖蛇的。悟空等人见状，纷纷上前。这一阵好杀：

大圣手握金箍棒，巨蟒铁尾招架多；道长手提寒星剑，剑气未能伤分毫。这个举耙猛击怪蛇眼，那个使杖招架锐利齿。巨蟒凶狠噬主杀气重，三徒法力高强菩提心。巨蟒蛇鳞坚似铁，四人宝器硬如钢。四人齐心合力打巨蟒，众妖蛇纷飞助蛇王。风云惊变，草木尽毁，大山崩坏，好一场不分胜负的大战！

正战着，那长虫忽然一声呜呜，蒙天一剑向悟空斩去。

"蒙天老儿，你为何不打妖蛇，反倒打俺老孙！"行者纵有七十二般变化，也算不出，这圈套。半刻，沙僧就丢了宝杖，被一只妖蛇卷起来带回洞内；八戒见状，虚晃一耙，欲驾云逃走，谁料那巨蟒更快，一弓身，八戒便被咬在口中了。行者见势，一个筋斗云翻出十万八千里，大蛇一拍尾巴就是十五万七千里，一下就擒了悟空。那蒙天老道回了道观，吩咐把唐僧抓了，等九彩吞天蟒把那三徒消化成水再蒸唐僧。

欲知师徒性命如何，孙行者请何方神圣降妖，且听下回分解。

题目：妖怪虚设鸿门宴，定海神针破乾坤

姓名：马睿林

片段：浊水王设计捕获悟空，下药迷昏众人

酒过三巡，菜过五味，悟空恍惚间发觉门外有一小童向其大王招手，悟空上前提醒，那壮汉一瞧，道："大圣不必在意，那是送果子来的小童哩。"悟空一听，站起身来对几人说："我去迎迎那小童，速速就回。"悟空出门寻那童子，左右观瞧，却不见其踪。这猴子也发怪，径直走，忽听背后一阵冷笑，悟空忙一回头，看一鱼头童子正在背后，暗叫不好，刹那间被那精一脚踢入水牢。只见那水牢真是：

"铜墙铁壁金链条，深水浊虫把身挠。莫说大圣高本领，玉帝亲临也难逃！"

此牢在天花板上有一眼洞，洞中伸出一条绫，悟空一下来，如离弦箭一般奔悟空而来，悟空赶忙躲闪，却没想到此绫闪至其后拴住脚踝，悟空站立不稳，咣当一声栽倒在地，这绫看准了机会插入悟空手内，以此为扣，拴住悟空，给来了个五花大绑，勒得悟空面红耳赤。此绫看计得逞，

295

贪婪地吸起悟空的血来，妄想把白绫染为鲜红，开始悟空奋力抵抗，但过了会儿渐渐失去意识，悟空脑袋一歪，昏迷不醒，此时金箍棒顺势从耳朵眼中掉出，但见这棒：

见波就长，见浪就抽，金光环绕，紫气蒸腾，鱼虾皆退，鳌蟹绕游。真是宇宙新奇物，定海神针铁！

把这白绫挣开，将这水牢支起，暂让悟空脱险。唐僧三人见悟空久不归，叫沙僧出去查看。这壮汉看到异样，站起身来说："天色不早了，大家歇息吧！"几人刚想站起，就听脑子嗡一声，瘫倒在地。

亮点点评：

这几个故事情节设计大胆，充满丰富的想象力；人物塑造同样精彩，人物登场有介绍，生动又不突兀，有的用诗化的语言将妖怪塑造得极富个性和特点，有的简洁有力，几句话就塑造了一个脾气暴躁，孔武有力，杀人如麻的魔王形象；文中还将阵法、法器、坐骑等元素设计得玄幻且新颖，与原著贴合较为紧密；文章语言流畅得当，逻辑清晰，与原著没有违和感，内容新颖。

第四章
基于大数据的整本书阅读课程

发展数字阅读　提升学习能力
——基于大数据下的初中语文整本书阅读教学实践研究

【摘　要】本文聚焦数字阅读，介绍通过系统登录、书目选择、阅读行为、摘抄批注、效果评测等大数据，助力教师全方位把握学生阅读状况；在精准分析学情的基础上，及时有效地进行整本书阅读教学；并通过数字化阅读评价框架搭建，提高学习效能，深化数字阅读；将数字阅读融入全学科，全面提升学生的学习能力。

【关键词】大数据　整本书阅读　实践研究

一直以来，整本书阅读的"痛点"就是很难掌握学生真实的阅读情况——到底读了没有？读到哪里了？读得怎么样？因而也就无法及时有效地跟进和指导。

《义务教育语文课程标准（2011年版）》在第二部分"课程目标与内容"中明确提出："要重视培养学生广泛的阅读兴趣，扩大阅读面，增加阅读量，提高阅读品位。提倡少做题，多读书，读好书，读整本的书，加强对学生课外阅读的指导。"[1]所以在关注如何开展名著阅读教学的研究之外，学生阅读量的监测、阅读兴趣的激发、阅读方法的掌握、阅读成果的展示等更应该受到重视，因为学生才是学习的主体。

1941年，叶圣陶在《论中学国文课程标准的修订》中对"读整本的书"提到："把整本书作主体，把单篇短章作辅佐"，这是叶老第一次明确提出要读整本书。整本书阅读，"读"才是硬道理。但中学生的阅读，尤其是整本经典好书的阅读，无论是学校还是家长，理想与现实之间，有一道美丽的鸿沟。开展数字阅读前，对外经济贸易大学附属中学 362 名学生问卷调查结果显示：有 31.25% 的学生跟不上老师要求的阅读进度；有 22.53% 的学生达不到老师要求的阅读的深度；有 11.79% 的学生没有阅读兴趣。可见，阅读是一种个性化行为，如若变成了教师流水线式的想当然的教学指导，可能会将阅读兴趣变成阅读负担。

近几年，我们从基于学生"读"的基础上着手研究整本书阅读。我们尝试从"如何实现整本书的先读后教，如何最少地干扰学生的自主阅读，如何及时了解学生的阅读情况"出发，通过各种方式引领学生投入地阅读，生成自己的阅读体验，在阅读中不断提升学习能力。

一、数字阅读大数据成为教师全方位把握学生阅读现状的好助手

进入大数据时代，借助手机、电子书包等硬件技术承载多种阅读平台，为整本书阅读提供了有力的支撑。阅读平台为师生提供了"登入系统数据""阅读书目数据""阅读行为数据""摘抄评注数据""测评数据"五大数据服务。"内容丰富、查找快捷、更新及时"是对外经济贸易大学附属中学初一、初二两个年级的学生对利用 E－ink 平板电脑开展数字阅读的"第一感受"。数字阅读之所以在使用初期就有了可观的阅读数据，让老师全方位精准掌握学生的阅读状况，得益于阅读平台五大数据服务体系的支持。

1. 系统登录数据，服务教师全方位掌握学生的阅读现状

阅读平台不但可以提供学生每月每天每人的登入平台阅读的情况，而且还能提供整个年级的阅读对比数据。这样就方便老师了解每个年级、每个班级、每个学生乃至每个时段的阅读详情，也助于老师有针对性地做好督促指导。

数字平台因其信息量大、携带便捷、内容丰富、功能实用，让阅读更个性，能更好地满足与支持学生时时、处处的阅读需求；也因其阅读数据的反馈及时，激发了学生阅读积极性，学生们争先恐后地争夺班级和学校的阅读名次，实现了从"要我读"向"我要读"的转变。

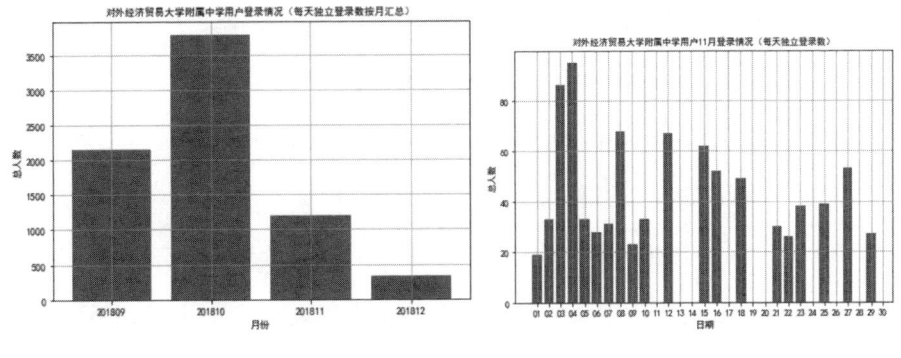

图1

2. 阅读书目数据，服务教师准确把握学生阅读倾向

目前平台上有优质阅读内容222本。其中教育部推荐必读、选读图书100本，学校推荐图书50本，国际优秀图书（纽伯瑞奖、全国优秀儿童文学奖等）172本。最初两个月的阅读数据显示学生共下载图书11696本，收藏图书511次。从下载排行看，《红星照耀中国》成为下载次数最多的图书，被下载了1795次，《朝花夕拾》和《西游记》紧随其后分别为1762次和1723次。从下载类别看，图书种类中"人名传记""故事"和"中国文学"三个分类占据了前三位置。这些数据，为教师准确研判学生群体和个体的兴趣取向提供强力支撑。

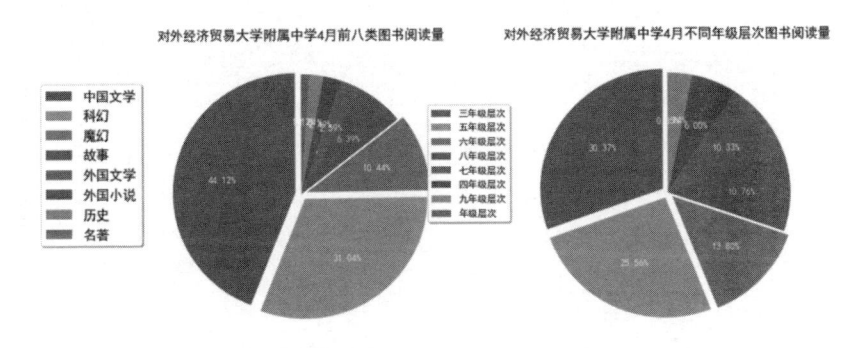

图2

如：酷爱科幻的初一(3)班的李俊同学在读完《北京折叠》之后，向学校开出一份自己的"心愿书单"——《外星屠异》《精神之子》《霸主的影

子》《影子傀儡》《巨人的影子》《战争的礼物》《安德的流亡》《飞行中的阴影》《阴影活着》《流浪地球》《地火》《纤维》《白垩纪元》《朝闻道》《首席医官》；初二(4)班李婧文同学提出增加当代散文图书的要求……近两年来根据师生的阅读需求，通过审核并上传图书 26 本。

3. 阅读行为数据，服务教师掌握学生的阅读数量与获取信息速度变化

对外经济贸易大学附属中学本学期共 2 个年级、12 个班级、362 个学生使用了电子书包开展阅读活动。最初两个月学生总共阅读图书 201 本，总计 15.74 万页、4658.02 万字图书，总阅读时长 2040.48 小时，平均阅读速度 380.47 字/分钟。不同时段的行为数据，可以让教师准确把握学生的阅读数量和阅读速度变化，了解学生的获取信息能力变化趋势，为"一人一策"的个性化阅读指导方案制定提供有力依据。

4. 摘抄、批注数据，服务教师把握学生阅读效果和阅读深度

借助阅读平台，学生在阅读时可以便捷地将优秀的句子或短语进行圈画和摘抄，也可以将自己对某个句子或某段话的理解进行批注。学生的阅读圈画批注情况，教师可以借助平台随时关注和点评。

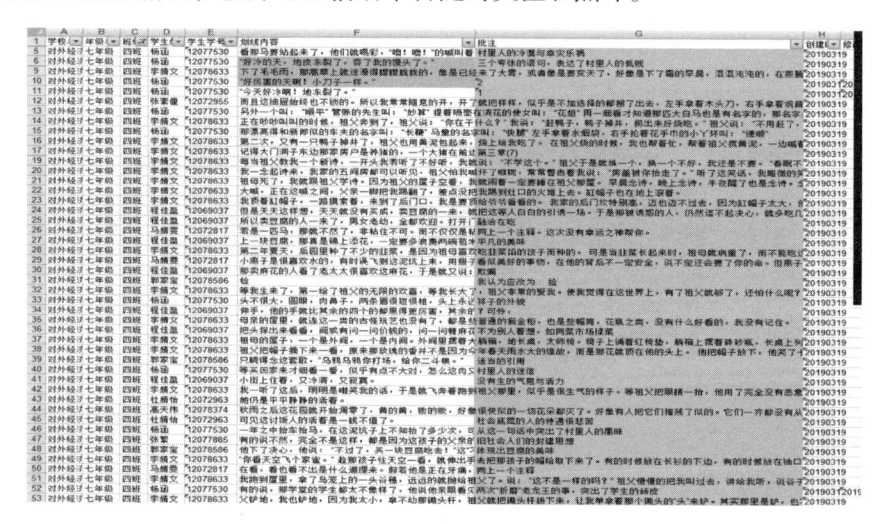

图 3

如：初一学生阅读萧红《呼兰河传》时，教师通过对学生圈画字词、摘抄语段的行为数据的分析，可以及时了解掌握学生阅读过程的专注度和阅读效果。通过对学生阅读过程中有关环境描写、人物对话描写、人物性格的评价、小说主题等个性化理解和感悟内容的批注行为数据分析，可以实时掌握学生的阅读深度。这些行为数据分析，帮助教师及时调整阅读任务设计。

5. 评测数据，服务教师准确把握学生信息获取和加工能力的现状和变化轨迹

平台设有一套循序渐进的测评服务系统。教师专家联合论证测评诊断工作的必要性和可行性；开展基于命题和测评模式的研究工作，研究范式，确定题量、能力点、难度等套题指标体系，形成范例，并分配任务；基于读物难度与读者阅读能力相匹的命题实施，形成基于 20 本精选图书的 60 套测评试题；专家审核。学生初读后，系统从题库随机抽取 20 道不同难度的检测题，后台根据学生的答题情况生成阅读效果测评报告；系统根据学生的阅读及测评情况，及时进行数据更新，形成班级和个人阅读行为数据报告。根据上述行为数据报告，教师为班级和个人提供定制化阅读方案，以提升学生阅读能力。

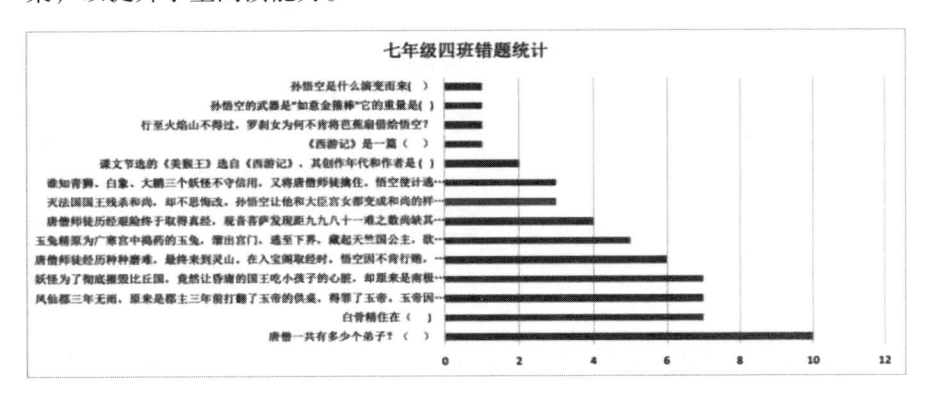

图 4

目前对外经济贸易大学附属中学在阅读实践中，由特级教师牵头，带领骨干教师和一线老师团队针对每本图书的知识点，命制相应的测评试题，在学生阅读图书后进行评测诊断。目前已完成 16 本教育部推荐图书，共入库 960 道精选阅读测评试题。对外经济贸易大学附属中学语文教师，通过对初一、初二两个年级学生阅读的测评行为数据的分析，及时准确地掌握了学生信息获取和加工能力的现状和变化轨迹，为进一步有效指导提供了依据。

阅读平台五大数据服务体系的全方位的支持，使学生不但越来越喜欢阅读，而且阅读的数量和质量也不断提升。

二、阅读行为大数据精准画像学生阅读，奠基教师精准教学

电子书包的使用，为整本书阅读大数据的收集提供可能。师生人手一个电子书包，教师对年级、班级、个人的阅读数据随时可收集和分析，并能及时进行沟通反馈。下面这张图表可以很清楚地了解每个学生的阅读速度、阅读时长、阅读频率、哪些章节停留的时间长短。

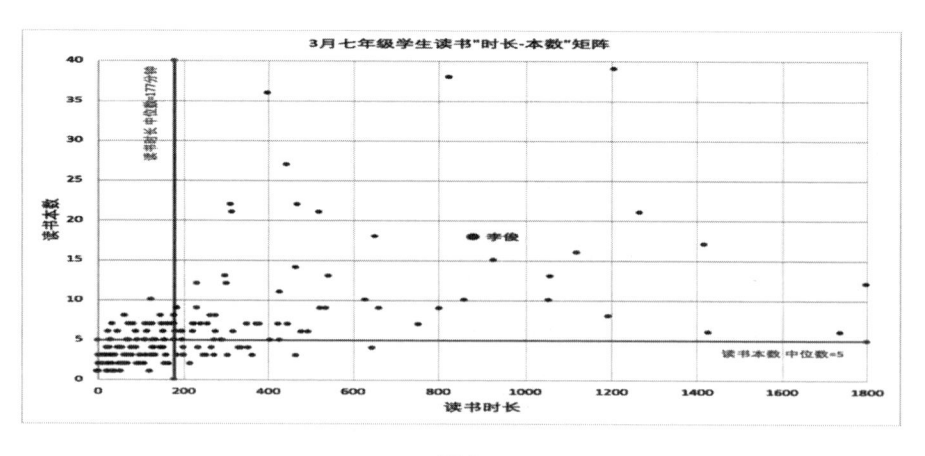

图 5

整本书阅读初读阶段，教师通过长期地、连续地收集、观测学生的阅读行为数据，对学生的阅读兴趣、阅读能力进行识别与分析。

初一年级《朝花夕拾》《西游记》《呼兰河传》《我与地坛》《假如给我三天光明》等整本书阅读活动中，大量真实的、具体的、动态的大数据不断"生成"。尽管阅读时段、时长、强度、节奏以及关注点、画批处等人人不同，但也规律明显。这些数据既为教师开展精准的、个性化的学情分析提供了保证，也为阅读教学指导"一人一策略，相似同策略"提供了遵循。如：在阅读《朝花夕拾》的时候，发现个别同学的阅读速度超快，几乎属于无效阅读数据。课间找这几位同学细聊，才知道，他们对于阅读鲁迅的书籍出现了阅读困难，对于书中的内容一是不感兴趣，二是读不懂。针对少数学生出现了的阅读障碍，我们分别设计了老师个别指导阅读、资料补充助读和同伴帮读的"一人一策略"原则。又如：在读《西游记》的时候，发现大部分学生对有关孙悟空的情节部分阅读时间停留稍长，而在与和猪八戒、沙僧有关的情节部分停留时间较短。老师们针对这一情况，在及时的阅读任务的布置上，增加了一个"谁是取经路上的核心人物"的辩论任务。这样就能很好地引导学生全面地阅读整本书，不再仅凭偏好选择阅读内容。这就是在观测阅读行为数据的分析过程中，对于出现的相似的问题采取的"相似同策略"。

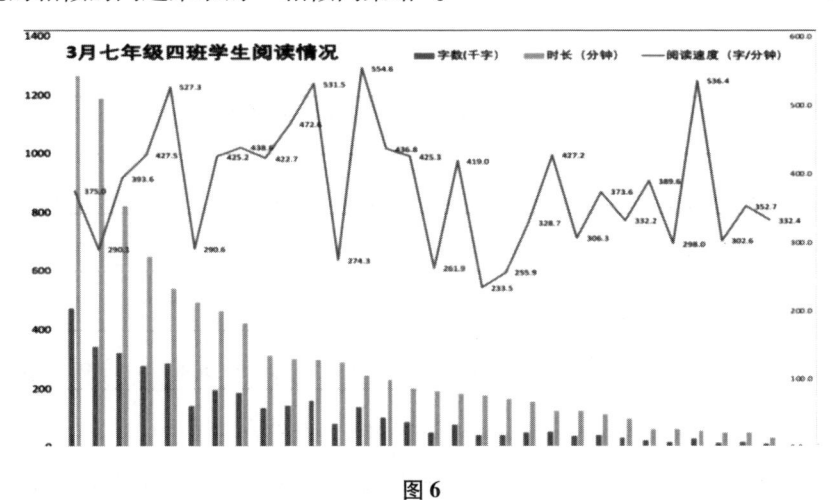

图 6

为了更进一步地了解学生对阅读内容的兴趣点、难点和阅读效果，我们围绕整本书整体感知、重点情节、重点人物等角度，设计简单的判断题和选择题，随机推送到电子阅读器后台，学生随机选题作答。教师可以借助平台及时全面地掌握学生的答题情况，进而准确了解学生真实的阅读效果。

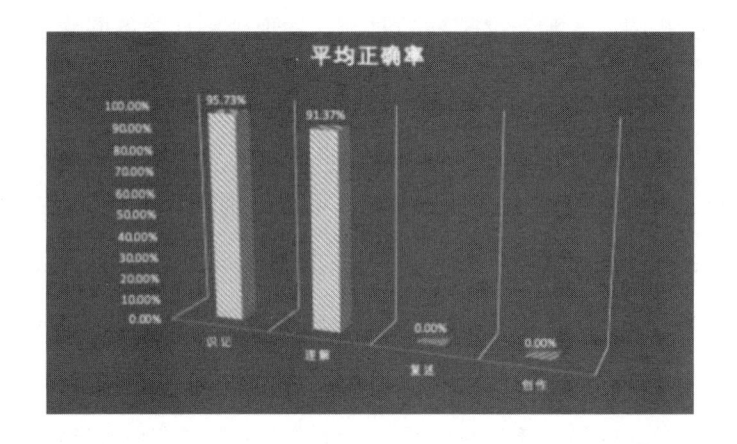

图7

通过对学生阅读数据的收集与分析，就可以对学生的初读情况做出精准的、真实的、动态的个性化学情诊断，并以此为依据设计下一步的阅读任务。

三、阅读大数据成为针对性阅读任务设计的依据

"基于大数据下的初中语文整本书阅读教学实践研究"是在借助大数据精准分析学情的前提下，及时有效地进行整本书阅读教学跟进，把学生的自主阅读和教师的有针对性指导有机联系起来。利用互联网技术、大数据，进行精准的学情诊断，变盲目无序阅读为阶梯式整本书阅读实践研究。

1. 初读数据为微课资源包设计提供依据。在整本书阅读教学活动中，

阅读能力和兴趣相近的学生具有相类似的阅读进度、节奏等行为特征。通过对学生阅读行为数据的分析、阅读效果的评价等，教师可设计有针对性的"微课资源包"，分期分类推送到平台。

比如：在读《骆驼祥子》的时候，我们根据初读阅读数据和客观题的得分率情况，设计了与情节、人物、主题相关的三个精短微课视频。每个微课视频下配有十个相关的选择题，分三期推送到平台，从而加强阅读知识的巩固。

2. 微课及检测数据为阅读任务群设计提供支持。教师通过提取学生观看微课和答题的行为数据并进一步分析、比对，学生阅读行为的"大画像"就更加精准、更加翔实和清晰。教师可以依据分析结果，设计阅读任务群，分层分类下发给学生。

如：《骆驼祥子》整本书精读阶段，我们设计了以下三个任务：任务一：跳读精读相关章节，设计大杂院中人物生平履历表。（学生拍图通过平台上传）任务二：选取祥子"三起三落"中的某一个情节细读，参加"话说祥子故事会"评选活动。（学生录制音频平台上传）任务三：细读小说结尾"体面的，要强的，好梦想的，利己的，个人的，健壮的，伟大的，祥子，不知陪着人家送了多少回殡；不知道何时何地会埋起他自己来，埋起这堕落的，自私的，不幸的，社会病胎里的产儿，个人主义的末路鬼！"（《骆驼祥子》第二十四章）结合时代背景，分析祥子是何以从一个积极向上的小伙子变成末路鬼的？（学生线上论坛讨论交流）

教师通过电子阅读器的后台随时监控学生的微课学习进度、答题准确率和任务单的完成情况，圈定得分率低，题目对应的章节，在阅读课上，适时进行引导和讲解；让指定任务单完成特别出色的学生，在阅读课上分享故事。同时，对阅读任务单完成比较差的学生进行"一对一"的跟进督促和指导。

四、数字化阅读评价框架搭建成为深化数字阅读的必备环节

信息化时代，阅读材料的呈现方式、问题导向、实践导向发生了改变，混合式学习方式[2]就成了常见的方式。但是，要想真正提高学生的阅读能力，仅仅提供一个电子书包是不够的。不同阅读阶段的数据收集方式开发，阅读任务单、阅读资源库的建设，基于数据分析后的改进阅读教学方式与策略的研究，阅读评价模式的形成等都需要一步步跟进。其中，阅读效果的反馈、阅读能力的诊断是阅读评价的一个重点，也是一个难点，涉及诊断的时机、量表的研制、数据的分析、信息的反馈等多个环节内容。借鉴"学科能力表现""阅读诊断量表"，通过不断尝试、反复研究修改，初步形成了一套较为完善的、适合中学生阅读诊断的评价体系。

数字化阅读评价框架搭建中，我们将常规的考试、教学经验评价与行为数据评价相结合。实验过程中，基于对学生阅读书目下载情况分析、学生阅读时间段和频率的分析、学生摘抄、批画分析等大数据的收集整理分析的基础上，分层设计阅读测评量表。首先，通过实验形成"六层次阅读评价系统"，对学生的阅读能力进行阶梯式阅读评价。

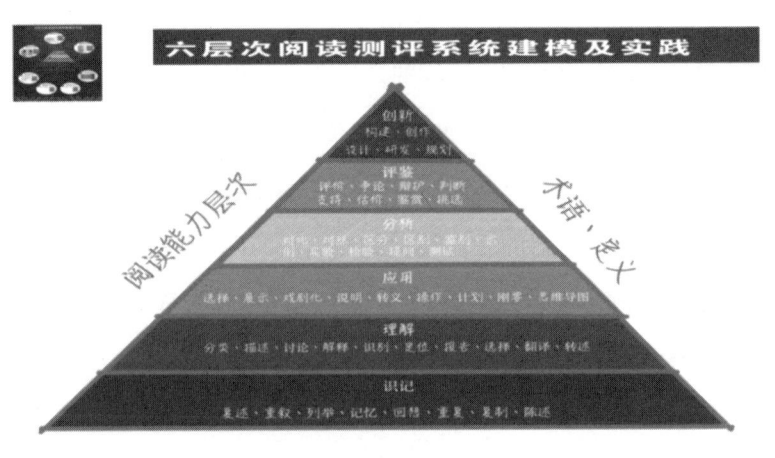

图8

在阶梯式阅读评价基础上，探索分层细化了评价体系，初步形成了评价框架，具体如下：

表1 数字化阅读评价框架

能力层次	具体描述
识记	直接获取信息类
理解	描述信息类
应用	能用获得的信息解决简单问题
分析	能整合信息解决复杂问题
评鉴	对同类作品进行评价
创新	创作类

比如，在阅读《骆驼祥子》时，首先根据学生的初读数据分析，设置了30道选择题和30道判断题，导入电子书包后台资源库，学生随机抽取20道题检测。在掌握了学生阅读真实动态数据的前提下，适时指导学生在阅读的基础上画出人物生平、性格思维导图，设计出"大杂院里的众生相"人物群像，撰写"祥子小传"，并与《四世同堂》作对比分析等阶梯式阅读跟进和指导。阅读后再抽取10道试题进行后测，分析学生的掌握水平，并与前测对比，得出阶梯式阅读跟进和指导的效果。

在不同形式、不同角度、不同深度的评价监测过程中，学生独立思考、逻辑推理、信息加工、语言表达等均能得到锻炼，阅读能力有了不同程度的提高。测评成为促进有效阅读、诊

图9

断阅读效果、判断阅读策略和指导方式效能的工具，数字化阅读测评体系成为了深化数字阅读的必备环节。

五、悄然融入全学科的数字阅读成为学生学习能力提升的利器

学生学习能力的提升，是贯穿教育教学的重要目标之一。为了提高整本书阅读的兴趣和阅读质量，我们为学生提供了数字阅读平台。但我们的研究探索与尝试并不仅仅局限于整个平台语文学科，除了跨媒介研究之外，我们还根据整本书的内容特点，设计学科融合的研究点，开展了跨学科阅读教学研究。在阅读平台上添加了历史、地理、物理、化学、生物和英语教材，数字阅读悄然融入全学科，成为了学生学习能力提升的利器。

例如，在设计《海底两万里》整本书阅读校本课程时，我们尝试和初二世界地理的学习内容进行跨学科研究。邀请地理学科潘馨老师进入我们的阅读团队，和我们一起共读共研《海底两万里》。潘老师从世界地图的角度切入教学，带领学生们先熟悉了解"诺第留斯号"潜艇的航海路线。我们基于潘老师地理课有关知识讲解的基础上，再展开故事情节的梳理，起到了事半功倍的效果。同时，还建议学生借助初中已学的物理、科学等学科知识去阅读小说中的相关情节，也引导学生带着批判的眼光阅读这本书。在阅读分享论坛上，几个男孩子就书中和现代科学知识存在不一致的内容进行了深度的讨论。

再如，阅读《昆虫记》时，我们提前和生物老师沟通生物课程讲解内容和《昆虫记》阅读任务发布的结合点，让学生结合生物科学的知识再来读《昆虫记》就会有更多的收获。阅读《红星照耀中国》时，我们和历史老师一起制订阅读计划和阅读要求，帮助学生在了解当时历史背景下，再去阅读这本书，阅读效果非常好。阅读《简·爱》《哈利波特》的时候，我们在平台上也给学生提供了全英文版的书籍，让学生在读完中文版图书

的前提下，再去阅读英文版，降低了难度也提高了阅读兴趣和阅读质量。

同时，我们还在电子书包里增加科普阅读内容，把与"人工智能"有关的阅读材料添加到电子书包里，让学生了解有关集成电路、语音识别、图像识别、语意分析、神经网络、机械与自动化、物联网等内容。从阅读开始做科普，埋下"科技"的种子，从语文一门学科波及众多门学科，并和科技实践课做衔接。

研究过程中，我们力求名著阅读的内容和"大数据""阅读器"技术的融合，避免出现"课程学科本位不突出""技术像鸡肋"的情况。

这种教与学的方式，还需要我们不断地摸索完善，让大数据、人工智能等新一代科技既作为学习内容，也作为学习支撑技术与环境服务语文教学，服务学生综合素养的提升。

注释

［1］中华人民共和国教育部．义务教育语文课程标准（2011年版）［S］．北京：北京师范大学出版社，2011．

［2］李卫东．混合式学习：整本书阅读的策略选择［J］．语文建设，2016（25）．

［本文系北京市教育科学"十三五"规划课题"基于大数据下的初中语文整本书阅读校本课程研究"（课题编号：CDDB2020260）阶段性成果］

（原载《中小学数字化教学》2021年第9期）

借助阶梯式评价　提高阅读能力
——基于大数据的初中名著阅读评价实践研究

初中名著阅读，"读"才是硬道理。一直以来，名著阅读的"痛点"是很难掌握学生真实的阅读情况——到底读了没有？读到哪里了？读得怎么样？以上问题解决不了，教学也就无法及时有效地跟进和指导。

评价是开展初中名著阅读教学最重要的环节，也是目前名著阅读研究中相对薄弱和滞后的环节。《义务教育语文课程标准（2022年版）》在"评价建议"中强调："课堂教学评价是过程性评价的主渠道。教师应树立'教—学—评'一体化的意识，科学选择评价方式，合理使用评价工具，妥善运用评价语言，注重鼓励学生，激发学习的积极性。"[1]这些概括性的建议，无法有效指导具体实践。评价什么，有哪些评价方式，怎样开展评价，评价要注意什么问题，等等，一线教师困惑依然很多，亟待研究解决。

本文中的"大数据"专指初中生名著阅读行为大数据，包括学生"阅读书目数据""阅读速度数据""阅读时长数据""摘抄评注数据""测评数据"五大数据服务。本课题旨在利用互联网技术、大数据，进行精准的学情诊断、学程评价、效果检测，构建以提高学生阅读能力为目的的阶梯式大数据评价体系。

一、初读：以真实"读情"诊断反馈，激发学生的阅读动力

近几年，我们在促进学生"真读"的基础上，研究初中名著阅读评价的路径和方法。我们尝试在学生初读时从"如何最少干扰学生的自主阅

读、如何及时了解学生的阅读情况、如何实现名著阅读的先读后教"出发，借助大数据进行各种形式的诊断评价，激发学生的阅读动力。

近年来，对外经济贸易大学附属中学师生人手配发一本"书香阅读"电子阅读器——它小身材，大容量，被学生称为"移动图书馆"，能记录阅读行为，并统计数据。该电子阅读器与"书香阅读"电脑端口、"青湖悦读"手机App使用同一个ID账号登录，后台数据"三位一体"同步更新。学生通过电子阅读器阅读、画批、答题；教师根据"读情"，通过"书香阅读"电脑端口或"青湖悦读"手机App下发任务、统计和分析数据。

透过大数据，获取真实的"读情"诊断。初读阶段，教师通过连续地收集、观测学生的名著阅读行为数据，如学生的阅读时长、阅读频率、阅读速度等最新数据，了解学生的阅读实情。名著阅读，最难的事情就是不好掌握真实的"读情"。"书香阅读"电子阅读器、"书香阅读"电脑端口和"青湖悦读"App构筑起的阅读系统平台数据同步，破解了这个难题。此平台既可以随时提供每个学生阅读的大数据，还可以提供整个年级的阅读对比数据，方便教师随时了解每个学生、每个班级、每个年级乃至每个时段的阅读详情。

对外经济贸易大学附属中学有3个年级、20个班级、886个学生使用"书香阅读"电子阅读器阅读名著。综观2022年新学年3月学生阅读数据，《骆驼祥子》被阅读次数最多，为6983次；《海底两万里》和《傅雷家书》紧随其后，分别为5759次和5678次。从阅读行为看，学生总共阅读图书8751本，总计2709.91万页、5419831.22万字图书，总阅读时长13910.2小时，平均阅读速度389.63字/分钟……名著阅读活动中，大量真实的、具体的、动态的大数据不断"更新"，尽管阅读时段、时长、强度、节奏、关注点、画批处等人人不同，但规律明显。

结合学生阅读的情况，教师定期对比分析阅读数据，形成阅读报告。

透过大数据，获得真实的"读情"反馈。初读大数据为教师获得精准的、个性化的学情评价提供了保证。通过分析大数据阅读详情报告，教师能准确把握学生的阅读数量和阅读速度变化，了解学生获取信息能力的变化趋势，为制定"一人一策"的个性化阅读指导方案提供强有力的数据支撑。

比如：在阅读《朝花夕拾》的时候，因随时可以查看自己阅读数据的班内排名，学生阅读呈现你追我赶的态势，阅读动力十足。但通过分析班级数据发现，个别学生不但阅读速度每分钟不到 200 字，阅读量也比较少。课后了解才知道，他们阅读鲁迅的书籍时出现了"障碍"，对于书中的内容一是不感兴趣，二是读不懂，尤其是《狗·猫·鼠》这篇。

针对个别学生出现的不同阅读障碍，教师在"午读"时间作"一对一"个别指导，补充文章的创作背景，对看不懂的内容，引导学生选择跳读的方式，不停滞不死磕。针对部分学生阅读慢的情况，教师用具体的提高注意力的方法点拨，引导学生循序渐进地提高阅读速度。同时，对于一个阶段内阅读量大、阅读速度快和阅读质量高的学生，及时给予公开表扬和赞赏评价。对于圈画和批注内容比较深刻的学生，适时颁发"阅读小明星"星卡。总之，通过各种方式激励学生阅读。

不同时段的行为数据，不仅可以让教师准确把握学生的阅读数量和阅读速度变化，还可以抽取不同学生的数据对比分析评价。将数据信息向学生反馈，也可激起学生阅读比赛的热情。学生阅读行为大数据，成为"一人一策"方案制定的重要依据。

初读阶段，通过对大量真实的、具体的、动态的大数据的诊断性评价和反馈，激发了学生阅读的动力。从最近的阅读数据看，绝大多数学生的阅读速度达到了新课标要求的"每分钟 500 字以上"。同时，实现了从"要我读"向"我要读"的转变，阅读兴趣、阅读习惯正在悄然养成。

二、精读：以多维立体的过程性评价，提高学生的阅读能力

精读阶段，过程性评价是一种判断预设目标在不同阶段达成程度的评价。在借助大数据精准诊断反馈"读情"的前提下，及时有效地跟进名著阅读教学，把学生的自主阅读和教师的针对性指导有机联系，提高学生的阅读能力。

初读诊断性评价数据，为"伴读课程"资源包设计提供依据。信息化时代，阅读材料的呈现方式、问题导向、实践导向发生了改变，混合式学习成为常见方式。开发不同阅读阶段的数据收集方式，研制阅读任务单，建设阅读资源库，研究基于数据分析的阅读教学方式与策略，形成阅读评价模式，等等，都需要一步步跟进。

借鉴"学科能力表现""阅读诊断量表"，通过不断尝试、反复研究修改，我们初步形成了一套较为完善的、适合中学生阅读诊断的评价体系。在搭建数字化阅读能力评价框架时，我们将自主阅读、阅读检测评价与行为数据评价相结合，通过实验形成"六层次阅读能力评价系统"，对学生的阅读能力进行阶梯式评价。在阶梯式阅读评价基础上，分层细化评价内容，初步形成了多维度立体评价体系框架，如表1所示：

表1 阅读能力多维度立体评价框架

能力层次	具体描述
识记	直接获取信息类
理解	描述信息类
应用	能用获得的信息解决简单问题
分析	能整合信息解决复杂问题
评鉴	对同类作品进行评价
创新	创作类

在名著阅读教学活动中，阅读能力和兴趣相近的学生具有相似的阅读进度、节奏等行为特征。通过分析学生阅读行为数据、评价其阅读效果等，教师设计有针对性的"伴读课程"资源包，包括阅读任务、阅读指南、微课视频、检测试题、关卡挑战、挑战奖励等内容，分期分类推送到平台。通过提取学生观看微课和答题等行为数据，并及时分析、比对，就能更加精准地描述学生的阅读行为"大画像"。

比如，在阅读《朝花夕拾》时，根据学生的初读数据分析，我们设计了与鲁迅的童年、少年、青年相关的三个微课视频。每个微课视频下都设计对应试题库，供学生随机检测。教师通过检测数据，形成测评报告，可以清晰地呈现学生六层次阅读能力的现状。

阅读能力评价大数据，为针对性阅读任务设计提供了依据。通过分析学生的阅读行为数据、评价其阅读效果等，对于学生在阅读名著时出现的共性问题，教师可以采取同一策略指导。在分析了学生阅读能力测评报告，掌握了学生阅读能力的薄弱点之后，教师还有针对性地设计并及时发布相关伴读计划、读写任务、挑战任务，从而有序有效地指导学生精读。

针对以上《朝花夕拾》阅读能力评价报告分析，我们聚焦"先生之风 山高水长"，设计了一套有梯度的阅读任务和对应每个任务的评价量表。其中微写作任务评价量表如表2所示：

表2 《朝花夕拾》阅读体验写短文任务评价量表

关键之处：能结合名著内容及课堂探究结果，写出对鲁迅笔下的藤野先生的深刻认识					
内容与维度	等级	标准	自评评语	互评评语	教师评价评语
抓住藤野先生的特点，写出自己的认识	☆☆☆	能充分结合名著内容及课堂探究结果，对藤野先生有深刻而独到的认识			
	☆☆	基本能结合名著内容及课堂探究结果，对藤野先生有正确的认识			
	☆	能写出名著内容，对藤野先生有粗浅的认识	自评等级：	互评等级：	教师评价等级：

此评价量表在突出采用六层次评价框架进行综合评价的同时，更凸显了对"评鉴"能力的评价。阅读评价量表的设计，旨在引导学生理解阅读篇目的人物形象特点、写作艺术特点和主题含义，以评价促进学生深度阅读。实践中，教师针对不同阅读篇目设计多维评价量表，并根据学情及时调整修改，激发学生开展探究性阅读的浓厚兴趣；教师也可根据评价量表反馈的问题，引导学生及时查漏补缺，逐步养成良好的阅读习惯。

"双减"背景下，有针对性的伴读课程资源推送和有的放矢的阅读任务跟进，提高了名著阅读指导的有效性，学生的阅读效率和能力得到了实实在在的提高。

三、检测：依据终结性评价调整阅读教学策略，提升学生的阅读素养

名著阅读评价体系的建构，应围绕学生阅读素养的提升展开。目的是借助评价，激发学生形成阅读的内驱力。《义务教育语文课程标准（2022年版）》强调：教师要有意识地利用评价过程和结果发现学生语文学习的特点与问题，提出有针对性的指导意见，促进学生反思学习过程、改进学习方法。要依据评价结果反思日常教学的问题与不足，优化教学内容，改进教学设计，调整教学策略，完善教学过程。[2]我们结合阅读过程中的综合性阅读实践活动等级，将常规的测评数据与中考测评数据评价相结合，探索名著阅读终结性评价的有效路径。

借助大数据研究中考名著阅读检测题走势，调整名著阅读教学策略。笔者收集整理了 12 个省份近五年的中考语文名著试题，研究发现：名著阅读的测试内容在悄然改变，识记能力赋分占比总体呈现下降趋势，相对高阶的理解能力与鉴赏评价能力赋分占比同步上升。越来越多的省市中考名著阅读题，体现了从低阶能力到高阶能力转换的检测方向。中考名著阅读测评方向的变化为我们检测名著阅读效果提供了方向和思路——名著阅读终结性评价

的终极目标就是提升学生的阅读素养。为此，在教学实践中，教师应及时调整名著阅读教学策略，以此引导学生适应名著阅读测评的变化。

借助大数据研判期末名著检测卷，查找阅读"短板"，优化名著阅读教学方式。我们把期末检测名著阅读板块的数据分析作为名著阅读阶段性的终结性评价结果，据此查找阅读教学中潜在的弱项和不足。笔者收集了北京市朝阳区期末名著检测题30套，发现这些试题的考查点主要涉及故事情节、人物辨析、内容理解概括、阅读感悟等。分析发现，期末名著阅读题的考查趋向于结合作品内容谈阅读收获。如此设题的目的就是希望考出学生阅读名著的过程和阅读体验。

图1

如：北京市朝阳区2021—2022学年八年级第一学期期末检测中的名著阅读题：

说起《红星照耀中国》，你会想到什么？请从下面的词云图中任选一个或多个词语，结合书中具体内容，谈谈你的理解。（100个字左右）

"结合书中具体内容，谈谈你的理解"，是要求学生结合自己的阅读体验，梳理从中获得的有益人生启示。如果只停留在浅层次的阅读，学生就无法将《红星照耀中国》中的内容与词云图中的词语联系起来，形成自己的理解。抽调6000多份学生答卷，经统计发现，由于没能深度理解名著内容产生错误的占35%以上。后期通过访谈部分学生，发现学生导致以上错误的根本原因："碎片化"的思维导致阅读名著时不能进入深度阅读，从而未形成自己对名著内容的深度理解。针对这一问题，教师及时查漏补缺，有的放矢地调整阅读教学侧重点，适当加大阅读理解能力的日常训练，以此提升学生的分析判断和归纳总结能力。

借助终结性评价反馈结果数据，反思名著阅读教学过程。通过对学生期末试卷的研判，我们发现学生的阅读短板在于不能深入理解整本书的内容。为"拉长"短板，教师在不断反思教学、优化名著阅读教学方式的同时，修订完善阅读评价量表，引导学生读深读透，读出自己真实的感受，提高阅读能力。

我们收集学生名著阅读评价数据，给予学生个性化的指导，且通过收集归纳"一人一档"大数据，全面记录学生核心素养的发展轨迹。按照"一人一策略，共性同策略"的原则，我们设置能让学生有深度的阅读体验和阅读思考的真实任务和真实情境。阅读中注重组织学生分享、交流阅读方法、阅读思考、阅读兴趣点和阅读感受。

如为了进一步检验学生的阅读程度，初一年级以线上和线下结合的形式举办了"品读经典·薪火相传·西游故事汇"主题活动。学生阅读文本后创编剧本、自导自演，用相声、评书、快板、小品等多种形式奉上了一场西游视听盛宴。来自线上家长、线下老师、同伴的多元评价结果，使学生找到了阅读的自信。

[本文系北京市教育科学"十三五"规划课题"基于大数据下的初中语文整本书阅读校本课程研究"（课题编号：CDDB2020260）阶段性成果]

注释

[1] 中华人民共和国教育部. 义务教育语文课程标准（2022年版）[S]. 北京：北京师范大学出版社，2022.

[2] 同[1].

（原载《语文学习》2022年第4期）

整本书阅读的大数据评价

【摘　要】 本文聚焦整本书阅读评价，介绍基于真实的整本书阅读实践研究的基础上，在大数据精准分析学情的前提下，及时有效地进行诊断性、形成性、总结性阅读评价跟进。尝试通过构建阅读评价体系，助推整本书阅读走向深入。

【关键词】 整本书阅读　阅读评价　大数据

"大数据"专指学生阅读行为大数据，包括学生登录阅读平台，下载、收藏图书，阅读图书的时间、节奏，做笔记、画批情况，做检测题情况，等等。通过对学生读书过程中这些行为数据的收集，构成了学生阅读行为大数据（画像）。本课题是在借助大数据精准分析学情的前提下，及时有效地进行整本书阅读教学跟进，把学生的自主阅读和教师的有针对性指导联系起来；利用互联网技术、大数据，进行精准的学情诊断、学程评价、效果检测，构建整本书阅读的大数据评价体系。

随着新课标的颁布，有关"整本书阅读"的研究在 2018 年后表现出了"井喷"式的态势。从书目来看，《红楼梦》整本书阅读的相关研究是最多的，有 141 篇；其次是《乡土中国》，有 77 篇，这与统编语文教材选入两本书作为整本书阅读的篇目有很大关系。

在整本书阅读教学中，"学习任务群""阅读策略"和"导读课"是三个关注较多的关键词，而"阅读评价"的关注偏少。阅读评价是整本书阅读教学过程中最为重要的环节，课标中只有原则性的建议，有限的研究

图 1

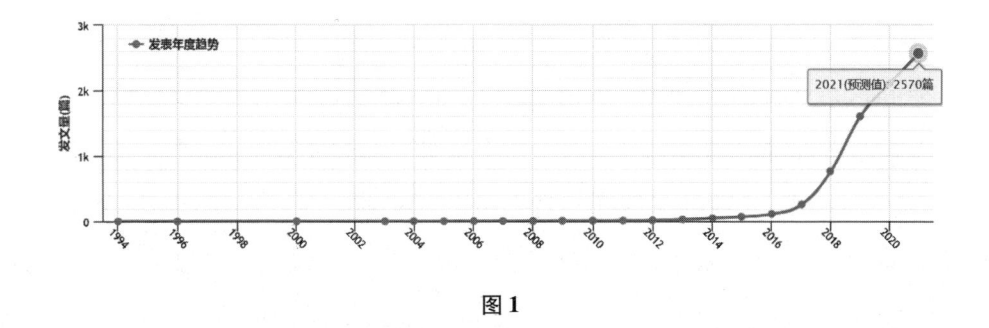

文献更多为理论研究，无法有效指导具体实践，广大教师需要积极探索解决整本书阅读的评价问题。本文基于对对外经济贸易大学附属中学 4 年来近 1000 名学生阅读数据进行综合分析，通过精准定位学生阅读情况，借助阅读评价这一有效方式，引导学生从浅层次的阅读逐步达到深层次的阅读，从而在阅读整本书的过程中获得有益的人生启示。

根据评价与教学的关系，将评价分为诊断性评价、形成性评价和总结性评价三种。[1]我们尝试将三种类型的评价应用于整本书阅读评价过程，并根据各自的功能及整本书阅读的特质，探究尝试形成整本书阅读评价体系。

一、借助大数据对学生阅读兴趣、阅读速度、阅读深度进行"立体扫描"——开展诊断性评价

整本书阅读的初读阶段，教师应通过长期地、连续地收集、观测学生的阅读行为数据，对学生的阅读兴趣、阅读能力进行多维度识别与分析。进入大数据时代，借助手机、电子书包等硬件技术承载多种阅读平台，为整本书阅读提供了有力的支撑。阅读平台可以随时为师生提供"阅读数量数据""阅读书目数据""阅读速度数据""摘抄批注数据""测评数据"等行为的大数据服务。我们的研究正是以这种大数据精准诊断学情为依据，进行阅读兴趣、阅读倾向、阅读深度的立体式画像，形成诊断性评价。

（一）借助学生阅读数量、阅读速度数据，对学生的阅读习惯进行诊断性评价。大数据为教师开展精准的、个性化的学情分析提供了保证。结合学生阅读的情况，对每个年级、每个班级、每个学生乃至每个时段的阅读数据进行对比分析，定期形成读书报告。通过报告，教师就能准确把握学生的阅读数量和阅读速度变化，了解学生的获取信息能力变化趋势，就能为"一人一策"的个性化阅读指导方案制定提供强有力数据支撑。

根据阅读量诊断评价的结果，研究激发学生阅读兴趣方法。如：在阅读《骆驼祥子》的时候，发现个别同学的阅读数量数据很少。找这几位同学细聊，才知道他们对这本书不感兴趣，读不进去。《骆驼祥子》成书于20世纪30年代，对于00后的学生而言，与作品有一定的"距离感"，针对少数学生出现的这种"代沟式"阅读障碍，教师及时一对一跟进指导，采取补充时代背景和安排同伴共读等多种方法，引导学生浸润阅读。

根据阅读速度诊断评价的结果，研究指导学生提高阅读速度的方法。新课标要求学生每分钟阅读400字，初一学生在阅读《西游记》的时候，有的学生每分钟只能读200多字。针对部分学生阅读慢的情况，教师及时给予具体的提高注意力方法点拨，引导学生循序渐进地提高阅读速度。对于一个阶段内阅读量大、阅读速度快和阅读质量高的学生，我们采用颁发"阅读小明星"星卡的创意，激励孩子们养成良好的阅读习惯。

诊断性阅读评价结果的及时反馈，有助于激发学生阅读积极性，实现从"要我读"向"我要读"的转变。

（二）借助学生阅读书目数据，对学生阅读倾向进行诊断性评价。各类书目的点击阅览次数、收藏次数和下载次数，是评判学生阅读兴趣的重要数据指标。我们将教育部推荐必读、选读图书100本，学校推荐图书80本和教师们精心筛选的国内外优质图书136本，上传平台。阅读数据显示，学生共点击阅览1938628本次，收藏图书475727本次，下载图书129696

本次。从下载排行看，《红星照耀中国》下载次数最多，达44195次；《海底两万里》和《西游记》紧随其后分别为31062次和10523次。从下载类别看，图书种类中"中国文学""科幻故事"和"魔幻故事"三个分类占据了前三位置。

这些阅读书目数据，为教师准确研判学生群体和个体的兴趣取向提供强力支撑。根据学生阅读倾向数据的诊断性评价反馈情况，及时想办法帮助阅读面比较窄的学生拓宽阅读面。

（三）借助圈画批注数据，对学生阅读效果和阅读深度进行诊断性评价。圈画批注的频次、圈画（摘抄）批注的关注点等阅读圈画批注数据，直接反映学生的阅读理解能力和阅读深入与否，透过数据可以清楚地了解学生的阅读效果。如：从对《骆驼祥子》批注数据的诊断性评价来看，学生对环境描写、人物对话描写、人物性格的批注比较准确，而对于小说主题的理解就有很多分歧。针对这一情况，教师对小说主题个性化批注内容做了分类梳理，并及时调整阅读任务设计，实现有效阅读。

通过对学生读书过程中阅读兴趣、阅读数量、阅读速度、阅读深度等行为数据的诊断性评价，及时向学生反馈和给予适当指点，激发学生阅读兴趣、拓展阅读视野，引导学生多读书、读好书。

二、借助大数据对学生的阅读能力进行"六层次""连环推进"——进行形成性评价

过程性评价是一种对预设目标在不同阶段达成程度进行判断的评价，在整本书阅读实施过程中，教师借助大数据了解学生不同阶段的阅读结果并发现问题，然后及时反馈、调整和改进以提升阅读效率。对学生的形成性阅读如何进行评价更为精准、简洁、客观、全面，是我们锲而不舍追求的模式。基于对学生"阅读数量""阅读速度""阅读书目""阅读批注"等大数据的

收集基础上，悉心设计阅读任务，并按"Repeat——复述""Explain——理解""Rearrange——综合""Elaborate——分析""Evaluate—评鉴""Innovate—创新"六个维度设计评价框架，制定评价量表，对学生的阅读进行阶梯式评价。通过对学生阅读评价数据的收集、分析与问题归纳，就可以对学生的阅读情况做出精准的、真实的、动态的个性化学习形成性评价，并以此为依据设计下一步的阅读任务。

初一学生阅读《西游记》时，我们设计了六个阅读任务。任务一：浏览回目、快速翻阅，了解内容梗概，用思维导图展示内容框架；任务二：精彩情节用读+摘抄或读+批注的形式进行深度阅读；任务三："大话西游"故事会；任务四：《西游记》人物评价；任务五：《西游记》故事创编；任务六：《西游记》创编成果修改。每个任务下都设计了对应的评价量表，并跟进各个任务下的评价数据汇总，给予及时的反馈。

此评价量表的设计，在突出采用六层次评价框架进行综合评价的同时，更凸显了对"创新"能力的评价。阅读评价框架的搭建，旨在以评价撬动、促进学生的深度阅读。实操中，我们教师通过对不同阅读篇目开展多维多元的评价量表设计，并根据学情反馈调整修改，很好地提高学生的阅读能力。引导学生理解篇目中的人物形象特点、写作艺术特点以及其想要表达的主题含义。这样就能让学生在阶梯式形成性评价过程中养成良好的阅读习惯，提高阅读能力。

三、借助大数据对学生整本书阅读效果进行"综合检验"——实施总结性评价

我们结合阅读过程中的综合性阅读实践活动等级，将常规的测评数据与中高考测评数据评价相结合，形成整本书阅读总结性评价数据库。"一人一档"，每个学生都拥有一个属于自己的单独数据库。

在学生的阅读兴趣、阅读速度、阅读深度都分别得到不同程度提高的基础上，教师可以有目的地选择阅读活动的某几个时段，对学生的独立思考、逻辑推理、信息加工、语言表达等阅读行为进行章节小测、整本书检测、常规综合知识检测和考试测评，并做好数据留存。在基于大数据的各种不同形式、不同角度、不同深度的常规检测评价反馈过程中，对学生的阅读习惯和阅读品格进行综合评判，做出总结性评价。

大数据对学生的整本书阅读测评成绩进行收集整理和系统分析。经过长时间的收集对比分析学生阅读常规的检测数据，就能够全面体现每个学生的阅读能力变化轨迹，也就给后续的检测问卷设计角度提供参考依据。这样综合性评价成为促进有效阅读、诊断阅读效果、判断阅读策略和指导方式效能的工具，引导学生长期有序有效的阅读，达成阅读素养的提升。

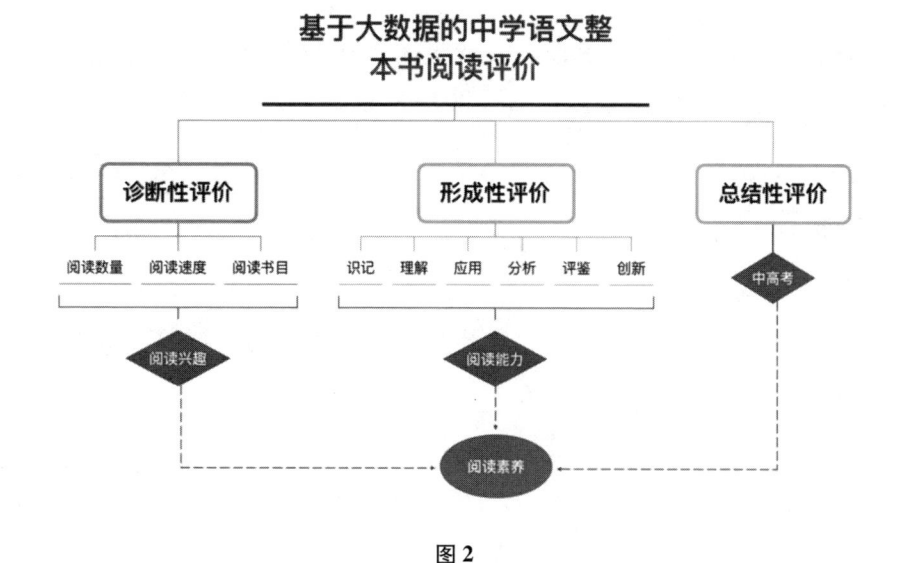

图2

小结：信息化时代，阅读材料的呈现方式、问题导向、实践导向发生了改变，混合式学习方式[2]就成了常见的方式，要通过对学生阅读行为数据的收集和分析，设计整本书阅读评价方案，构建整本书阅读评价体系，让数字化阅读评价框架搭建成为深化数字阅读的有效途径。PISA测评项目高度重视阅读主体在阅读中的主观能动性。[3]要想真正引导学生找到适合自己的阅读方法，提升阅读鉴赏能力，不同阅读阶段的数据收集方式开发，阅读评价模式的完善等都需要一步步跟进。阅读效果的反馈、阅读能力的诊断是阅读评价的一个重点，也是一个难点，涉及诊断的时机、量表的研制、数据的分析、信息的反馈等多个环节内容。在整本书阅读诊断性、形成性、总结性评价的过程中，要通过不断尝试、反复研究修改，初步形成一套较为完善的、适合中学生阅读诊断的评价体系。

注释

[1] 王本陆. 课程与教学论（第3版）[M]. 北京：高等教育出版社，2017：225-226.

[2] 李卫东. 混合式学习：整本书阅读的策略选择[J]. 语文建设，2016（25）.

[3] 叶丽新. 读写测评：理论与工具[M]. 上海：上海教育出版社，2020：111.

（原载《中学语文教学参考》2022年第24期）

精准画像 靶向发力 数字"悦"读
让师生"阅"见未来

学生的阅读偏好、本数、时长、时段、速度以及学校、年级、班级的阅读量、阅读效果……一张张基于学生数字阅读行为生成的大数据分析展板前，朝阳区中小学校师生代表或驻足细观、或凝神思考。

4月23日，第24个"世界阅读日"之际，以"共研'数字阅读新途径'、合筑'文化育人新生态'"为主题的读书节展示交流活动在对外经济贸易大学附属中学举办。

借助大数据为学生阅读行为精准画像，从书目确定、任务设计、策略培养、习惯养成、能力检测、兴趣彰显、成果汇聚、精准服务八个方面靶向发力，标志着朝阳区中小学数字阅读已迈入新阶段。

想读就读，需要就读，数字化让阅读更近了。

内容丰富、查找快捷、更新及时……这是对外经贸附中初一、初二两个年级300多名学生对利用E-ink平板电脑开展数字阅读的"第一感受"。

借助朝阳区"百所智慧校园建设"这一教育信息化重点工程，数字阅读的探索与实践目前在对外经贸附中、十七中学、白家庄小学、呼家楼中心小学、陈经纶中学分校、东方德才学校等近10所中小学校深入开展。

北京市朝阳区教委相关负责人介绍，朝阳区现代教育技术信息网络中心依托区域网络学习空间建设了"绿色电子图书库"，目前电子图书已经覆盖教育部要求的中小学生所有必读书目，可以让阅读不受时间、空间、地域的限制。

图1

同时在终端，技术团队专门为学生阅读定制，采用封闭系统、限时提醒、限制游戏等娱乐功能，提供了与自然书写习惯一致的手写笔输入，率先解决了学生使用平板电脑上网玩游戏的负面影响、电子屏幕对青少年视力发育的损伤等问题。

对外经贸附中副校长宋妍妍表示，数字阅读不仅更便捷，也因其先进技术让阅读更个性，能更好地满足与支持学生时时、个性的阅读需求。

酷爱科幻的对外经贸附中初一（3）班李俊同学在读完《北京折叠》之后，向学校提出一份自己的"心愿书单"——《外星屠异》《精神之子》《霸主的影子》《影子傀儡》《巨人的影子》《战争的礼物》《安德的流亡》《飞行中的阴影》《阴影活着》《流浪地球》《地火》《纤维》《白垩纪元》《朝闻道》《首席医官》……

惊喜于学生阅读兴趣激发的同时，宋妍妍第一时间向课题研究小组反馈了李俊同学的迫切愿望，经教师团队确定后，立即开展添补、上传工作。

从"要我读"向"我要读"的转变，体现在十七中学、白家庄小学、呼家楼中心小学等孩子们身上。

"我们尊重并鼓励孩子们根据自己的阅读兴趣、阅读需求，寻找或提出自己想要阅读的书目，数字阅读的根本目的就是为了给孩子们提供更好的阅读支持与阅读环境。"白家庄小学信息技术主管张国徽说。

读什么，读了吗？大数据为阅读行为精准画像。

"学生的阅读能力、阅读兴趣，是可以通过长时间地、连续地收集、观测学生的阅读行为数据来进行分析与识别，而在大数据时代，这一想法正在变成现实。"特级教师、对外经贸附中语文教师李燕说。

通过在初一（3）班、（4）班同时开展的《朝花夕拾》《西游记》《呼兰河传》《我与地坛》《假如给我三天光明》等整本书阅读活动中，大量真实的、具体的、动态的大数据"生成"于李燕等教师面前。

虽然阅读时段、时长、强度、节奏以及关注点、画批处等，人人不同，但也有规律可循，这既为教师开展精准的、个性化的学情分析提供了保证，也为阅读教学指导"一人一策略，相似同策略"提供了遵循思路。

李燕表示，我们目前关注的大数据，专指学生阅读行为，包括学生登录阅读平台，下载、收藏图书，阅读图书的时间、节奏，做笔记、画批情况，做检测题情况等一系列数据。

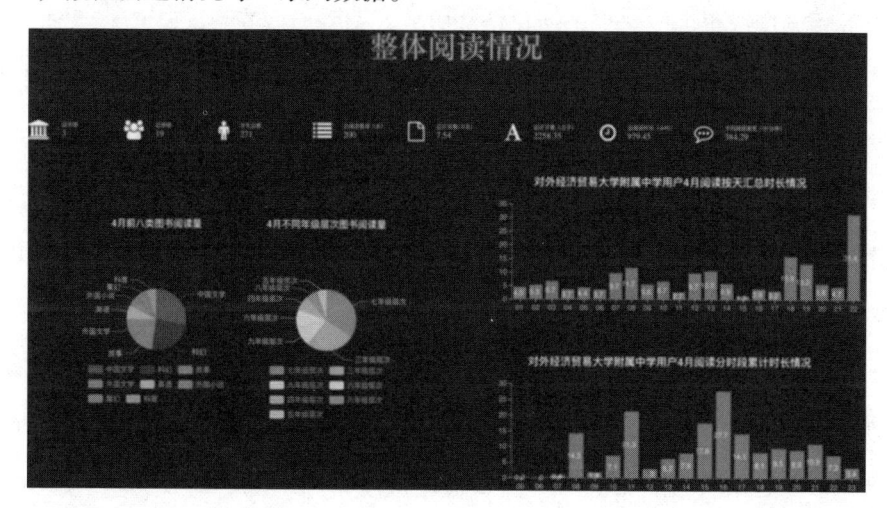

图 2

在十七中学信息中心主任张振宇看来，这些阅读行为大数据的支撑，帮助教师掌握了阅读教学的那根"风筝线"，通过"适度松紧、自如收放"，真正实现引导学生的阅读方向和阅读行为的目的，从而帮助学生在阅读天地里"越飞越高"。

"读什么？读到哪里了？这是传统阅读教学的管理痛点所在，我们深入研究哪些书适合初中阅读、哪些书需要精读、哪些书需要略读等问题，同时借助互联网、大数据进行精准的学情诊断，及时有效地进行整本书阅读教学跟进，把学生的自主性、随意性阅读和教师的主题性、针对性指导联系起来，变盲目无序阅读为整本阶梯阅读。"李燕说。

怎么读？效果如何？八方面发力破解痛点问题。

阅读能力、阅读素养是学生核心素养培育与提升的重要基础，当前的中高考改革对学生阅读能力、阅读素养提出了更高的要求。这一趋势已为当前中小学语文教师所集体认识，但如何落实教学层面，依旧困难重重。

李燕表示，基于大数据的背景下，应从阅读书目的确定、阅读任务的设计、阅读策略的培养、阅读习惯的养成、阅读能力的诊断、阅读兴趣的培养、阅读成果的汇聚、个性化精准服务八个方面展开深入研究。

"比如，读《骆驼祥子》，指导学生在阅读的基础上画出人物生平、性格思维导图，设计出'大杂院里的众生相'人物群像，并与《四世同堂》里'大杂院里的众生相'作对比分析。"李燕举例介绍说，"这一过程中，学生独立思考、逻辑推理、信息加工、语言表达等都能得到锻炼，其深度阅读的意识也将进一步建立。"

通过设计有价值的阅读任务、开展有意义的阅读活动、提供画批、摘抄、导图、分享等阅读策略和方法以及探索构建复述、理解、应用、拓展、评鉴、创新六个层次阅读能力的评价与反馈系统，在对外经贸附中，近几年"基于大数据的整本书阅读"的研究与实践，学生的阅读兴趣被有效激活，阅读量有了很大提高，表达自己阅读体验的文字功底也在不断提升。

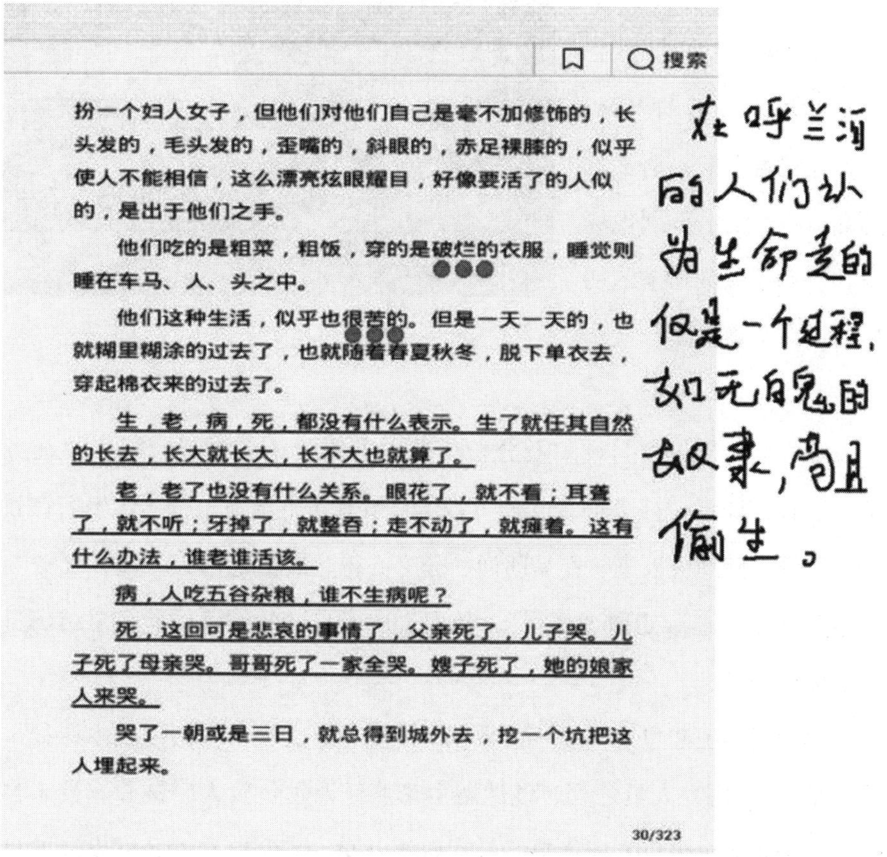
搜索

扮一个妇人女子，但他们对他们自己是毫不加修饰的，长头发的，毛头发的，歪嘴的，斜眼的，赤足裸膝的，似乎使人不能相信，这么漂亮炫眼耀目，好像要活了的人似的，是出于他们之手。

他们吃的是粗菜，粗饭，穿的是破烂的衣服，睡觉则睡在车马、人、头之中。

他们这种生活，似乎也很苦的。但是一天一天的，也就糊里糊涂的过去了，也就随着春夏秋冬，脱下单衣去，穿起棉衣来的过去了。

生，老，病，死，都没有什么表示。生了就任其自然的长去，长大就长大，长不大也就算了。

老，老了也没有什么关系。眼花了，就不看；耳聋了，就不听；牙掉了，就整吞；走不动了，就瘫着。这有什么办法，谁老谁活该。

病，人吃五谷杂粮，谁不生病呢？

死，这回可是悲哀的事情了，父亲死了，儿子哭。儿子死了母亲哭。哥哥死了一家全哭。嫂子死了，她的娘家人来哭。

哭了一朝或是三日，就总得到城外去，挖一个坑把这人埋起来。

30/323

图 3

据不完全统计，学校已结集近百篇学生阅读成果文章，并在学校“贸小文”微信公众号以及《语文报》《语文周报》《写作》《中学生》《创新作文》等公开报纸杂志刊发几十篇。

2018 年 12 月，李燕将“数字化阅读校本课程研究”的初步探索与成效在朝阳区教学研讨会上做全面介绍，得到了与会专家和教师的一致好评。目前，在区级部分学校数字阅读课题研究小组研究的基础上，学校申报的"基于大数据下的初中语文整本书阅读校本课程研究"课题已通过区级批准，正向市级教育科学规划办报批。

跨媒介，跨学科。数字阅读将逐步引入全学科。

4月23日活动当天，对外经贸附中初一语文教师邹淑娟、王浩分别现场执教"基于大数据下的初中语文整本书阅读"展示课一节。

图4

课堂上，行为数据收集及分析、整本书阅读任务布置、阅读"任务群"设计、课堂"任务群"实施等教学环节有条不紊地进行，学生们在教师的引领下借助讲故事、作品朗诵、分享心得、展示笔记等"阅读任务与展示"从"知道"走向"懂得"，从而生成了自己的阅读体验，总结出自己的阅读经验。

邹淑娟与王浩也在"基于大数据下的初中语文整本书阅读校本课程研究"的10位研究人员之列，该课题由李燕任课题负责人，核心成员来自学校三个年级，可以实现优势互补、资源共享、互利互惠、共同发展的目标，旨在通过研究带领学生走进阅读，并在阅读中遇见更好的自己。跨媒介研究是该课题的创新点之一，课题组成员将把常规诊断、教学经验评价等与阅读行为数据评价相结合，对学生的阅读能力、阅读兴趣水平进行精准化、个性化的分析，并将分析结果用于阅读任务的设计。

"研究阅读效果、阅读能力的诊断是一个重难点，包含诊断的时机、量表的研制、数据的分析、信息的反馈等多个环节内容。"李燕说，"借鉴'学科能力表现''阅读诊断量表'等，我们希望通过研究，形成一套较为完善的、适合中学生阅读诊断的评价体系。"

除了跨媒介研究，该课题还将同时开展跨学科研究，即根据整本书内容特点，设计学科融合的阅读与教学的策略与方法。

"在设计《海底两万里》整本书阅读时，我们邀请地理教师潘馨进入阅读小组进行跨学科研究。潘馨老师从世界地理的角度切入阅读教学，给了我们很大的启发，随后的整本书阅读效果也非常好。"李燕说。

宋妍妍副校长表示，除了地理学科，目前，英语学科也正逐步纳入学校数字阅读实验中，随着实践与研究的不断深入，在不久的将来，数字阅读将会逐步引入全学科之中。

（原载"搜狐新闻网"）

第五章　教育随笔

幸福　如影相随

把简单的事做好就是不简单，把平凡的事做好就是不平凡。认真地审视自己的教学历程，慢慢地回忆自己走过的路。执教多年，一直为做个好老师而努力着，一直为让孩子们的生活有美丽的语文相随而探索着，一直在语文这条深邃的小路上幸福追梦。

望海觅戢

师专毕业后，我被分配到家乡一所乡镇中学任教。老校长告诫我说：作为年轻教师必须静下心来教书，潜下心来育人，不可有半点的浮躁，要对学生负责。面对老校长那深切关注的眼神，我暗暗下决心一定要做个合格的语文教师。

初为人师的我不敢有半点松懈，为了那个"做好老师"的梦想，我坚持"观摩"资深教师的课堂，认真"揣摩"教材的内涵，用心"打磨"每个教学环节。每堂课之前，我都把教学设计反复琢磨，直到自己满意为止。我不但严格要求自己，对学生也格外严厉。学生背后给了我一个——"希特勒式"美女老师的"雅号"。播撒下一颗爱的种子，收获的将是一片葱葱茏茏的爱。在自己做了母亲之后才意识到，对学生只是严厉和负责还是不够的，还要对学生给予一种母亲般的关爱。就这样，我开始用一颗掺杂着母爱的心和学生交流沟通。初涉讲坛的时候，学生只是拘谨地叫我"老师"，在我添了宝宝并且我的年龄更长些之后，我的很多学生却似乎更乐意叫我"姐姐"了，甚至在节日的时候，她们送的贺卡里竟然直呼我"燕姐"，让我啼笑皆非的同时，心里的感觉却是别样的幸福。

中考结束后的整整一个星期里,我一直快乐并忙乱地款待着一拨拨来我家做客的学生。也许多年以后,他们会偶尔记得有这样的一个老师,有这样的一个海吃老师的经历。现在回想起来还是很幸福的,因为我对学生的爱,换得了学生的信任和亲近。

十年的教学生涯,让我深深地懂得了,要时刻坚守一个教师必须拥有的责任心和事业心,要发自内心地尊重和爱护每一个学生,这就是我在茫茫的教海中,苦苦寻觅到的那杆衡量一个合格教师的无形的秤!

剥茧抽丝

教学工作,既没有波澜壮阔的场景也没有轰轰烈烈的事迹,只是在平凡的岗位上书写不平凡的事业。"没有最好,只有更好",这就需要在教学工作上精益求精,不断创新,把自己推向一个又一个新的起点。

记得那是一个炎热的中午,主任电话通知我去带一个"后进班"。在那个相对清爽的夏夜,我给他们上了第一节课,吟诵了自己所熟悉、所青睐的《再别康桥》,也许是诗句中淡淡的愁绪打动他们,抑或是某种心灵的契合,他们听得很入神。甚至有几个学生也脱口吟出了几句绝好的"诗句"。我当时的惊讶程度是可想而知的,我意识到:教育的艺术是使学生喜欢你所教的东西。爱在细微处,润物细无声,我坚持尊重每一个学生的人格,一心做学生成长路上的"助推器",使学生都能品尝到成功的喜悦。就是这个所谓的"后进班",竟有44个学生考上了重点高中,居然还出了语文中考状元。

在全市创新教师的评选中,要以赛课的形式,决出全市小学、初中、高中各一名的全省创新教师参评人选。面对陌生的学生,和不允许使用多媒体等辅助手段的种种限制,我结合自己归纳的"作文创新十六法",重点讲解了"故事新编"的技法,深入浅出的讲解,适时到位的点拨,让学生产生了浓厚的兴趣,把学生完全吸引到课堂上来,师生产生了良性互动。师生心灵的共通，师生智慧的共生，让我忘记了是在参赛。最终，我在所有参赛选手中脱颖而出。这次比赛给了我新的启示：没有刻意设计也没有表演痕迹的课堂，才是最有生命力的课堂。

霜刃小试

教育教学是一门科学，继承与创新皆不可偏废。教学之余，我经常阅读《语文教学通讯》《中学语文教学》等刊物，及时地给自己充电。积极进行课堂教学改革，努力探索适合本校、本班学生的个性化教学路子。

应和着语文课改前进的步伐，在家庭条件还不是很宽裕的情况下，毅然决定买电脑、装宽带。在历经聊天、看网页、逛论坛等"菜鸟"生活的同时，我自学并掌握了多媒体课件制作技术，从而为课堂增添了声画效果的佐料，让单调的语文课堂焕发出新的生机。后来又涉足了论坛、网站、博客，先后建立了自己的"休闲茶庄"QQ群、"柴扉工作室"、"语文教学网"。进一步海阔天空，通过这些交流平台结识了全国各地的语文同行和报纸杂志的编辑，与他们一起交流、切磋、探讨、提高。

在追寻新的教学理念的同时，我积极开展相应课题研究。作为国家级课题"新课程下初中语文个性化教学研究"的主要研究人员，2006年12月，我独自一人踏上了北上的列车，带着对语文的无限热爱，带着对语文学习策略课题的热望，参加了在长春举办的开题会议，聆听了全国知名教授和专家的报告和案例分析，并与专家们和来自五湖四海的同人朋友一起，对课题的实施措施做了细致的分析讨论，通过交流学习，受益匪浅。

作为教师，我始终认为：学习、研究是成长的基础。近年来，在搞好教学工作的同时，我潜心研究教学规律，积极撰写语文教学稿件，开展理论研究和创新交流活动。2006年，被评为全国中学语文优秀教师，被语文报社聘请为全国中考语文试题研究中心研究员；2007年，被评为"语通杯"全国中语"教改新星"。

人常说"十年磨一剑",我只想说我的成长历程是由简单的素材积累,到课堂模式的创新,再到反思写作的过程。在这个成长过程中,我咀嚼出了幸福,品尝到了幸福,并为这个幸福感动着……

后记

虽然前面的路还很漫长,但我心中的目标似乎更明晰了,我会用心去走自己喜欢的路,我会坚持在语文的路上幸福游走。

(原载《中国教师报》第 237 期教师教育版)

让每一位学生都有成长

——关于"读绘本学习抒情"单元写作实践课的一点思考

居家线上课有诸多的不好掌控的因素,但最近也做了几种借助网络课的留痕特质做线上演讲比赛、线上作文评改、线上背诵比赛等尝试,带着孩子们慢慢地去适应线上教学,尽可能地变劣势为优势。

这节作文修改课的缘起,是5月20日那天,我和丫头的又一次言语上的冲突。让我想起了几米的绘本《我不是完美小孩》,想起了十年前的一节在山西朔州给高一孩子上的作文指导课"读绘本写烦恼"。也恰逢周五,语文课上,更是想到了不论是做妈妈还是做老师,我都不是完美的,有太多的主观臆断,有太多的自以为是……课上我情不自禁地表白我的学生:"我不是一位完美的老师,有很多事我不能站在你们的角度去思考,有很多时候我按照我的标准去要求你们……但我是爱你们的!"于是长达一周的"读绘本写烦恼"从读到写、到改的写作微课程启动了……

起始课:上周五,带着孩子们用浏览的方式读完电子绘本,让学生们选择最打动他们的一张图文谈感受、说心里话,像"郝完美"一样大胆地站出来说出自己积郁内心许久的真心话。无论是抱怨还是理解,无论是苦恼还是和解,都是那样的真实和感人。听着孩子们的倾诉,我内心也是波澜翻动,感觉我不仅仅离完美很远,而且平时离真实的孩子们也很远。几米的故事引领着每一位欣赏他作品的人看到并相信世界上的美与善,同时也反映了现代人生活中的点点滴滴,因此每个人都能在他的故事找到一个映照和寄托,或许这就是几米作品的迷人之处。这也就是孩子们能在读了几米绘本之后，自然而然地开始大胆地、勇敢地去说真心话的原因。

习作创作：上周末，我把本来安排的《海底两万里》第三个专题的周记，改为了以"我的烦恼"为话题，写一篇周记，要求就一点，要写自己的真心话。所以上个周末我看到了一篇篇特别感人的周记，也离真实的孩子们的内心世界近了很多。

习作评改：昨天的一节指向"学习抒情"《我不是完美小孩》线上习作修改课自我感觉还算成功。孩子们开始主动地要麦，或说出自己的一些修改建议或主动去修改自己的文章。

课上王馨宁同学还把自己的创作的前因后果、修改的过程、自我设计的评价量表都发给了我，我做了简单的修改后，也一并发了上来。想着能真实地呈现孩子们这一周的一个写作修改变化和在整个写作修改过程的各方面的成长。

王馨宁是一个很理性的孩子，大家在"雁字的小木屋"的视频号里可以看见她的几次录制的小视频都是很规矩、理性，今天发布的这篇是她第一次尝试自然真实恣意地抒发自己真实的想法。

近几年，基于学生"学科素养"的培养上，一直思考在写作微课开发、写作教学模式设计、写作多元评价体系建构等方面进行教学实践。这个"读绘本学习抒情"单元写作实践小微课程，实践了"读、说、写、评、改"五位一体的作文教学模式。反观自己的这节作文评改课，在孩子们先写后自评再互评再展示的整个环节，目标达成度还是不错的。三班孩子的课堂充满着思考和睿智的表达，四班的孩子在课堂上略有点拘束。

情境创设在前。以学生为中心的情境写作课程资源的开发，点燃了学生的言语表达的欲望。几米的绘本《我不是完美小孩》是个很好地打开孩子们言语闸门的一个诱因，读完绘本，受到绘本图片和内容的感染，后面的各种情绪的宣泄、各种烦恼的诉说就来得真切恣意。初写时，我没有给学生太多的指导、要求和限制，直说写出自己读完绘本后的真实想法就行，可以以"我的烦恼"为题或者也以"我不是完美小孩"为题，教学情境设计来得有些意外，但效果也很意外，师生的情感的表达都是真实的、自然的、无拘无束的。在语文教学中，"以人为本""学生本位"的"本"，就是"言语生命"。这节课设计初衷就是努力做学生"言语生命意识"的激活者、唤醒者、养护者，以学习者为中心开发情境写作课程资源。

写作指导在后。首先，让学生进行写作复盘，找到写作的困惑。回顾写作过程的时候，也是帮助自己找出初写作时的一些困惑的最好的方法。课上我也抛出我对这次周记的一个总览的观点：不论是写《我的烦恼》，还是写《我不是完美小孩》，文章中都缺少不了抒情的元素，总体看同学们在直接抒情的运用上不存在任何问题，但关于间接抒情的方法的掌握就稍微差了一些。此时，带着学生读教材第二单元"学习抒情"的写作指导部分内容。

其次，设计多元评价，提高写作能力。读完单元写作指导，师生各自都设计一版关于抒情方式恰当运用的评价量表。然后对照自己的评价量表和老师的评价量表，去阅读例文，进行优缺点的点评和修改。课上孩子们展示采用评价量表、小组讨论、自我修改等的评价结果。评价量表是搭建写、评、改一致性的支架；小组对话交流的言语碰撞是打开思路的有效路径；自我反思是作文修改最重要的前提。教师的评价也一直跟在学生之后，贯穿整个写作活动中，引导写作课一步步深入，引导学生对"学习抒情"作文修改成果完美呈现。写作评价内容，不是单一而是多面的。只有深度地跟进一步步地评价，学生的言语表达能力和写作能力才会有真正的提高。

写作修改过程的完整呈现。课上学生对自己的文章或同伴的文章进行了评价，很清楚恰当的抒情方式对深化主题的作用了。课到此不是结束，而是引导学生趁着"锅子热"尽快修改文章的好时机。基于此我在整个周末又布置了修改文章的任务，为克服目前线上教学不能面批作文的弊端，我又重新启动了"雁字的小木屋"的微信公众号，把修改后的学生的文章依次地发布出来。一来能督促学生用心修改，二来也能引入家长的评价和关注。目前，公众号已经发布了王馨宁、张心迪、吴梁浩三个孩子的修改文、修改过程、修改收获，效果良好。作文写完，孩子们最想听到同伴或老师给予及时的反馈和评价。若很久收不到反馈，孩子们的创作热情就会减退，所以平时我比较重视作文评改课。

作文评改的过程中，始终以欣赏的眼光阅读学生的作品，以包容的心态接纳个性化的表达，以激励的方式引导学生有创新的构思。这样才能有效地引导学生渐渐形成自己的语言风格，养成良好的修改习惯。

总之，写作尤其是习作的再修改，习作修改的过程性评价的有效设计，修改成果的完美呈现，能真正让写作评改课听见回响，让每一个孩子都得到成长。

后 记

寻本觅真　静思悟语

对外经济贸易大学附属中学　李　燕

回顾我的成长历程，可谓笨拙而且简单。对于语文教学，我也曾和多数年轻教师一样，经历了从被动选择到不断的融入、到真正的喜欢，从一味在意遥遥领先的教学成绩到关注学生生命成长的过程，并在且教且研中丰富自己的语文人生，不断探寻语文教育教学的新突破。

（一）

从教的第一个"十年"，一直在为做个"合格"的教师努力着。

那年师专毕业后，我被分配到家乡一所中学任教。老校长告诫我说：作为年轻教师必须静下心来教书，潜下心来育人，不可有半点的浮躁，要对学生真心负责。面对老校长那殷切关注的眼神，我暗下决心：一定要做个合格的教师。

初为人师的我不敢有半点松懈，为了"好老师"的梦想，我坚持"观摩"资深教师的课堂，认真"揣摩"教材的内涵，用心"打磨"每个教学环节。每堂课之前，我都把教学设计反复琢磨，直到自己满意为止。我不但严格要求自己，对学生也格外严厉。学生背后给了我一个——"希特勒式"美女老师的"雅号"。现在想来，当时定是严苛得有些不尽人情了。

三年下来，我们班的语文成绩不但全校第一，在全县排名也很靠前，我因此获得了各种奖励和表彰。但我的内心是不快乐的，总感觉自己还算不上是一个合格的老师。

在自己做了妈妈之后，我慢慢地意识到：对学生只是严厉和负责还是不够的。在后来的教学生活中，我对学生犯错不再仅是批评和惩罚，变得乐意倾听他们对没有完成作业而做的种种花样解释。渐渐地，我能从学生的"谎言"里听出：他们是想在老师心中留一个好学生的印象。就这样，我在"严"的表象下掺进了"包容"，日久天长，和学生们相处慢慢变成了朋友。他们很乐意亲近我，愿意随时和我分享自己的生活了。刚毕业的时候，学生们都很尊敬地称呼我"李老师"；但在我添了宝宝、我年龄更长些之后，学生们反而很乐意直接称呼我"燕姐"了。

这一届学生临近毕业时，私底下开始写毕业留言，怕他们分心影响考试，我就"承诺"他们说：等中考后，大家都到老师家去，我们一起写留言。中考结束的第二天一大早，天啊，我家楼下来了好多好多的学生，他们竟然真的来写留言了。我认真地给他们每个人写下毕业寄语，他们也互相写好了毕业留言。但是，快中午了，他们却丝毫没有要走的意思。这可是几十个人啊，我们家要被"吃垮"的！虽是这样，我还是乐不颠儿地做了三桌饭菜，让老公用水果汁勾兑"鸡尾酒"给孩子们喝。几十个人一起，在我的小家一待就是一天，可以想象我家最后那一片狼藉的样子。送走了这一拨学生，其他学生也陆续地结伴而来，我自然又是认真地一拨拨款待他们……也许多年以后他们会偶尔地记起曾有这样一个老师，有这样一个组团海吃老师的经历。现在回想起来，我还是很开心的，因为对学生的爱，换得了学生的信任和亲近。此时的我，应该算得上一个合格的教师了。

十年的教学体验，让我深深地懂得：时刻坚守一个教师的责任心，发自内心地爱护学生,这就是我在茫茫的教海中,寻觅到的那杆衡量一个合格教师的无形的秤!

(二)

从教的第二个"十年",一直在为做个"优秀"的教师努力着。

从合格到优秀,有一段很长很长的路要走。工作上要精益求精,不断创新,把自己推向一个又一个新的起点。

那一年,我被安排去带一个"后进班"。第一堂课,我吟诵了自己所熟悉所青睐的《再别康桥》,也许是诗句中淡淡的愁绪打动了他们,抑或是某种心灵的契合,他们听得很入神。甚至有几个学生也脱口吟出了几句绝好的"佳句"。我当时的惊讶程度是可想而知的,看来,"后进班"的学生并非"无药可救"。接下来的日子里,我因材施教,量身定制课业内容,小心翼翼地呵护着每一个孩子,一心做学生成材路上的"助推器",使他们都能品尝到成功的喜悦。爱在细微处,润物细无声,一年后,就是这个所谓的"后进班",竟有44个学生考上了重点高中,中考语文全县最高分也出在这个班。亲其师、信其道,所谓的教育艺术,莫过于让学生喜欢你和你的课堂及你所传授的知识。

为了那份把语文教好的执念,教学之余,我经常阅读《语文学习》《语文教学通讯》《语文建设》《中学语文教学》等刊物;研读学习于漪、余映潮、李镇西、窦桂梅等教学大家的教学案例;啃读《给教师的建议》《美的历程》《中国哲学简史》《语文:表现与存在》《语文:回望与沉思》《孙绍振如是解读作品》等名家理论著作,及时地给自己充电,努力探索适合学生们的个性化教学路子。"博观而约取,厚积而薄发",在追寻新的教学理念的同时,我开始尝试着开展相应课题研究。作为国家级课题"新课程下初中语文个性化教学研究"的主要研究人员,我对如何开展"初中语文个性化"教学研究形成了较为清晰的思路。

教学案例的撰写，促进了我对课堂教学的思考，也促进了个人和学生的共同成长。当第一篇小文《深究字词析茅屋》发表在《语文教学通讯》上时，这对我来说是一次不小的激励。这是我尝试运用"探究式课堂模式"的一个课堂缩影。梁馨蓓同学的《秋》、樊萌同学的《给和平鸽的一封信》等多篇习作分别刊登在《创新作文》《语文报》《语文周报》上，学生的写作热情高涨。

教育题材影视文化的研究对我的教学也是很有启发的。从某种角度来说，观看经典电影也是另一种形式的一种阅读，它能引发我们对教育的深度思考。我观看了《阿甘正传》《生命因你而动听》《放牛班的春天》《死亡诗社》等一批优秀影视，感悟颇多。特别是《死亡诗社》这部电影，使我深受震撼。或许基丁老师的教育并不完美，但他把握时机用最恰当的方式，把班上最内向、最腼腆、最不爱说话的学生的言语本能激活的桥段，给我新的启迪，开始深度思考写作教学的意义和价值，着手于"言语化作文教学理论和实践研究"的尝试。

虚龄36岁那年，我由一名普通的中学教师成长为中学特级教师。在全国上下热烈庆祝教师节那天，第一次参加了全县优秀教师表彰大会。教书育人，有苦涩有辛酸更有收获。我们不能苛求所有的人都能由衷地赞美教师，但至少我们自己可以很自豪地说教师这个职业是伟大的，和学生们一起成长的日子是幸福的。

（三）

从教的第三个"十年"，一直在为做个"研究型"的教师努力着。

教学研究不难，难的是让研究成为一种习惯。一路走来，注重教学教研同步，涵养起且教且研的习惯。

坚持写教育随笔，让教研不遗不漏。我经常在自己上完公开课后，随手就记录下自己在课堂上特别有感触的环节或有疑虑的地方；在听完同行的课后，也会及时写下自己当时的思考；每一次大型的教研活动之后，也习惯性地把活动中的亮点记录下来。我习惯记录"执教感受""听课随想""磨课所得"的不同侧面的细节，而不仅仅是记录活动的流程。我的日记本上和博客上记录着类似"听课小札""兰州行漫记""商丘行碎记""朔州行散记"等教研日记。即便是此刻重读这些文字，也是蛮享受、蛮受益的。成为"专家型""学者型"教师，绝非一日之功；但成为"反思型""勤勉型"教师，触手可及。利用教育随笔及时记录教学过程中的成败得失，很大程度地提升了我的教学能力。坚持参与教研活动并及时写教研随笔，促使我思考的深入，且对备课、对执教、对论文的写作，甚至是对课题的研究都是一种非常好的原始资本的积累。

及时做课堂实录，还原原味的课堂精彩。课堂实录需要带着课堂的体温，过时就会遗漏很多值得记录的课堂美好。课上过之后，第一时间将课堂记录整理下来，已然是我的一个习惯。哪怕再累，也提醒自己：这会儿不记，怕再也不可能找到此刻真切的课堂感了。这个习惯既可以原汁原味地记录下课堂的每个细节，还能为日后反思课堂成败得失提供借鉴。写《香菱学诗》的教学实录和反思并发博客，本是属于自己的习惯，但却通过这样的记录形式获得了和很多同行的交流和切磋，让我对自己的课堂有了更清醒的认识，也促进我去更深入地挖掘教材。后来这些博文也陆续被编辑看中，从不同视角节选入《中学语文教学通讯》《品课001》。《中学语文教学》韩振主编还借一篇《原汁原味读"香菱"》制造了苏派语文和鲁派语文的相遇——《对话：让阅读从"原汁原味"走向"有滋有味"》，也就有了让一段意外的原生态的对话在《中学语文教学》上刊发。2012年12月，应蔡明教授之约，我赶去参与了一场苏南苏北四个名师工作室的聚会，同时带去了我的《香菱学诗》，课堂上又有了一次和张家港市孩子们课堂上的美丽相遇，也同时认识了李建邡、陈玉中两位教授。在和几位名家的交流中，我更加感到教学研究的无限趣味。

坚持课题研究接地气，对接新课标开展读写层面深度研究。课题研究如果能够深入开展，就要"接地气"。那么，课题的"地气"是什么呢？就是我们的课堂之气，就是学生学习之气，就是教师教学之气。"接地气"说白了就是要广泛接触课堂、教师和学生，深入教学第一线。坐在办公室里做课题研究是"镜中花""水中月"，是没有生命力的。课题研究要研以致用，要从教学中来到教学中去。一方面，研究"读"的路径，疏通"堵点"。一直以来，整本书阅读的"痛点"就是很难掌握学生真实的阅读情况——到底读了没有？读到哪里了？读得怎么样？因而也就无法及时有效地跟进和指导。从阅读教学的"痛点"出发，近几年，我们基于学生"读"的基础上着手研究整本书阅读。我们尝试从"如何实现整本书的先读后教，如何最少地干扰学生的自主阅读，如何及时了解学生的阅读情况"出发，通过各种方式引领学生全身心投入阅读，生成自己的阅读体验，在阅读中不断提升学习能力。主持北京市"十三五"规划课题"基于大数据下的初中语文整本书阅读校本课程研究"已顺利通过中期验收，录像课荣获中国教育学会优秀成果一等奖。课题论文《发展数字阅读，提升学习能力》发表在《中小学数字化阅读》2021年9月刊；论文《借助阶梯式评价，提高阅读能力》发表在《语文学习》2022年4月刊；论文《整本书阅读大数据评价》发表在《中学语文教学参考》2022年8月刊。

另一方面，研究"写"的思路，突破"难点"。从写作教学实践出发，我们把初中六册教材做了全面的梳理，尝试把作文课和阅读课做全面整合、整体规划，探索"写读一体化"教学模式。现主持的"核心素养视域下的'言语化作文'写作课程开发与实施"的课题是基于学生"学科素养"的培养上，着手写作课程开发、写作教学框架的设计与实施、多元化写作评价体系构建等方面进行教学实践研究，全面提升学生的习作能力的教学实践研究。研究如何开发以"学习者"为中心的情境写作课程资源；研究如何结合单篇教材、单元主题、整本书阅读、社团活动、社会热点等资源，结合"我"的生活、"我"的体验、"我"的思考开发创意课程；研究如何开展学科素养本位下的教学模式探究；研究如何设计与实施学科素养为本位的"说、写、展、评、改"五位一体的写作课程模式；研究如何设计多元评价，切实提高写作能力。团队成员多次执教区、市级公开课。2022年8月1日至18日"核心素养视域下的言语化作文"18节系列课程在《语文报》网络平台全国直播。

  我一直信奉：把简单的事做好就是不简单，把平凡的事做好就是不平凡。从教如做人，做自己能做之事，不去抱怨；做自己喜欢之事，不要拖延；竭尽全力去做事，不留遗憾。在教学过程中，踩着一个个的教研脚印，向教育更深处漫溯，教而时研之，不亦乐乎。壬寅年年底我的第二本个人专著《不妨如此教语文》，被列入2022年度"朝阳教育名师"系列丛书出版计划。说实话，当打开朋友转来的推荐结果公示的链接时，一半是惊喜一半是压力。全书以"我的个人成长"为主线，分为五章，涉及上课、品课、言语化写作、整本书阅读、教育随笔等领域。整理这本小书的初衷，就是希望借此为语文同行提供些许的启发和帮助，给青年教师提供丝缕可借鉴的课堂教学案例作参考和示范。

  "功不唐捐，玉汝于成。"回望这近三十年的语文教学生活，自己似乎什么都没做，一切是那么自然，不着痕迹；静思这三个十年的语途，自己该做的好像又都做了，一切又是那么顺理成章，水到渠成。

（原载《语文学习》2023年3月刊）